项目论证与评估

主　编　秦兆伟
副主编　王克伟　王玉东

哈尔滨工业大学出版社

内 容 简 介

项目论证与评估是项目投资前期最重要的一项工作,它将为投资者的最终决策提供科学的依据。本书共 12 章,包括可行性研究与项目评估、项目市场分析、项目建设条件和经营条件分析评估、项目技术方案评估、财务效益与费用估算、资金来源与融资方案评估、财务效益评估、国民经济效益评估、社会效益评估、不确定性分析与风险分析、项目后评估等。本书以项目可行性研究为分析重点,对项目的市场和经济预测、技术和自然条件、风险和费用估算等内容进行阐述,并通过叙述项目后评估来呼应项目可行性研究内容,通过对项目评估系统的分析,可为各类项目管理的实践提供理论知识。

本书适合各类项目经理和企业的领导者阅读,也可作为本科、自考和研究生班的项目管理专业的教材。

图书在版编目(CIP)数据

项目论证与评估/秦兆伟主编. —哈尔滨:
哈尔滨工业大学出版社,2011.6
ISBN 978 – 7 – 5603 – 3240 – 6

Ⅰ.①项… Ⅱ.①秦… Ⅲ.①项目评价 Ⅳ.①F224.5

中国版本图书馆 CIP 数据核字(2011)第 038396 号

责任编辑	田新华 孙 竟
封面设计	刘长友
出版发行	哈尔滨工业大学出版社
社　　址	哈尔滨市南岗区复华四道街 10 号　邮编 150006
传　　真	0451 – 86414749
网　　址	http://hitpress.hit.edu.cn
印　　刷	哈尔滨工业大学印刷厂
开　　本	787mm×960mm　1/16　印张 17　字数 352 千字
版　　次	2011 年 6 月第 1 版　2011 年 6 月第 1 次印刷
书　　号	ISBN 978 – 7 – 5603 – 3240 – 6
定　　价	38.00 元

(如因印装质量问题影响阅读,我社负责调换)

前　言

　　项目评估是项目投资前期工作的重要内容,对于加强固定资产投资宏观调控、提高投资决策的科学化水平、引导和促进各类资源合理配置、优化投资结构、减少和规避投资风险、充分发挥投资效益具有重要作用。因此,在市场经济条件下,项目评估的理论和方法是项目评估人员和各类企业或组织的管理者、决策者应当了解与掌握的一门实用性及操作性很强的科学。为提高各类投资者、设计人员和咨询人员项目评估的水平,促进投资者与金融机构科学决策,更新设计与评价人员的知识,有效推动工程咨询业参与国内外市场竞争,作者结合教学与科研工作实际以及多年从事项目评估活动和投资咨询活动的实践,编写了此书。

　　本书既可作为高等教育自学考试项目管理专业的教学用书,同时又可作为高等院校经济、管理专业的教材或教学参考书,也可作为各级政府部门、金融机构、投资公司、咨询机构、企事业单位的工作人员和项目评估决策者的参考书。

　　本书由哈尔滨理工大学秦兆伟、黑龙江省机械设备成套局王克伟、哈尔滨理工大学王玉东共同编写。在本书编写过程中,参考并引用了大量的相关文献和资料,吸纳了国内外有关文献的有益观点,在此对相关文献资料的作者一并深表感谢!

　　由于作者水平有限,本书难免会有不妥之处,敬请广大读者批评指正。

编　者

2011 年 2 月 25 日

目 录

第1章 项目评估概论 ··· 1
1.1 项目评估的含义 ·· 1
1.2 西方国家项目评估的形成与发展 ······················· 3
1.3 我国投资项目评估和决策的发展历程 ··············· 6
1.4 项目评估的原则、内容和程序 ··························· 9

第2章 可行性研究与项目评估 ································· 14
2.1 可行性研究 ·· 14
2.2 可行性研究与项目评估的关系 ························· 20
2.3 项目评估的目的与意义 ···································· 22

第3章 项目市场分析 ·· 24
3.1 市场分析概述 ·· 24
3.2 项目市场调查 ·· 31
3.3 项目市场预测 ·· 38

第4章 项目建设条件和经营条件分析评估 ············ 52
4.1 项目建设资源条件分析评估 ···························· 52
4.2 交通运输与同步建设条件评估 ························ 57
4.3 环境保护条件与治理措施评估 ························ 59
4.4 工程地质和水文地质条件的评估 ···················· 61
4.5 厂址(场地)条件的评估 ································· 62

第5章 项目技术方案评估 ·· 71
5.1 项目技术评估概述 ·· 71
5.2 工艺技术评估 ·· 76
5.3 设备方案评估 ·· 80
5.4 生产规模的评估 ·· 85
5.5 节能分析 ·· 93
5.6 节水分析 ·· 96

第6章 财务效益与费用估算 ················ 98
6.1 财务效益与费用估算概述 ············ 98
6.2 投资估算 ························ 100
6.3 总成本费用估算 ··················· 115
6.4 销售收入与销售税金及附加估算 ······· 123
6.5 利润总额及其分配估算 ·············· 127

第7章 资金来源与融资方案评估 ············ 130
7.1 融资主体 ························ 130
7.2 资金渠道及筹措 ··················· 132
7.3 融资方案分析 ····················· 139

第8章 财务效益评估 ···················· 147
8.1 财务效益评估概述 ················· 147
8.2 财务效益分析基本报表 ·············· 152
8.3 财务盈利能力分析 ················· 161
8.4 项目清偿能力与外汇平衡分析 ········ 173

第9章 国民经济效益评估 ················· 176
9.1 国民经济效益评估概述 ·············· 176
9.2 国民经济效益评估的方法及流派 ······· 181
9.3 国民经济效益评估的项目范围 ········ 185
9.4 项目费用和效益的划分 ·············· 187
9.5 影子价格 ························ 192
9.6 国民经济效益评估报表 ·············· 201
9.7 国民经济效益评估指标 ·············· 206

第10章 社会效益评估 ··················· 209
10.1 社会效益评估概述 ················· 209
10.2 定性效益评估 ···················· 211
10.3 定量效益评估 ···················· 213

第11章 不确定性分析与风险分析 ··········· 216
11.1 不确定性分析概述 ················· 216
11.2 盈亏平衡分析 ···················· 219
11.3 敏感性分析 ······················ 224
11.4 概率分析 ······················· 229
11.5 项目的风险决策分析 ··············· 234

第12章 项目后评估 ································· 241
　12.1 投资项目后评估的概念和作用 ················ 241
　12.2 投资项目后评估的基本内容 ··················· 245
　12.3 投资项目后评估的程序与方法 ················ 249
　12.4 投资项目经济后评估 ························· 252
　12.5 投资项目后评估的实际基础数据 ·············· 253
　12.6 综合评估结论及后评估报告 ··················· 262

参考文献 ·· 264

第1章 项目评估概论

本章提要：本章对项目及项目评估基本问题进行了阐述。具体包括项目及项目评估的含义。重点研究了项目评估的发展历程、项目评估的原则、内容和程序。通过学习本章将使读者掌握项目评估的概念、原则、程序和内容,并对全书的内容有基本了解。

1.1 项目评估的含义

1.1.1 导言

投资管理体制改革是我国国民经济和社会发展的一项重要战略任务,其基本要点是使投资项目决策走向民主化、科学化。所谓投资项目决策的民主化、科学化,是指在科学理论指导下,应用科学的方法,遵循科学的程序,由掌握科学技术的专家、学者同具有广博实践经验、熟知客观环境的领导人员紧密配合,运用集体的智慧,在项目可行性研究的基础上评选并确定能够实现经济效益、社会效益相统一的最佳建设项目。

学习项目评估的目的,主要是要掌握它的理论与方法,正确地评估项目,做出合乎科学原则的投资决策,使有限的资源得以最佳配置,从而提高投资项目的成功率和经济效益,促进投资体制改革,实现决策民主化、科学化。

1.1.2 项目的概念

项目是人们广泛使用而又较熟悉的一个概念。一般说,项目通常是指国民经济领域中的投资项目,但实际上它的内涵要丰富得多。按照世界银行的解释,项目可定义为:在规定的期限内完成某项开发目标(或一组目标)而规划的投资、政策机构等活动的综合体。它在强调项目时空性的前提下,要求满足以下五个或其中某几个要素。

(1)对土建工程及设备的投资。

(2)提供有关的工程技术和设计方案、文件、施工监督及改进操作和维修等任务。

(3)加强项目实施机构的建设,包括对人员的培训。

(4)改进有关价格、补贴和成本回收等方面的政策。

(5)拟订项目实施的计划。

以上几个方面的条件适合于国民经济中的生产领域、流通领域、科学文化教育领域、国防军事领域的各种计划、方案、目标的要求。

按照我国的投资计划管理体制,项目可分为两大类,即基本建设项目与更新改造项目(设备更新和技术改造项目)。由此,项目可具体表述为兴建一个工厂、矿区或一个农场(包括在上述原有的基础上进行);也可以表述为计划建造某种公共工程,包括道路、桥梁、港口、车站、机场、学校、医院、图书馆等一系列经济基础设施;还可抽象地表述为政府为达到某种目标而拟订的一个方案,诸如经济增长、改善就业、促进工业化、计划生育或地区间的经济联合、企业兼并等方案。可见"项目"的含义十分广泛。

1.1.3 项目评估的含义

投资项目是在技术上、经济上和组织上独立的投资单位,对其评估是一项严谨而技术性很强的系统性工作。评估的主要任务是根据其内在规律确定项目的价值、质量及可行性。这种规律性通常反映在市场供求预测、建设方案和生产建设条件以及时务与经济评价等方面。它要求在可行性研究的基础上从企业、国家或全社会角度对拟建项目的计划和方案进行全面的技术经济论证与评价。这种论证和评价力求客观准确地将与项目执行有关的资源、技术、市场、财务、经济、社会等方面的基本数据资料与实况进行真实完整的汇集、评价,以便决策层做出实事求是的、科学而正确的决策。因此,项目评估可定义为:一种对投资项目进行科学的审查评估的理论与方法,它强调从长远和客观的角度对可行性研究进行论证并做出最后的决策。根据以上表述,我们可以从两点进一步理解项目评估的含义:一是参照给定的目标,对投资项目净效益进行审定,权衡项目的利弊得失,寻找可替代方案;二是为了达到给定的目标,在对项目可行性研究进行论证的过程中,通过对其净效益的计算分析,确定最佳方案并得出最终结论。

1.1.4 项目评估的作用

我国在投资领域开展项目评估工作虽只有很短的历史,但其意义已远远超出了项目评价自身的效果。在我国,当投资者向上级主管部门和政府职能部门提出投资要求时,上级主管部门首先需要投资者提出可行性研究报告,然后组织有关人员进行项目评估，或委托有资质的中介机构进行项目评估。如果该项目属于大型项目，或项目比较复杂，政府职能部门还要委托有资质的中介机构进行项目评估。当投资者向金融机构提出贷款申请时，金融机构也要进行项目评估。金融机构可能委托其职能部门进行评估。如果提出的项目属于大型项目，并且结构比较复杂，或者该项目是有关国计民生的项目，可能还会委托有资质的中介机构进行评估。可以看出，项目评估对投资者及上级主管部门、贷款银行和政府部门进行投资（或贷款）决策都是非常重要的。

（一）为上级主管部门把关提供依据

在现行经济体制下，一个投资者，在拟建项目之前都要由其主管部门进行审批，在征得主管部门同意之后，方能实施该项目，而主管部门只有在进行项目评估（或通过类似于项目评估的形式）以后才能决策。从这个意义广讲，项目评估可以为上级主管部门把关提供依据。

（二）为金融机构贷款决策提供依据

金融机构提供贷款一般坚持"三性"原则，即效益性、安全性和流动性。凡是申请贷款（一般是中长期贷款）的投资者，都要在提交贷款申请的同时，提供项目的可行性研究报告，由金融机构组织成员委托有资质的中介机构进行项目评估，并主要以项目评估的结论作为是否提供贷款的依据。在现行的经济体制和金融体制下，金融机构更加重视信贷资产的质量，对投资项目贷款的要求更加严格，无论项目规模的大小，也无论项目居于什么行业，都要严格把关进行真正的项目评估。从这个意义上讲，项目评估可以为金融机构进行贷款决策提供依据。

（三）为政府职能部门审批项目提供依据

在现行经济体制下，我国实行的是项目审批制度，一般的投资项目都要经过各级政府职能部门的审批才能实施。即使对项目审批制度进行收革，有些项目也需要政府职能部门的审批，如有关国计民生的项目、大型基础设施项目和资源开发项目等。在审批项目之前，政府职能部门要对拟建的大型项目进行评估。而且，对这些项目的评估，所花费的时间、财力和人力可能比可行性研究更多。特别是那些有关国计民生的大型的、结构复杂的投资项目。从这个意义上讲，项目评估为政府职能部门审批项目提供依据。

1.2 西方国家项目评估的形成与发展

要对项目评估有比较系统的了解，首先应回顾其形成与发展的历程，这对于把握其未来的发展趋势，进一步完善其理论与方法也具有重要意义。

1.2.1 项目评估简史

项目评估学作为应用经济学的一门分支,是顺应时代需要而产生、发展的,其历史并不算久远。西方国家在20世纪30年代经济大萧条以前的百余年间,曾经历过一段自由放任的经济学理论时期,当时的思潮支配着资本主义国家的经济政策,特别是欧美国家的经济思想和政府政策主张的完全自由竞争。私人投资项目占有较高比重,资本家投资决策的特点是寻求企业的最大利润,评估的方法是通过测算项目的财务成本和收益来考虑其盈利能力。因此,这种强调以成本效益分析为核心的方法称为财务分析方法,是项目财务评价的雏形。但由于这种方法的使用具有一定的局限性,尤其对属于政府投资行为的项目,诸如公共工程、福利性项目的效益评价存在偏差,具体反映在不能正确评价公共工程对整个社会的经济效益。例如,对外部效果,即项目对社会做出了贡献,或社会为项目付出了代价,而项目本身并未受益或支付费用的这类效果,若不考虑其损益,将可能导致评估结论的失真。因此,这时项目的评估还主要关注微观效益评价。

一个世纪过去了,项目评估在理论和实践上均未取得任何重要进展。主要是由于西方资本主义国家居于支配地位的经济思想和政府政策主张的完全自由竞争,政府的主要任务是维护法律和社会秩序,很少有自己的投资,因此不太可能产生财务效益与社会效益之间的矛盾,项目评估在当时的经济基础水平条件下停滞不前。

随着资本主义的发展,经营技术诸如统计、会计和管理不断取得重大改进,投资项目的评估方法逐渐切合实际并系统化。西方传统的经济学也为这个以前曾被忽略的研究领域提供了理论基础和分析工具,如福利经济学的研究与发展,为项目评估提供了基本概念、原理、福利标准和一般性的理论准则。到了20世纪30年代前后,由于西方国家经济危机频繁出现,同时随着资本主义自由放任体系的崩溃,凯恩斯(Kaiens)的"政府干预学说"应运而生。他主张政府从宏观经济出发,积极地干预国民经济,以取得和保持充分就业效果。凯恩斯的理论反映了经济不景气年代的现实,他的学说对项目评估的发展具有关键性的影响。1950年,美国联邦机构向河域委员会的成本效益小组公布了一份名为《内河流域项目经济分析建议》的蓝皮书,引用了福利经济学的一些原理,如资源配置、生产和消费水平、社会效用、社会福利等原理,具有某种权威性,从而初步统一了项目评估的程序和准则。

1.2.2 项目评估发展中的几个时期及重要学术流派

随着项目评估理论与方法的初步形成,成本-效益分析法应用到水利工程以外的其他公共项目领域成为可能,如用到评估公路、桥梁、机场、港口及国防工程等项目。在第二次世界大战期间,美国经济学家适时地把成本-效益估算的逻辑和程序应用于军事项目,取得了某些成效。在战后期间,西方各国为国民经济重建和恢复而纳入计划的公共服务和投资项目日益增多,政府干预社会经济的行为和作用逐渐增强,使得项目评估理论和方法不断得以发展。1958年,荷兰计量经济学家丁伯根(Tinbergen)首先提出在国民经济分析中使用影子价格的主张,较一百多年前杜比提出的"现代成本-效益分析方法"有了更充实的内容。西方国家有关学者通常把1936~1960年这一时期称为项目评估发展的第一时期。它的特点是成本-效益分析法在美国的水利和公共工程领域得到初步发展和认可。

1960~1970年,是项目评估理论与方法发展的第二个时期。这一时期的特点是成本-效益分析方法的精细化,其应用范围开始从公共工程向工业、农业和其他经济部门推广,由美国向欧洲和发展中国家推广。

上述两个时期的项目评估工作有一个共同的特点,即都是采用传统的成本-效益分析方法,而这种分析方法的基本概念、原理、标准、目标都以福利经济学为基础。因为来源于古典学派的福利经济学关于完全竞争模式、社会效用理论、边际分析以及帕累托(Pareto)的福利改善政策等理论,已被众多的经济学家采用,也自然成为项目成本-效益分析法的奠基石。

20世纪70年代至今,是项目评估理论与方法发展的第三个时期。自1968年起,项目评估的理论不断有新的方法、观点出现,打破了传统成本-效益分析法对这个领域的支配,在国际上尤其是学术界激起了对方法的激烈论战。其中影响最大的方法有L-M方法、UNIDO方法、S-T-V方法及阿拉伯方法(又称手册法)。这些方法之间的区别主要集中在国民经济评价中对投入、产出物采取什么价格、汇率及评价指标上,其核心是如何确定影子价格问题。英国牛津大学福利经济学教授李特尔(Little)和数学教授米尔利斯(Mirrlees)联合在经济合作和发展组织(OECD)刊物上出版的《工业项目分析手册》中,提出了项目评估中确定影子价格的新见解,主张以国际市场价格为基础而少用国内价格来评定各种投入、产出物价格,并且进一步将货物划分为可贸易货物及非贸易货物,将所有的价格都推算到边际价格,从而避免国内价格的失真。1974年作者又对原著进行修订,出版了《项目评价与规划手册》,进一步阐述了影子价格的计算方法及其他问题。学术界称之为L-M法,又称口岸价格法。L-M法的最大贡献是使影子价格的计算简单化,特别是在外贸发达的国家,只需对少数几种不能外贸交易的货物将国内价格进行修正就可以了。

随后,联合国工业发展组织(UNIDO)于1971年发表的《项目评估准则》也提出了新方法(UNIDO方法)。该方法主张以国内市场价格作为投入、产出物的计算基础。它同样将货物分为非贸易货物与贸易货物。前者的价格可以直接同国内价格政策相联系；对于后者,在贸易较发达的国家,则需将货物按边际价格计算出外汇值,再用影子汇率换算成国内价格。这样它有可能与政府的汇率政策相冲突,因此不太容易为政府所接受。UNIDO方法在确定影子价格时,还采用调整汇率的方法来考虑三个主要影响因素,即储蓄因素、收入的分配、产品的优质需要。

1975年,世界银行的经济学家林思·斯夸尔(Lyn squire)和世界银行政策业务局局长赫尔曼·G·范德塔克(Herman G. Vander Tak)合著的《项目经济分析》一书提出了 S–V–T 方法。该方法在某种程度上综合了 L–M 方法与 UNIDO 方法的优点,其主要观点与 L–M 方法更为接近。与 L–M 方法不同的是,它在计算项目收益过程中,注重考虑项目在一个国家内收入分配的影响。该方法还提出了进行社会效益评价的理论;对影子价格的本质进行了自成体系的解释,所推荐的计算方法与应用更为系统和协调一致;方法还对经济分析中的加权数值作了深入的推导和估算。斯夸尔及范德塔克的观点为 L–M 方法与 UNIDO 方法提供了一个协调的方式,把项目评估的理论更推进了一步。

几年之后(1980年),工发组织与阿拉伯国家工业发展中心(IDCAS)出版了《工业项目评价手册》。手册中所代表的观点被学术界称之为阿拉伯方法。该方法强调以实际市场价格计算项目投入、产出物的价格。也就是说,凡利用国内市场的投入、产出物按国内实际市场价格计算,而利用国际市场的投入、产出物则按以调整汇率换算为国内价格的实际口岸价进行计算。

阿拉伯方法与前述两种方法的主要区别在于不使用影子价格。分析者认为,发展中国家将影子价格用在项目评估中,至少现阶段在概念或实践上都是不可能的。该方法强调评价指标以国民收入最大化为目标,同时考察一些附加指标,如就业效果、分配效果、净外汇效果、国际竞争性等。该方法采用修正汇率,直接反映了国家外汇的稀缺性。

项目评估作为应用经济学的一门分支,仍然处于发展时期。虽然这门学科的范围、程序和方法等已经取得了一些成就,但它的一般理论原则和应用过程的规范化依然有限。严格地说,项目评估的理论与方法在半个多世纪的发展中,既没有形成可以普遍应用的一套准则,也没有形成一套数学公式体系,而这些都是实践所必需的。正是由于上述原因,我们必须牢记:在项目评估的每一个阶段,主观判断能力永远是重要和必需的。

1.3 我国投资项目评估和决策的发展历程

我国的项目评估工作是在改革开放以后,为了适应经济发展和对外开放、对内搞活的需要,为了熟悉和吸取国际上在经济管理方面的先进经验,在世界银行的帮助下开展起来的。为了解我国投资项目决策的工作程序,有必要先知道项目决策所经历的过程。

1.3.1 我国投资项目决策工作发展的崎岖历程

项目评估是投资项目决策的前奏。所谓投资项目决策是指对固定资产投资规模、方向及行动方案做出选择与决定,并为上述行动拟订对策。投资项目决策是一项技术性、经济性、政策性很强的工作,必须严格按科学规律办事。由于历史上的种种原因,我国在建设项目投资决策的理论与实践中,经历了一段漫长而曲折的道路。

新中国成立初期,百废待兴,当时(1951年)为了使国民经济得到迅速恢复和发展,中央政务院财政经济委员会颁布了《基本建设工作程序暂行办法》,对建设项目管理提出了基本要求,即按照"先勘察、后设计,先设计、后施工"的原则进行经济建设。在1950~1952年三年恢复时期,投资项目虽然为数不多,但基本能按建设程序办事,尊重科学和知识,没有出现重大投资决策失误,国民经济发展较快。1953年,我国经济建设进入"一五"计划时期,国家集中力量进行了以"156项"重点建设项目为中心的限额以上大型项目921个,小型项目上万个,初步奠定了我国社会主义工业化的基础。那段时期较重视按基本建设程序办事,尊重经济建设的客观规律和内在联系,采用技术经济论证方法选择项目,重视项目前期工作,使"一五"期间投资效果系数达到预定的目标。1958~1960年,在极"左"思想影响下,必要的管理规章制度被当作绊脚石、陈规陋习,遭到清除、破坏。不少项目在建设前期没有深入细致地进行调研,没有编制设计任务书,不搞技术经济分析,从勘察到生产全部当年完成,这给国民经济的发展带来难以估价的损失。1958~1962年固定资产交付使用率只有71.5%,固定资产投产率只有10%左右。为了扭转投资项目决策工作中的混乱状况,1960年11月召开了全国基本建设工作会议。1962年5月,国务院先后颁发了关于加强基本建设计划、设计、管理内容的三项决定;年底,中共中央、国务院发出《关于严格执行基本建设程序,严格执行经济合同的通知》;从1963年3月28日、11月30日国家计委先后发出《关于认真编审基本建设任务书的通知》及《关于编制和审批设计任务书和设计文件的通知》。这些文件所做出的规定,重新落实和充实了项目决策管理工作的内容,恢复了"一五"时期的技术经济论证方法。上述文件在执行中,基本达到了预期的效果,使投资项目的成功率逐步好转,1963~1965年,全民所有制基本建设固定资产交付使用率达到87.20%,投产率达到32.90%以上。然而,1966年开始的"文化大革命",使开始纳入正轨的投资项目决策工作又一次遭到冲击、破坏,导致基本建设在规模上不切实际地盲目扩大,"四边"(边勘测、边设计、边施工、边投产)工程普遍存在,仓促决策,仓促施工,损失浪费惊人。这一时期,投资决策失误造成的政治影响及经济损失与"大跃进"相比,形式更"左",声势更大,持续时间更长,波及的范围更广,损失更惨重。若按正常年份的增长速度推算,1966～1977年间,国民收入损失约5 000亿元,教训十分深刻。"文化大革命"结束之后,拨乱反正,国家走向安定团结,各项工作开始纳入正轨。1978年4月,国家计委、建委、财政部联合制定颁发了[1978]234号文《关于基本建设程序的若干规定》及其他一系列文件,要求按"计划任务书－设计－施工－验收－交付使用"的基建程序进行项目建设,并且从八个方面做出具体规定。其主要内容是:①计划任务书;②建设地点的选择;③设计文件;④建设准备;⑤计划安排;⑥施工;⑦生产准备;⑧竣工验收,交付使用。

以上这种特点的建设程序,基本上是20世纪50年代在借鉴前苏联的建设项目管理办法的基础上,结合我国近三十年基本建设工作的坎坷经历及实践总结而得,起到了一定的积极作用。基本建设项目全部建成投产个数逐年增加,由1980年的24 823个上升到1986年的45 107个,项目建成投产率也由36.71%提高到56.62%。

1.3.2 项目评估在我国建设项目中的实践过程

党的十一届三中全会以后,我国执行改革开放的方针政策,与西方国家和国际经济贸易组织有了较多的经济、技术、贸易往来。随着生产发展和技术水平的提高,项目的复杂程度、生产社会化程度、生产力布局的制约因素等,都是远非过去所能比拟的。在社会化大生产条件下,项目建设规模越来越大,所采用的技术越来越复杂,项目配套建设工作的要求越来越高,对项目前期工作内容的广度和深度提出了更高的要求。

为了适应我国全面开创社会主义建设新局面的要求,改进建设项目的管理,做好建设前期工作的研究,避免和减少决策失误,提高建设投资的综合效益,1983年2月,国家计委以计资【1983】116号文颁发《关于建设项目进行可行性研究的试行管理办法》。文件要求项目的决策和实施必须严格遵守国家规定的基本程序,要求项目在建设前期工作中,一旦项目建议书获批准,都必须进行可行性研究。这使我国投资项目的决策工作迈出了新的一步。

在开展可行性研究的同时,项目评估的理论与方法也开始引入,而最先将其用于我国投资决策实践的是中国投资银行。世界银行要求向它借款的各中间金融机构在选择贷款项目时,必须先做细致的评估工作。中国投资银行在世界银行专家的指导下,在充分借鉴和学习国外关于项目评估理论与方法的基础上,于1981年下半年开始编写《工业贷款项目评估手册》,并于1984年9月正式颁布,作为投资银行系统开展项目评估的依据,率先开展对国内项目及使用世界银行贷款的工业项目进行评估。此举对促进我国进行投资项目的可行性研究及项目评估工作起到了积极的推动作用。随后,建设银行总行于1984年拟订了《中国人民建设银行工业项目评估试行办法》,规定基建贷款按照"先评估、后贷款,择优发放的原则"办理,使我国的投资项目决策工作开始走上制度化、法制化的道路。

1986年,国务院以国发【1986】74号文发布《关于控制固定资产投资规模的若干规定》,正式将项目评估作为项目建设前期的一个重要工作阶段。文件要求:建设项目必须先提出项目建议书,经批准后,可以开展前期工作,进行项目可行性研究。可行性研究报告必须达到规定的深度;编报大中型项目设计任务书时,必须附可行性研究报告,并经有资格的咨询公司评估,提出评估报告,再由国家计委审批。这样,我国投资项目决策的各项工作环节,在实践中不断完善、发展,投资项目决策工作开始走向规范化。

1.4 项目评估的原则、内容和程序

1.4.1 项目评估的原则

项目评估是投资决策的重要手段,投资者、决策机构、金融机构以项目评估的结论作为实施项目、决策项目和提供贷款的主要依据。所以,要力求保证项目评估结论的客观性。怎样才能做到客观公正地评估项目,需要坚持以下原则。

(一)考察因素的系统性

决定一个投资项目是否可行的因素包括诸多方面,从大的方面讲,决定于市场因素、资源因素、技术因素、经济因素和社会因素等。另外,决定项目是否可行,不但包括项目内部因素,如项目的技术水平、产品质量、产出物和投入物的价格等,而且包括外部因素,如项目所需的外部配套条件,国家的金融政策、税收政策和一定时期的区域规划等。所以,在进行项目评估时,必须全面、系统地考虑,综合分析、评价项目的可行性。

(二)实施方案的最优性

投资决策的实质在于选择最佳投资方案,使投资资源得到最佳使用。项目评估应该符合投资决策的要求,进行投资方案的比较和选择。在进行项目评估时,应根据项目的具体情况(如生产规模、可利用的资源、投资的时间等)拟定若干个有价值的方案,并通过科学的方法,分析、比较,选择最佳的实施方案。

(三)选择指标的统一性

判断项目是否可行,或者选择最佳实施方案需要一系列的技术经济指标,而这些指标的确定是经过多年的潜心研究和实践验证的,指标体系是科学合理的。当

然，在进行项目评估时，可以根据侧重点的不同，选择不同的指标，但应力争选用指标的统一性。如可以选择国家计委和建设部1993年正式发布实施的《建设项目经济评价方法与参数》（第二版）所确定的指标体系。

（四）选取数据的准确性

项目评估实际上是对有关拟建项目的各方面信息资料进行综合、加工、分析和评价的过程。数据来源可靠、准确与否，直接决定着项目评估结论的客观性和公正性。所以，在项目评估时，一定要选取来源可靠、数据准确的信息。数据来源可靠是指所用数据来自正常渠道，如来自国家统计部门、外贸部门、商业部门和经济信息中心等单位的统计资料和预测数据。数据准确是指所用数据要符合客观情况，不可人为地使用扩大或缩小的数据。

（五）分析方法的科学性

在项目评估中，要进行大量的分析和评价，这就要求选择科学合理的分析和评价的方法，既要考虑定性方法，又要考虑定量方法，更要考虑定性和定量相结合的方法。

1.4.2 项目评估的内容

项目评估的基本内容包括以下几个主要方面。

（一）项目市场评估

任何项目都要以市场需求为前提，并且项目最终的目的是为了满足市场需求，从而获得经济利益。在市场经济的条件下，任何经济活动都是围绕市场这个主体展开的。因此在进行投资项目可行性分析与评估中，必然要求将市场的分析评估放在首要的战略位置。项目市场分析主要是通过市场调查和预测，了解和掌握项目产品的供应、需求、价格等市场现状，对项目产出的市场容量、价格、竞争力、营销策略以及市场风险进行分析预测和研究。一方面为确定项目建设规模和产品方案提供依据；另一方面为项目建成后的市场开拓奠定基础。

（二）项目建设与经营条件评估

主要评估建设项目是否具备基本的建设条件和生产条件。主要包括：

(1)项目所需要的建设资金是否落实，资金来源是否符合国家有关政策规定。

(2)相关配套协作项目建设方案是否同步。

(3)根据水文地质、原料和销售市场、生产、生活环境等资源情况，分析厂址选择是否合理。分析厂址、总体方案是否符合城镇规划、国土管理的要求和规定。

(4)交通运输是否有保证，原材料、燃料、设备等采购及商品销售运距是否经济合理。

(5)是否有环境保护部门批准认可的环保方案。

另外,在进行生产条件评估时要根据不同行业项目的生产特点,评估项目建成投产后的生产条件是否具备。

(三)项目技术评估

项目技术评估是关系项目投入产出的一个重要因素。不同的技术方案,投资不同,其生产的效益也会不同。通过对技术方案的评估,分析其工艺技术和设备的先进性和适用性,以保证选择最佳的技术方案。

(四)财务效益费用

即分析评估项目财务分析所需的基础数据,包括建设投资、流动资金及建设期利息等,预测项目投产后各年的生产经营成本、营业收入、营业利润、营业税金及附加等基础数据,为进行财务效益评估做准备。

(五)项目财务效益评估

财务效益评估是在国家现行财税制度和价格体系的前提下,从项目的角度出发,计算项目范围内的财务效益和费用,分析项目的盈利能力和清偿能力,评估项目在财务上的可行性,明确项目对财务主体的价值以及对投资者的贡献,为投资决策、融资决策以及银行审贷提供依据。

(六)项目不确定性与风险分析

项目的不确定性和风险分析是项目评估的一个重要组成部分。由于投资项目的建设需要一定的周期,其项目评估是基于对市场需求未来趋势的估计和预测,以及国民经济未来一定时期发展趋势的估计,但是未来的市场究竟如何?国民经济发展趋势究竟怎样?这是难以预测的。所以,建设一个投资项目就要准备承担一定的风险。投资项目的不确定性和风险分析就是通过对各种不确定因素对项目经济评价指标的影响,来预测项目可能承担的风险,进而分析项目经济效益,评价可靠性如何。

(七)项目总评估

汇总各方面的分析、评价,进行综合研究,提出结论性的意见和建议。项目建议书的评估,可参照以上有关可行性研究报告的评估要求适当简化。工程初步设计的评估内容按国家有关审批初步设计的要求掌握,应着重核查项目的主要工艺、设备和技术经济指标是否符合可行性研究报告审定的要求。

另外,对国内合资项目,需补充评估项目的合资方式、经营管理方式、收益分配和债务承担方式等是否恰当,是否符合国家有关规定。对利用外资、中外合资、中外合作经营等项目,需补充评估合作外商的资信是否良好;项目的合资方式、经营管理方式、收益分配和债务承担方式是否合适,是否符合国家有关规定,借用外资贷款的条件是否有利,创汇还款能力是否可靠,返销产品的价格和数量是否合理;国内投资和国内配套项目是否落实等。对技术改造项目,需补充评估对原有厂房、设备、设施的拆迁利用程度和建设期间对生产的影响等内容。要比较改造前、后经济效益的变化,对比与新建同样项目投资效益的差别。

1.4.3 项目评估的程序

项目评估程序是指开展项目评估工作应当依次经过的步骤。不同类型的项目,其投资领域不同,涉及面不同,因而对其进行评估的程序也不完全一致。就一般项目而言,其评估的程序大致如下。

(一)准备和组织项目评估工作应当依次经过的步骤

不同类型的项目,对其进行评估的程序也不完全一致。就一般项目而言,对拟建项目进行评估,首先要确定评估人员,成立评估小组。评估小组的人才结构要合理,一般可包括财务人员、市场分析人员、专业技术人员、土木工程人员和其他辅助人员。组成评估小组以后,组织评估人员对可行性研究报告进行审查和分析,并提出审查意见,要求每个评估人员都要了解项目的全貌,但可根据各自的分工,各有侧重。最后综合各评估人员的审查意见,编写评估报告提纲。

(二)整理数据和编写评估报告初稿

根据评估报告的内容,由评估小组负责人做明确分工,各自分头工作,包括数据调查、估算、分析以及指标的计算等。

数据调查和分析重点在于对可行性研究的审查所提出的问题,评估人员可以与编制可行性研究报告的单位交换意见,也可以与建设单位或其主管部门交换意见,还可以从其他有关部门进行充分的了解。在对收集到的资料进行整理以后,进行审核和分析,在基本掌握所需要的数据以后即进入评估报告的编写阶段。报告的编写要求各个评估人员进行很好的衔接,因为评估报告的内容都是有联系的。一般来说,先有项目和企业的概况分析、市场分析、建设生产条件和技术评估。然后进行有关财务数据的估算,计算有关评价指标,进行财务效益分析、国民经济效益分析和不确定性分析,最后是总评估,包括问题和建议。

在实践中,分析和论证不是一次完成。可能要经过多次反复才能完成,特别是对一些大型项目或数据不易取得的项目。这一阶段是项目评估的关键,一定要充分分享数据,并力争数据的准确和客观。计算指标的方法一定要科学合理,不能随心所欲,并且,不同的项目特点要选用有侧重点的方法和指标体系。

(三)论证与修改

编写出项目评估报告的初稿以后,首先要由评估小组成员进行分析和论证,形式是:由各成员介绍各自负责的部分,大家一起讨论,提出修改意见。对于评估报告,要注意前后的一致性,提出的每一个问题,要有充分的依据,根据所提意见进行修改以后方可定稿。有些评估机构,以这一阶段的定稿作为最终的评估报告报决策部门或金融机构的信贷部门。有些评估机构,在这一阶段定稿的基础上召开专家论证会,由各方面的专家再提出修改意见,然后再最后定稿。

第2章 可行性研究与项目评估

本章提要：本章对可行性研究与项目评估的相关问题进行了阐述。具体包括可行性研究的含义及作用,介绍了可行性研究的产生及发展。重点研究了可行性研究的内容与程序,可行性研究与项目评估的关系及其在我国所具有的重要意义。通过学习本章将使读者掌握可行性研究的含义、作用、内容和程序,并对其与项目评估的关联和意义有基本了解。

2.1 可行性研究

2.1.1 可行性研究及其作用

可行性研究是在投资项目拟建之前,通过对与项目有关的市场、资源、工程技术、经济和社会等方面的问题进行全面分析、论证和评价,从而确定项目是否可行或选择最佳实施方案的一项工作。可行性研究在国外已被广泛采用,其理论和方法也日臻完善,我国于20世纪70年代末期到80年代初,摒弃了前苏联的技术经济分析方法,在投资项目决策中引入西方的可行性研究方法。

(一) 可行性研究的阶段划分

国外大型投资项目的可行性研究一般包括投资机会研究、初步可行性研究和详细可行性研究三个阶段,只是在提法上有一定的区别,并没有实质的不同。下面介绍的是经济发达国家可行性研究的阶段划分。

1. 投资机会研究阶段

投资机会研究亦称投资鉴定,亦即寻求最佳投资机会的活动。投资机会研究可分为一般机会研究和具体机会研究。一般机会研究又可划分为三种:一是地区研究,旨在通过研究某一地区自然地理状况、在国民经济体系中的地位以及自身的优劣势来寻求投资机会;二是部门(或行业)研究,旨在分析某一部门(行业)由于技术进步、国内外市场变化而出现的新的发展和投资机会;三是以资源为基础的研究,旨在分析由于自然资源的开发和综合利用而出现的投资机会。在进行一般机会研究时,可参考国内外同类项目、同类地区和同类投资环境的成功案例。在发展中国家,一般机会研究通常由政府部门或专门机构进行,作为中央政府制定国民经济长远发展规划的依据。

根据一般机会研究的结论,当某项目具有投资条件时,就可进行具体机会研究,即具体研究某一项目得以成立的可能性,将项目设想转变为投资建议。

机会研究是可行性研究的第一阶段,如果机会研究的结论表明投资项目是可行的,则可进入下一阶段,即进行更深一步的研究。机会研究是比较粗略的,投资费用和生产成本一般根据同类项目加以推算,误差要求一般约为 ±30%,研究费用一般约占总投资额的 0.2%~1.0%,时间一般为 1~3 个月。

2. 初步可行性研究阶段

初步可行性研究亦称预可行性研究,是指在机会研究的基础上,对项目可行与否所作的较为详细的分析论证。初步可行性研究是介于机会研究与详细可行性研究之间的一个中间阶段,起着承上启下的作用。对于大型复杂项目而言,是一个不可缺少的阶段。一般来讲,详细可行性研究需要收集大量的基础资料,花费较长的时间,支出较多的费用,因此,在此之前进行项目初步可行性研究是十分必要和科学的。初步可行性研究与详细可行性研究相比,除研究的深度与准确度有差异外,其内容是大致相同的。初步可行性研究得出的投资额误差要求一般约为 ±20%,研究费用一般约占总投资额的 0.25%~1.5%,时间一般为 4~6 个月。

3. 详细可行性研究阶段

详细可行性研究亦称最终可行性研究,它是投资决策的重要阶段。在该阶段,要全面分析项目的全部组成部分和可能遇到的各种问题,并最终形成可行性研究的书面成果——《可行性研究报告》。详细可行性研究得出的投资额误差要求一般约为 ±10%,研究费用一般占总投资额的 1.0%~3.0%(小型项目)或 0.2%~1.0%(大型项目),时间一般为 8~10 个月或更长。

此外,对某些特定的大型的复杂项目,还要进行辅助研究。辅助研究亦称功能研究,是指对项目某一个或几个方面的关键问题进行的专门研究。辅助研究并不是一个独立的阶段,而是作为初步可行性研究和详细可行性研究的一部分。辅助研究一般包括以下几类:产品市场研究;原材料和其他投入物研究;实验室和中间试验研究;厂址选择研究;规模经济研究;设备选择研究等。

(二)可行性研究的作用

可行性研究的最终成果是可行性研究报告,它是投资者在前期准备工作阶段的纲领性文件,是进行其他各项投资准备工作的主要依据。对投资者而言,可行性研究有如下作用。

1. 为投资者进行投资决策提供依据

进行可行性研究是投资者在投资前期的重要工作,投资者需要委托有资历的、有信誉的投资咨询机构,在充分调研和分析论证的基础上,编制可行性研究报告,并以可行性研究的结论作为其投资决策的主要依据。

2. 为投资项目贷款提供依据

无论是国外,还是国内的银行和其他金融机构在受理项目贷款申请时,首先要求申请者提供可行性研究报告,然后对其进行全面细致的审查和分析论证,在此基础上编制项目评估报告,评估报告的结论是银行确定贷款与否的重要依据。世界银行等国际金融机构也都将提交可行性研究报告作为申请贷款的先决条件。

3. 为商务谈判和签订有关合同或协议提供依据

有些项目可能需要引进技术和进口设备,如与外商谈判时,要以可行性研究报告的有关内容(如设备选型、生产能力、技术先进程度等)为依据。在可行性研究报告批准之后才能与外商签约。在项目实施与投入运营之后,都需要供电、供水、供气、通信和原材料等单位或部门协作配套,因此,要根据可行性研究报告的有关内容与这些单位或部门签订有关协议或合同。

4. 为投资企业上市提供依据

一般来讲,企业发展到一定阶段都有上市、在资本市场融资的要求,而在上市时,都会包含一些投资项目。按我国有关政府职能部门的要求,这些投资项目都要进行可行性研究,并且要经过审批。因此说,可行性研究可以为投资企业上市提供依据。

5. 为工程设计提供依据

在可行性研究报告中,对项目的产品方案、建设规模、厂址选择、生产工艺、设备选型等都进行了方案比较和论证,确定了最优方案。在可行性研究报告获得批准之后,可依据可行性研究报告进行工程设计。

此外,可行性研究报告还可为寻求合作者、安排设备订货、施工准备、机构设置和人员培训等提供依据。

2.1.2 可行性研究的产生与发展

可行性研究的英文原名是 Feasibility study。可行性研究实践萌芽于原始社会。据说当时的氏族议事会最初就是进行这方面研究的机构。希腊人的氏族议事会由各氏族的首长组成,讨论一切与氏族有关的问题,对一切重要问题作出决定。例如宣布战争、可否将异族人收入本氏族作为养子等决议。最早的可行性研究是从这些事情开始的。到了原始社会末期,即公元前三世纪,在古罗马社会诞生了一个协助决策者的研究机构元老院,当时称为氏族长老(或"老人")的会议,由国王(即由氏族首长和"人民"选举产生的部落长老)任命组成对内行政与对外政策问题的顾问会议。古罗马元老院是现代专门为决策者服务的咨询研究、顾问机构的雏形。

封建社会由于经济落后,可行性研究发展缓慢。直至封建社会解体,资本主义逐步建立起来之后,经济技术有了很大的发展,决策过程中的随机因素增多,对一些复杂的经济、技术、军事问题决策难度越来越大,在世界上许多国家都出现了一些专门辅助中、高级领导人决策的个人或机构,研究范围逐渐扩及到了工业、农业、交通、建筑等各个方面,形成了各个专业的可行性研究。

20世纪30年代,美国在开发田纳西河流域时,出现了把资金投向哪里才能获取最大利润的问题:是开矿、办农场,还是开工厂?开什么工厂?当时,投资者聘请一些专家进行调查和论证,初步形成可行性研究一套方法,并在应用中取得显著成效。

在资本主义国家,选择投资目标是个非常重大的问题,而且带有很大风险。投资成功能赚大钱,投资失败则可能破产。因此,投资者对投资决策的正确与否是非常重视的。

在西方,可行性研究活动发展到一定阶段时,人们开始总结可行性研究实践的经验,逐渐形成了比较系统的工业可行性研究理论知识,这就是可行性研究学的起源。到现在,已有100多年的历史。

在可行性研究学说史上,法国的让尔·杜比工程师的贡献值得一提。他把经济分析思想应用到公用项目评价中,从而开辟了可行性研究学的新领域。他在《公共工程效用评价》这篇文章里,针对用财务分析方法不能正确地评价公共事业项目对全社会的贡献,提出了"消费者剩余"的思想。这种思想的提出,引起了许多人的兴趣,英国经济学家马歇尔从多方面加以研究,给出了"消费者剩余"的确切概念。这种思想被发展为社会净收益的概念,成为经济分析的基础。西方项目经济分析思想也就始于这个时期。

另一个有名人物是1958年诺贝尔经济学奖获得者、荷兰计量经济学家丁伯根(Jan Tinbergen),他首次提出了在经济分析中使用影子价格(或计算价格)的理论,对经济分析理论的完善作出了贡献。由于影子价格的计算过于繁杂,因而又得到了牛津大学福利经济学家利特尔和经济数学教授米尔里斯的进一步研究。1968年,他们合写了《发展中国家工业项目分析手册》一书,这本书对在项目经济分析中让评价者感到最为棘手的修正价格问题做了详尽的讨论,使影子价格的计算简单化了。特别是在对外贸易发达的国家中,只需对少数几种不可贸易货物的国内价格进行修正即可。

第二次世界大战以后,可行性研究得到迅速发展。特别是60年代以来,由于电子计算机的发展和各种经济数学方法的广泛应用,使可行性研究又有了新的发展,现在已被世界各国所普遍采用。

尽管不同地区和国家的叫法不同,但内容和方法基本是一致的。西方国家普遍称为可行性研究。

世界银行和联合国工业发展组织对可行性研究学的实际应用和理论发展,都起到了巨大作用。为了鼓励在发展中国家推广应用可行性研究,世界银行和联合国工业发展等组织编写过不少有关工业项目可行性研究的著作,如1978年联合国工业发展组织(UNIDO)出版了《工业可行性研究编制手册》一书,对可行性研究的步骤、内容和方法都作了比较详细的论述。1980年,该组织又编写了《工业项目评价手册》一书。这两本书力图使可行性研究和项目评价工作科学化、规范化。可行性研究虽然产生在资本主义国家,但是,由于它运用了现代经济科学和技术科学的最新成就,并且总结了大量投资项目的经验教训,因而能较好地反映项目建设的客观规律,从研究的广度和深度上,从内容到方法上都有很强的科学性。

2.1.3 可行性研究的内容和程序

(一)可行性研究的内容

可行性研究报告和编写格式随项目的不同有所差异。联合国工业发展组织(UNIDO)编写的《工业可行性研究编制手册》(最新修订及增补版)提供了一般工业项目可行性研究的内容和报告的编写格式。主要包括以下几个方面。

(1)实施纲要。简要描述可行性研究的结论,并归纳出研究报告各个关键性问题。实施纲要的结构与可行性研究的正文相一致。归纳的关键问题主要包括:有关商业环境的数据及可靠程度;项目的投入物和产出物;对市场、供应和工艺技术趋势所作预测的误差(不确定性风险)幅度和范围以及项目的设计等。

(2)项目的背景和基本思想。主要考察项目的设想是如何适合于有关国家总的经济情况的基本结构以及工业发展情况。对项目要详细地加以叙述,对项目发起人(投资者)及他们对项目感兴趣的理由都要加以审定。

(3)市场分析与销售设想。这一部分是可行性研究的重点之一。要求对项目的市场供求量进行预测和分析,判断项目产品是否有市场潜力,然后确定销售产品的规划和设想,为实现预期利润奠定基础。

(4)原材料和供应品。叙述并确定工厂生产所需的不同的投入物,分析并叙述各种投入物的来源和供应情况,以及估算最终生产成本的方法,为进行财务基础数据估算打好基础。

(5)建厂地区、厂址和环境。叙述确定项目建厂地区、厂址的分析方法和选择方法,并就项目对环境的影响进行深入的分析和评价。

(6)工程设计和工艺。工程设计的任务是设计工厂生产规定的产品所必需的功能布置图和各单项工程的布置图。工艺选择及技术的取得也是工程设计的一个必要组成部分。在工艺选择和技术取得中要涉及工业产权问题。工程设计和工艺选择要考虑整个建筑工程的布局和设计,生产能力的确定,工艺的选择,设备的选型和安装及各项投资支出和生产运营支出的估算。

(7)组织和管理费用。涉及管理和控制工厂整体运行所需组织和管理的发展与设计,以及相关的费用支出。

(8)人力资源。论述制定的人力资源计划,涉及项目对人力资源的质量和数量要求,以及人员来源和培训的需要,工资和其他与人员有关的费用及培训成本的估算方法。

(9)实施计划和预算。论述项目实施计划和预算的目标,叙述主要的实施工作的特点和主要的限制因素,并介绍编制实施计划的技术。

(10)财务分析与投资评估。主要是在上述投资估算和有关财务基础数据(如销售收入、生产运营成本等)的基础上编制一系列带有汇总性质的表格,并计算相应的指标,进行项目的财务效益分析和国民经济效益分析,以及各层面的不确定性分析。

(二)可行性研究的程序

可行性研究可分为三个阶段,除了机会研究阶段(类似于我国的项目建议书阶段)比较简单,不一定有一个比较固定的程序外,初步可行性研究报告和详细可行性研究报告一般都有一个相对比较固定的程序。

1. 组织工作小组

对拟建项目进行可行性研究,首先要确定工作人员,成立可行性研究小组。工作小组的人员结构要尽量合理,一般可包括工业经济学家(组长,若是工业项目的话)、市场分析专家、财务分析专家、土木建筑工程师、专业技术工程师和其他辅助人员等。可行性研究小组人员可以是咨询机构的专职人员,也可以是外聘的专家。工作小组成立以后,可按可行性研究的内容进行分工,并分头进行调研,分别撰写详细的提纲,然后由组长综合工作小组各成员的意见,编写可行性研究报告的详细提纲并要求根据提纲展开下一步的工作。

2. 数据调研

根据分工,工作小组各成员分头进行数据调查、整理、估算、分析以及有关指标的估算等。

在可行性研究过程中,数据的调查和分析是重点。可行性研究所需要的数据可来源于三个方面:一是委托方(投资者)提供的资料。因为投资者在进行投资项目的初步决策时,已经对与项目有关的问题进行过比较详细的考察,获取一定量的信息,这可以作为咨询机构的主要信息来源渠道。二是咨询机构本身所拥有的信息资源。一般来讲,咨询机构都是有资质的从事投资项目咨询的机构,拥有丰富的经验和专业知识,同时也占有大量的历史资料、经验资料和有关可行性研究方面的其他相关信息。三是通过调研占有信息。一般来讲,投资者提供的资料和咨询机构占有的信息不可能满足编制可行性研究报告的要求,还要进行广泛的调研,以获取更多的信息资料。必要时,也可委托专业调研机构进行专项信息调研,以保证获得更加全面的信息资料。

3. 形成可行性研究报告初稿

在取得信息资料后,要对其进行整理和筛选,并组织有关人员进行分析论证,以考察其全面性和准确性。在掌握了所需信息资料以后即进入可行性研究报告的编写阶段,首先编写出可行性研究报告的初稿。报告的编写要求工作小组成员进行很好的衔接,因为可行性研究报告的各项内容是有联系的,需要各成员的衔接和联合工作才能完成。

4. 论证和修改

编写出可行性研究报告的初稿以后,首先要由工作小组成员进行分析论证,形式是:由工作小组成员介绍各自负责的部分,大家一起讨论,提出修改意见。对于可行性研究报告,要注意前后的一致性,数据的准确性,方法的正确性和内容的全面性等,提出的每一个结论,都要有充分的依据。有些项目还可以扩大参加论证的人员的范围,可以请有关方面的决策人员、专家和投资者等参加讨论。在经过充分的讨论以后,再对可行性研究报告进行修改,并最后定稿。

2.2 可行性研究与项目评估的关系

可行性研究和项目评估都是以分析和论证项目可行与否为己任的工作,两者关系密切,有许多共同之处,亦各有其特点。

2.2.1 可行性研究与项目评估的关系

(一)均处于项目发展周期的建设前期

可行性研究和项目评估均处于项目投资前期阶段,可行性研究是在项目建议书(相当于国外的机会研究)批准之后,对项目可行与否进行的全面分析论证;项目评估则是对项目的可行性研究进行审查与分析,进而判断其是否可行。两者都是重要的前期准备工作。这两项工作的质量如何,对项目投资决策会产生极大影响。

(二)基础理论基本相同

可行性研究和项目评估都是应用性的学科,要掌握其理论和方法体系,需要许多基础理论。从可行性研究和项目评估所包括的内容来看,它们的基础理论都是市场学、工程经济学和费用、效益分析等。

（三）工作的内容基本相同

可行性研究和项目评估无论是经济评价指标计算的基本原理、分析对象、分析依据，还是分析内容都是相同的。就同一个投资项目而言，从经济评价的角度看，无论是项目评估还是可行性研究，它们计算评价指标的基本原理是相同的，都是通过比较计算期的所费与所得，计算一系列技术经济指标，得出可行与否的结论；其分析的对象是一致的，都是项目；其分析的某些依据是相同的，都是国家的有关规定和有关部门为拟建项目下达的批复文件等；其所分析的内容均包括建设必要性、市场条件、资源条件、工程技术、经济效益等部分。

（四）最终工作目标及要求相同

为拟建项目进行评估和开展可行性研究的最终工作目标都是一致的，都是通过分析论证，判断项目的可行与否，实现投资决策的科学化、程序化和民主化，提高投资效益，使资源得到最佳配置。两者的要求也是相同的，都是在调查研究的基础上进行分析和预测，得出公正客观的结论。

2.2.2 可行性研究与项目评估的主要区别

可行性研究与项目评估存在诸多相同之处，从理论和实践方面来看，两者又有明显的区别，主要表现在以下几个方面。

（一）行为的主体不同

可行性研究工作是由投资者负责组织委托的，而项目评估则是由贷款银行或有关部门负责组织委托的。一般来讲，这两项活动均需委托有关工程咨询机构（或其他中介机构）进行，但其所代表的乃是不同的行为主体，亦即咨询机构要对不同的行为主体负责。

（二）立足点不同

可行性研究是站在直接投资者的角度来考察项目，而项目评估则是站在贷款银行或有关部门的角度来考察项目。由于角度不同，可能导致对同一问题的看法不同，结论也可能出现差异。

（三）所起的作用不同

两者都是进行投资决策的重要依据，可行性研究是投资者进行投资决策和政府职能部门审批项目（在现行投资项目审批制度条件下）的重要依据，项目评估则是政府职能部门（对于大型项目而言）和上级主管部门审批项目的重要依据，更是金融机构确定贷款与否的重要依据。两者不对等，也无法相互替代。

（四）所处的阶段不同

尽管两者同处于项目建设周期中的建设前期，但在此时期内，可行性研究在先，项目评估在后，这一工作顺序是不能颠倒的。可行性研究是投资决策的首要环节，但仅有这一环节是不够的，还必须在此基础上进行项目评估。项目评估人员要充分利用可行性研究的成果，进行周密的调查研究与分析论证，独立地提出决策性建议。可行性研究为项目评估提供工作基础，而项目评估则是可行性研究的延伸、深化和再研究。

2.3 项目评估的目的与意义

项目评估就是对项目的审查和估价，它是抉择项目的一种工作方法。在国外，项目评估一般指银行审查贷款项目的工作。目前在国内普遍实行的项目评估，基本上也是指银行对贷款项目进行研究、决策。它是从银行的角度，力求客观、公正、准确地对拟建项目进行可行性评估。其目的在于：第一，对项目建设必要性和市场预测进行评估，这是项目能否确立的前提；第二，对项目建设条件和技术方案进行评估，这是项目能否顺利进行的保证；第三，对企业经济效益和国民经济效益进行评估，这是判别是否给予贷款的依据；第四，对影响投资效益的经济政策和经济管理体制进行评价，为取得最好的经济效益提出新的建议。

搞好项目的评估工作，对银行参与投资决策、搞好重点项目建设、促进提高投资效益、推动社会技术进步，对整个国民经济的良性运行都有着十分重要的意义。

金融是国家宏观调控的重要手段，在当前我国建立社会主义市场经济体制下，它的地位与作用显得更加重要、突出。实质上在银行工作中，进行项目评估是银行进行投资和贷款决策的前提条件，同时也是达到银行提高自身效益，实现银行信贷资金流动性、安全性、效益性，促进经济发展的客观要求。

当前，随着我国改革朝纵深方向发展和对外开放步伐的加快并向国际惯例接轨的趋势，已给银行如何在这一新形势下，抓好项目评估工作提出了更高、更新的要求。银行在进行项目评估时，不仅要立足于国内市场，同时还要面对国际的"大市场"，在市场调查、预测分析和设备、技术、工艺等方面，树立"大市场"观念，以保证项目及产品在市场上具有较强的竞争力。金融体制的改革、企业会计制度、财务制度更新等一系列新情况、新问题的出现，也给银行的项目评估工作提出了新的要求。银行进行项目评估，不仅是信贷管理的重要环节，同时也是决定给某项目贷款的重要依据。作为银行在进行项目评估时，其项目评估、决策水平，不仅关系到一两个企业或项目成、败和效益的优、劣的问题，而且是关系着银行生存与发展的严峻的现实问题。所以普及项目评估知识尤为重要，并已成为亟待解决的问题。在这方面,一些银行已形成了一整套较为完善、科学的项目评估、决策管理体制,并积累了不少经验。许多国家大、中型项目取得了显著成效,与银行正确、科学地进行项目评估是分不开的。

第3章 项目市场分析

本章提要：项目市场分析是项目可行性研究和项目评估的前提,也是决定项目建设必要性的关键。本章主要讲述项目市场分析的基本原理、市场分析的内容和方法。具体阐述了项目市场调查、市场预测的概念、程序及方法。学习本章将使读者掌握市场分析的基本理论与方法。

3.1 市场分析概述

3.1.1 市场分析的意义

（一）市场分析的概念

项目评估的市场分析是指在市场调查和市场预测的基础上,根据项目产品的竞争能力、市场规模、位置、性质和特点等要素做出"项目产品是否有市场"专业判断的一种分析技术。它主要分析和判断项目投产后所生产产品的未来销路问题,具体就是考察项目产品在特定时期内是否有市场,在什么范围内有市场,以及这个市场究竟有多大。

任何投资项目不仅需要通过利用所能利用的各种资源或通过满足社会对该项目产品的现有或潜在的需求来获取利益,而且还要服从于企业的既定战略,如加强企业在市场中的地位,或保证将来必要资源供给等。进行市场分析,对于决定项目的投资范围、可能的生产规划、所需工艺,以及建厂地区的选择,都是至关重要的。组织市场分析,必须了解项目的产品、副产品的数量和质量；了解有关经济规模的可能方案,并考虑决定经济规模的有关因素,如投入物的来源和需求量,工艺及地区方面存在的制约条件等。

（二）市场分析的意义

世界各国进行可行性研究和项目评估工作,一般都是从市场分析入手。从项目与市场的关系看,只有项目产品能够找到销路或者说有市场,项目才可能取得一定财务和经济方面的效益,因此,"项目产品有市场"成为项目可行的必要前提条件。在项目评估中,对于产品没有市场的投资项目,完全没有必要去研究它的资金、技术、经济和社会等其他方面问题。

市场是商品经济的产物,商品经济越发达,越离不开市场。市场不仅是商品经济发展的空间依托,而且是组织社会经济运行的中心。从宏观角度看,市场是国民经济发展状况的晴雨表,它能够综合地、灵敏地反映国民经济各部门、各地区之间以及生产与消费之间的经济关系,并自动调整各种比例关系,实现国民经济协调发展。从微观角度看,市场不仅能反映企业的生产和经营状况,而且还可以反映消费者的需求状况和消费倾向。在经济全球化的今天,不仅要研究国内市场,而且必须研究国际市场问题。

我国实行的是社会主义市场经济,企业投入与产出的决策是否正确和有效,主要取决于企业对市场行情的分析、预测和判断,使之与市场需求相适应。我国过去选定项目时,往往忽视这个问题,这是以往造成某些项目投产后产品积压、效益不高的根本原因之一。在中国已经加入WTO的背景下,我国的对外开放呈现出全面发展的格局,因此若要积极发展对外贸易,就要积极开拓国外市场。许多项目产品可以出口创汇,也有一些可以代替进口,节约外汇支出。因此,我们不仅要调查和预测产品在国内市场上的供求状况及产品竞争能力,还要调查和预测产品在国际市场上的供求状况及竞争能力。

由此可见,在我国项目评估中,必须首先对项目拟议中的产品目前的需求和供给情况进行调查,并对未来需求和供给的发展趋势进行预测,初步确定项目的生产规模。一旦决定了对拟议中的项目产品的当前实际需求量、相应的市场特性(未满足的需求、竞争、进口、出口等)和可能的销售设想,就可以确定较理想的生产规划(包括所需的材料投入物、工艺和人工)以及合适的建厂地区。

3.1.2 市场划分与市场定位

(一) 市场划分及其意义

市场划分是指在充分考虑构成总体市场不同消费者的需求特点、购买行为和购买习惯基础上,将消费者划分为若干个群体的过程。

通过市场划分,可以把某一产品的市场按照消费者不同需求或不同购买行为的特点,进一步细分为不同层次的小市场。围绕这些小市场展开详细分析,就有可能设计开发出能够最大限度满足特定阶层或消费集团需要的产品,从而提高产品的竞争能力,取得更大的市场份额。按照市场划分原理,无论哪种产品,只要存在两个以上消费者,就应该进行市场划分。

企业生产任何一种产品,都必须考虑到消费者及其需要。由于消费者为数众多、分布广泛,受所处的地理环境及千差万别的文化、社会、个人的心理特征等因素的影响,使之往往有不同的需求欲望。因此,任何一种产品都不可能同时满足他们的所有需求,任何一个企业也不可能为所有的消费者提供全面有效的服务。只有按照一定的标准对市场进行划分,评估选择对其最有吸引力的部分作为自己为之服务的目标市场,搞好市场定位,再确定自己在市场上的竞争地位,才能避免由于没有明确的目标市场而进行盲目投资。市场分析与市场划分密切相关,市场分析应在市场划分的基础上进行。

市场划分可以把市场作为一个整体进行市场分析,也可以就每个部分单独进行市场分析。因为无论从全球范围或一个地区范围,任何一种产品或服务的市场都包含着不可胜数的消费者,他们不但分布非常分散,而且由于影响消费者需求的因素非常错综复杂,消费者之间的消费差异也很大,使得每个项目通常不可能满足市场上的所有消费者。因此,为了充分利用项目本身可获得的有限资金和资源,充分发挥自己的优势,对市场进行细分是必需的。

(二)市场划分的标准

市场划分可以选择以下标准作为分类依据。

1. 人口统计标准

人口统计标准是指能够描述消费人口一般特征的统计分类标志,如年龄、性别、收入、职业、教育、宗教、种族或国籍等。由于以人口统计标准来划分市场比按其他标准更容易衡量,且适应范围比较广泛,许多消费者市场划分都可以此为分类标志。具体又包括以下划分标志:

(1)按年龄划分。不同年龄阶段的人们,由于生理、性格、爱好的不同,对消费品的需求往往有很大的差异。因此,可按年龄范围划分出许多各具特色的市场。

(2)按性别划分。不仅不少商品在用途上具有明显的性别性,而且在购买行为、购买动机、购买角色方面,两性之间也具有很大的差别。

(3)按收入划分。人们收入水平的不同,不仅将决定其购买商品的性质,如收入高的家庭就会比收入低的家庭购买更高价的商品,而且还将影响其购买行为和购买习惯。

(4)按民族划分。世界上大部分国家都拥有多种民族。我国更是多民族的国家,这些民族都各有自己的传统习俗、生活方式,过着不同的社会经济生活,从而呈现出不同的商品需求。

(5)按职业及教育状况划分。从事不同职业的人其消费需求是有很大区别的。其主要原因是由于从事不同职业的人所获得收入的不同,另外不同职业的特点,也会引起许多需求上的差异。

至于教育状况的不同会引起不同的需求,也是显而易见的。因为教育程度不同的人,在志趣、生活方式、文化素养、价值观念等方面都会有所不同,因而会影响他们的购买种类、购买行为和购买习惯。

2. 地理状况标准

地理状况标准是指消费者所居住的政区(如东北、华北、西南、华南)、地理位置(如山区、平原、内陆、沿海),以及这些地区的自然特点(如人口密度、气候、城市规模)等分类标志。由于消费者的需求和欲望常常受到上述地理状况标准的影响,因此项目也可利用该标准及其组合来划分自己的市场。具体又包括以下划分标志:

(1)按地理位置划分。地区位置不同,首先会反映出文化和社会价值观的差异,例如某一地区可能比别的地区更保守,这也会影响该地区接受某种产品的能力。

(2)按人口的多寡及密度划分。人口多寡和密度意味着该地区是否有足够的居民以产生相当的销售额。尤其是划分人口密度不同的城市、郊区、乡村市场,其现实意义更大。

(3)按气候划分。地区气候不同会影响一系列商品的消费,如东北对服装的需求就与华南有较大区别。上述这些按地理状况划分市场的方法虽有很大优点,但也存在一些缺点:消费者的偏好往往与其居住地没有明显的联系,而经济的、人口统计方面的因素似乎对消费者的影响更直接。

3. 消费者心理标准

消费者心理标准包括消费者的生活方式、性格、态度等分类标志。具体又包括以下划分标志:

(1)按生活方式划分。生活方式是指个人或集团对消费、工作和娱乐的特定的习惯。人们形成和追求的生活方式不同,消费倾向也不同,需要的商品也不一样,可根据消费者的不同生活方式划分出各种明显的市场。

(2)按消费阶层划分。美国人将消费者分为六个阶层,即上上层、上下层、中上层、中下层、下上层和下下层,每个社会阶层的人对各种消费品的偏好都是不同的。因此,许多企业为特定的社会阶层设计产品和提供服务,以迎合目标社会阶层。所以可根据消费者阶层的不同,采取相应的产品销售方案。

(3)按利益追求划分。按利益追求划分是指按消费者对所购买产品追求的不同利益来分类。这种方法首先要断定消费者对有关产品所追求的主要利益是什么,追求各种利益的各是什么类型的人,该类各种品牌的商品提高了什么利益,然后根据这些信息来采取相应的市场销售策略。

4. 消费者行为标准

消费者行为标准是指消费者对产品的了解程度、态度、使用情况或反应等分类标志,具体又包括以下划分标志:

(1)按购买时机划分。根据消费者产生需要、购买或使用产品的时机(如各种节假日等),可以把特定时期的市场需求作为服务目标。

(2)按使用状况划分。许多产品可以按使用状况将消费者分为"从未使用者"、"曾经使用者"、"潜在使用者"、"首次使用者"和"经常使用者"等五种类型,即五个细分市场。通常大公司对潜在使用者感兴趣,而一些小企业则只能以经常使用者为服务对象,设法把竞争对手品牌的使用者引向购买他们自己的品牌。

(3)按使用率划分。使用率也可用来划分某些产品的市场。

(4)按忠诚程度划分。消费者对企业的忠诚程度和对品牌的忠诚程度,也可作为划分市场的依据。

(5)按待购阶段划分。消费者对各种产品,特别是新产品,总是处于各种不同的待购阶段。企业对处于不同待购阶段的消费者,要有不同的销售方案。

5. 组合标准

上述四个划分标准都属于单纯分类标志。在市场划分的实际操作中,可以将各种划分标准结合起来,形成若干组合标准,并加以灵活运用,这样有助于找到更好的目标市场。

(三)市场定位

目标市场确定后,需要企业围绕目标市场对其产品进行定位。所谓市场定位是指企业根据确定产品在目标市场中应处的最佳位置,从另一个角度看,市场定位是企业在消费者心目中为项目产品选择一个希望占据的位置。

企业产品市场定位工作大致应包括以下几项内容。

1. 确认潜在的竞争优势

竞争优势有两种基本类型:第一种是在同样条件下比竞争者定出更低的价格;第二种是提供更多的特色服务以满足消费者的特定需要,从而抵消更高价格的不利影响。

2. 准确地选择竞争优势

企业在面对多种竞争优势并存的情况下,要运用一定的方法评估选择,准确地选择出对企业最适合的竞争优势加以开发。

3. 有效地传播企业的市场定位观念

在确定了企业的市场定位之后,还必须大力开展宣传,把市场的定位观念准确地传播给潜在的消费者。

3.1.3 市场分析的内容与方法

市场分析是指对市场供求、规模、位置、性质、特点等调查资料所进行的经济分析,是分析了解产品变化趋势及未来销路问题的一种方法。市场分析是项目评估的首要环节,它不但是项目建设必要性的前提条件,也是确定项目生产规模的依据。

(一)市场分析的内容

市场分析包括市场调查与市场预测两部分。根据这两部分要求的基本内容可以概括为以下几个方面。

1. 市场需求的研究

所谓市场需求是指市场对某种产品在近期及远期的需求情况。这种需求研究既包括对国内市场与国际市场需求的研究,也包括对本行业、本企业产品需求的研究。市场学将市场需求划分为市场潜量与销售潜量两个概念。影响产品市场需求的主要因素有产品价格、相关产品或替代产品的价格、消费者的收入水平、消费者的习惯与嗜好、生产企业的促销手段等等。

2. 市场供应的研究

市场供应的研究是指研究国内外近期和远期的产品供应能力,研究竞争对手的产品发展战略及销售政策对供应量发展趋势的影响。供应的变化将对市场产生很大的影响,因此必须了解国际经济形势和国外市场变化,了解我国的经济政策和商品经济制度及国内市场的情况,还要考虑竞争的影响。

3. 产品研究

产品研究是市场供求关系研究的更深层次,包括两项内容:一是研究产品的生命周期,了解产品适应市场的时限;二是研究产品的特性与功能,了解产品适应市场的能力,产品的生命周期是指新产品从研制成功投入市场开始,到被市场淘汰为止的时间间隔。

产品生命周期指出产品自身在随时间发展的过程中存在若干阶段,一般按照产品的销售额或利润在不同时间的变化特点,划分为萌芽期、成长期、成熟期、饱和期、衰退期(有些学者按四个阶段划分)。典型的产品生命周期可用图 3-1 曲线来表示。

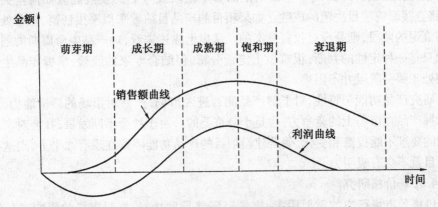

图 3-1 产品生命周期曲线图

产品在萌芽期,消费者对其知之甚少,产品质量低,价格高,企业的任务是不断地投入,进行宣传,打开销路;进入成长期,产品已引起消费者注意,需要量不断增长,其他企业纷纷生产该产品,出现各企业间的竞争,竞争各方努力扩大生产,尽量占领市场;进入成熟期,消费者已熟知产品,对产品的要求已提高到质量、品种、外形的档次上,销售增长率接近高峰,竞争白热化;进入饱和期,产品已遍布市场,此时竞争各方为击败对手,不断提高产品质量,翻新品种,降低价格,以求抢占市场份额,这些对产品的销售具有决定性的意义;到了衰退期,新产品或替代产品进入市场,消费者对老产品的兴趣下降,生产厂家纷纷退出角逐,转移阵地。产品的生命周期在各个阶段的特点,通过表3-1可以扼要地表现出来。

表3-1 产品生命周期各阶段的特点

要素 \ 阶段特点	萌芽期	成长期	成熟期	饱和期	衰退期
生产企业	很少	比较多	多	很多	锐减
竞争状况	不存在	有序竞争	竞争白热化	恶性竞争	竞争萧条
消费者	高消费、高收入及求新者	中等收入或知识阶层	大众	大众	低收入及不赶时髦者
商品普及率	0%~5%	5%~50%	50%~90%	达到极限	—
销售额	少,增速慢	高速增长	增速较快	销售达高峰,开始下降	迅速下降
利润额	亏损或微利	高速增长	利润达高峰,开始下降	迅速下降	微利或亏损

区分拟建项目产品处于生命周期的哪个阶段及今后的发展趋势如何至关重要,将直接影响项目决策的成败。如果项目的产品目前看来似乎很畅销,但若处于行将衰退的阶段,则是没有投资意义的。从以上描述来看,对产品生命周期的划分虽然只是一种定性的判断,很难做出定量分析,但结合专家的经验,掌握产品生命周期处于哪一阶段并不困难。

研究产品功能与特性,对了解产品能否进入市场,产品对市场的适应能力,以及掌握产品在市场上的竞争力,也是十分重要的。由于社会不断发展,社会对产品功能的要求不断提高和变化,倘若建设项目的产品功能停留在现有水平上,则这样的项目就不会有吸引力。

4. 市场价格研究

价格是市场行为的重要因素,市场经济越是发达,价格对市场的影响越是敏感。价格研究包括对现行的价格水平和未来发展趋势的分析。市场供求的变化会影响现行产品价格,产品价格的涨跌也会影响市场供求。产品市场价格与市场需求成正相关关系,与市场供给成负相关关系。

价格未来发展趋势的研究,要着重于研究生产技术发展或科学技术进步的影响。这些无形因素的作用会影响消费者对商品的选择,使价格或升、或跌,使生产成本波动,导致产品销售价格变动;另一种结果是,原有产品被新产品取代,从市场退出,但这一现象不属价格研究的范畴。

5. 市场行为的研究

市场行为对产品未来的销售将产生很大影响。其研究内容包括市场购销动向,目前及未来消费水平,消费心理及消费行为的变化等。这些行为并不仅仅与经济原因相关,还与社会环境、政治局势、生活习惯、消费心理等因素相关,并且呈现一定的规律性。

(二)市场分析的方法

尽管市场活动千变万化,但仍有一定的规律可循,按其规律分析市场,是市场分析的基本方法。具体来说,主要是运用定性分析、定量分析方法,收集市场资料,对市场进行系统调查,然后做出市场需求预测。有必要时,进一步做市场趋势综合分析。市场分析的方法一般可分为四种类型,即探测性分析、描述性分析、因果性分析、预测性分析。

3.2 项目市场调查

项目市场调查是指运用科学的方法,有目的地系统收集、记录和整理与项目产品有关的需求、供给、竞争、价格等市场信息资料,借以分析、了解市场现象的过去、现在和未来的发展变化,得出项目产品在项目生命周期内有无市场、市场现实需求量和潜在需求量大小、市场占有率、价格水平等结论,为确定项目合理建设规模和制定产品方案提供可靠依据的活动过程。

3.2.1 市场调查的内容

市场调查的目的在于系统地收集和分析市场情报。通过市场调查,可以明确市场的大小方位,掌握顾客与竞争者在产品生产方面的动向,发现和寻求市场需要的新产品,发掘现有产品和新产品的新用途;同时,可以对企业市场策略的实施提出参考意见,为销售预测提供有关的市场资料。从项目评估的角度来看,市场调查的主要内容是需求和偏好调查,社会商品购买力和商品可供量调查,以及竞争调查。

(一)需求和偏好调查

人类的需求包括基本的生理需求、社会需求以及追求知识与表达自我的需求,有些需求是人类与生俱来的一部分,有的则是由于受到个人文化修养和生活环境影响而表现出来的特殊需求,而偏好则是不同人群特殊需求的反映。在计划经济条件下,一般将最大限度地满足人的需求作为有效配置资源的目的,使得许多厂家一度将需求和偏好的概念相混淆。实际上,随着社会的进步和商品经济的发展,厂家面对的已不再是无差别的消费者需求,而是日益多样化的消费者偏好,市场经济的社会基础就是最大限度地满足消费者对商品的偏好。

需求和偏好调查的目的旨在了解消费者,从而判断消费者需要什么产品,需要多少,以及对产品发展的要求。具体包括产品品种需求调查,即对产品规格、型号、式样、花色等需要的调查;产品质量需求调查,即对产品本身的内在质量、产品的外观质量、产品的包装装潢质量和产品售后的技术服务质量的调查;产品价格需求调查,即产品的平均价格水平、产品价格的构成因素,以及价格弹性等方面的调查。

(二)商品购买力和商品可供量调查

实际上,对商品的需求只是消费者有支付能力部分的需求。因此,我们既要对社会商品购买力进行调查,发现消费者的实际需求,又要对社会商品的可供量进行调查,分析现有的满足程度。商品购买力调查,首先要调查消费者的收支构成与变化,消费结构与变化,以及收入变化所引起的需求变化;其次,要调查社会集团购买力,社会集团对消费品的购买力比较稳定,而且用计划指标进行控制,而社会集团对生产资料的需求就比较复杂,这时应考虑部门特点、行业规划、经营方式、技术进步等各种因素影响。社会商品可供量调查,主要是对一定时期内,生产、库存、进出口数量等商品资源情况的调查。对生产数量部分,应以现有企业的设计生产能力或最大生产能力作为依据,充分注意商品可供量的潜力,这样,对于合理确定投资规模,克服盲目投资和重复建设都有十分重要的意义。

(三)竞争调查

竞争调查就是对项目竞争能力的调查。一般应就以下两个方面进行调查:首先是产品竞争能力的调查,即在产品质量和价格方面,将市场上竞争能力最强的产品与拟建项目产品进行比较评价;其次是生产同类产品企业的调查,即生产规模、产量、设备、技术力量、产品成本、销售利润、价格策略、推销方式以及产品的技术服务等方面的调查。这样,拟建项目一开始就注意到同类企业的优势与劣势,从而为项目决策提供依据。

对某些商品不仅要作国内市场调查,还要做国外市场调查,这主要应考虑产品的规格品种是否符合进口国的生产力水平、工业政策及其他规定,对生活资料,则要调查进口国的消费水平、历史和风俗习惯,以及当地的有关规定。同时,还要分析现行的产品价格是否能打入进口国。

3.2.2 市场调查的作用

市场调查可以起多方面的作用,如发现和寻求市场需要的新产品,发掘新产品和现有产品的新用途;明确各种产品在各地方的市场供求情况;发现顾客对同类产品的意向;对市场销售策略进行分析等等。而归纳起来,市场调查的主要作用有两个方面:一是为决策提供各种情报资料;二是研究新技术的开发。它可以防止因开发没有市场的商品而浪费投资,也可以协助开发研究那些真正有需求的商品。由于市场上国内外产品销售的竞争,原材料供应的多样化及其价格的波动,技术日新月异的发展,产品生命周期的缩短,研究开发费用和投资的增加,政府对环境保护和安全法规的要求越来越高等原因,正确的市场调查,研究开发以及技术管理等方面问题就越来越成为决定企业成败的关键。

商场调查的成果,对许多部门都有直接的关系。如对科研开发部门,它可以提供许多方面的情报资料,作为开发或研制某种产品的科学依据;对于销售部门它可以提供诸如按地区对现有产品的市场分析、评估,对仓库位置的研究,对销售或分销的研究,对价格政策、价格变化对销售的影响的研究,按产品、销售领域、消费品及竞争对象做销售统计分析,不断了解新趋势,并对目前的销售策略和计划进行评价,以期以最小的销售费用达到最大的销售收入的目的;对生产部门,它可以经常提供原材料供应和价格等方面的情况和趋势,为制定最经济合理的库存极限量而确定季节变化和市场趋势,并根据市场需求决定最合适的开工率等;对运输部门,它可对运输可能产生的影响和特殊运输的要求提出意见,并对产品分配计划和合理运价提出论据等;对采购部门,它可以提供长期或短期的原料市场趋势情报,并提供新的或潜在的供应来源地点,同时可为编制库存计划和采购计划提供市场信息等;对财务部门,它可以提供预算、确定流动资金数和资金筹集方面的情报;对管理部门,它可为编制短期或长期规划提供充分的资料。

对于建设项目评估而言,市场调查则主要是为提供拟定工业项目产品的市场情报,为评价拟建项目合理的经济规模服务。

3.2.3 市场调查的步骤

市场调查需要进行大量的现场工作,是一种既费钱又费时的方法,其目的在于取得可靠的第一手资料。市场调查的主要步骤,根据《工业可行性研究手册》介绍,可分为十个方面,国内各部门的做法也不统一,有的资料分为七个步骤,也有的简单分成四个阶段,但其主要做法基本上是相似的,实际上可归纳为两个方面。

(一)调查前的准备

(1)确定调查的目标。这是市场调查的关键问题。调查的目标主要是根据拟建项目产品种类而定,生产什么产品,是单一的产品还是多种产品,针对拟建项目生产的各种产品进行调查。比如,某一种产品的销售量在某一区域有下降趋势,就要找出下降的原因,是产品的质量有问题,或出现了新的替代品,或广告效果不好,或价格及销售政策方面的原因等,要明确调查的目标并掌握问题的焦点。

（2）确定调查的范围和方式。就产品的销、供、产而言,产品的市场调查有三类：一是当前的生产和发展状况,调查对象包括产品的开发机构和组织,产品的生产企业、金融开发机构和投资行业；二是产品的当前国内消费状况,以消费者为调查对象,消费者有团体和个人,视情况采取各种抽样调查或普查；三是产品的外贸情况,主要调查当前的销路和外贸规划,调查的对象是外贸部门和外商。

（3）组织和培训调查人员。根据调查目标的难易程度,确定调查人员的结构。一般应有熟悉企业管理的会计师、熟悉工业的经济师、熟悉统计分析的统计师、熟悉市场的分析人员、精通产品的工艺师和工程师,并另选配相应的低级工作人员若干人,调查的组织者和领导者应当是经济学家或精通调查业务的人员。在调查开始前,对调查人员应进行短期的培训,明确调查的目标和调查的范围；掌握调查的方法和问题的焦点；熟悉调查的对象和调查的技能。

（4）制订实施计划。实施计划除包括上述三方面的问题外,应列出工作的步骤和顺序、任务的要求和分工,并根据各项工作的时间安排,列出明确进度计划。

（二）调查计划的实施

（1）走访。根据调查任务,访问有关调查对象,包括个别交谈或集体交谈。在交谈中首先采取询问和答询方式,然后进行自由讨论,这样,既有针对性,又节约了时间。

（2）实地观察。有些调查内容,不仅必须到现场进行实地观察,甚至还要到现场计数。例如,不同的消费者（男、女、老、少、集团或个人）对某种商品各方面的评价（如价格、质量、花色、式样、规格等）,就需通过销售部门的柜台进行观察记录。

（3）查阅和抄录。对于历史资料和规划发展资料,要先进行查阅,然后视其需要进行摘录。

（4）函、电征询。用发文和电报征询意见和索取资料,信函和电文可以附各种表格,列明各种需要的指标和数据。

（5）整理和分析数据。对通过以上各种方式获得的资料数据进行分析整理,剔去不真实和不可比的因素,对数据的准确程度应做出判断。

3.2.4 市场调查的方法

市场调查是了解市场、取得市场信息最基本的方法。这种方法分为直接调查与间接调查两类。直接调查是指调查者用走出去或请进来的形式,直接与产、供、销各方面接触,了解历史与现状,这样调查取得的数据可靠性较大;间接调查是指通过发信函、调查表,或从报刊、杂志、广告等途径取得市场资料,这种方法能节约人力、物力,但可信度较低一些。

运用于市场调查的方法较多,常见的有询问调查法、观察调查法、实验调查法、随机抽样调查法、典型调查法、重点调查法、家访调查法。下面介绍其中几种较适宜于项目评估过程的调查方法。

（一）询问调查法

询问调查法又称访问法、调查表法,为市场调查的主要方法。该方法是指将所要调查的问题事先设计成调查提纲或表格,然后按照目标进行调查。这种方法由于手段多种多样,往往能达到预期的效果。

(1)访问调查。由调查者依据调查提纲与被调查者通过面谈来进行调查,可采用个人面谈和小组面谈两种形式,当问题未解决时,可作多次面谈。

(2)邮寄调查。将需要调查的问题以问卷的形式,通过邮寄书信或刊登在报纸杂志上,再回收答卷进行统计,该方法有一定的效果,但周期可能较长。

(3)电话调查。若急需获得资料,而且与被调查者交往较深,存在共同利益,使用这种方法较为快捷。

(4)留置调查。将调查表当面交给被调查者,说明要求,由他们自己回答,调查人员再按规定时间收回调查表。

（二）观察调查法

这是调查者以旁观者身份从侧面观察被调查对象的活动,进而取得有关资料的调查方法。采用这种方法进行调查时,由于被调查者不一定意识到自己在接受调查,不会产生顾虑和约束,得到资料具有一定的客观性。这种调查不仅可以由观察者本人进行观察,还可以借助计算机、计数器、照相机、录像机、录音机来进行观察。

（三）实验调查法

这是产品在一定时期内通过试销、试用、广告等形式,经过实验对比,进行商品市场销售情况调查的方法,可以取得所需的市场信息资料。主要方法有:

(1)将新产品试销给消费者,经过一段时间的使用,请消费者对商品做出评价。

(2)采用广告宣传的形式,了解各方面对产品的反映。

(3)采用产品展销的形式观察产品是否受消费者欢迎。

(4)将不同包装、不同款式的同一商品投放市场,观察受消费者欢迎的程度。

实验调查法的优点是客观、资料真实;缺点是耗时久、费用高,实施较困难。

（四）抽样调查法

抽样调查法是指在全部调查对象中,选择其中一部分样品进行调查,从而推算总体情况的一种调查方法。该方法主要适宜于不可能或不必要进行全面调查而需要获得总体资料的情况。抽样调查时,必须坚持预定的方针。此法包括概率抽样法与非概率抽样法两类。

1. 概率抽样法

概率抽样法分为三种情况,即简单随机抽样法、分层随机抽样法、分群随机抽样法。

(1) 简单随机抽样法。该方法是对调查对象的任一部分不作任何有目的的选择,用纯粹偶然的方式去抽取个体,进而推算总体的一种方法。该方法只适合在市场总体小、内部各个样品差异不大的情况下采用。

(2) 分层随机抽样法。该方法是将市场总体按某些特征划分为若干个层次,再从各个层次中随机地抽查样本,然后根据各层次调查的情况汇总推算出总体的状况。这种方法要求能明确划分各个层次,以保证样本具有代表性,并且各层次相互之间有差异,而层次内部的个体具有相同性。这种方法在总体繁杂、内部差异较大的情况下采用。

(3) 分群随机抽样法。该方法是将被调查的市场分为若干个群体,按随机抽样的方法对群体进行调查,然后根据该群体调查的情况汇总推算出总体状况。分群随机抽样法要求各群体之间具有相同性,而每一群体内部的个体又具有差异性,这一特点正好与分层随机抽样法相反。

例如,某电器集团公司要调查彩色电视机销售情况。假设所生产的各种型号的电视机分别销往 A、B、C、D、E 五个地区,将每一地区销售的电视机视为一个群体,群体间各种型号的电视机在质量、性能方面都相同,甚至销售结构也相同(各种型号产品所占的百分比)。按照分群随机抽样法,只要调查某一群体内各种型号电视机的结构比、销售价格、返修率、消费者满意度等一些个性情况,而其他四个群体具有相同性。那么,经过汇总推算,就基本可以摸清该企业的产品销售经营状况。

2. 非概率抽样法

这种方法指的是概率抽样法范围以外的抽样方法,其原则是根据经验判断或地毯式地展开抽查样品,具有一定的针对性、偶然性。主要有配额抽样法、判断抽样法、滚动抽样法、偶然抽样法等方法。

3.2.5 市场调查应注意的问题

投资项目市场调查既是一门科学,也是一门艺术。市场调查取得资料的多寡和真实与否、能否达到预期目标,在很大程度上取决于调查人员是否熟练掌握和运用适当的调查技术和艺术。通常应注意以下几个方面的问题。

(一)调查表的设计

调查表是把要调查的问题和调查项目加以具体化和表格化,为调查人员询问和被调查者回答提供依据。调查表格设计好坏,直接关系到所获得信息的准确性和可靠性。设计不当的调查表,往往会造成材料遗漏和差错,以致影响汇总和分析。所以,调查人员应当根据心理学原理,设身处地地进行设计,以引导被调查者的积极合作和全面准确的理解与回答。为此,设计调查表应注意以下几点:

(1) 调查项目必须使被调查者愿意回答、方便回答、准确回答。

(2) 调查项目应当是为实现调查目的所必需的项目,而且要简明扼要。

(3) 各个调查项目之间、几次调查之间,应尽量做到互相关联,以便验证结论的正确性。

(4) 要根据调查内容和目的,灵活选择调查表的形式、格式等,以便达到预期的效果。

(二)提问的设计技术

提出调查问题的方式有很多,概括起来,可分为开放式和封闭式两种。开放式就是不限定回答范围的提问方式,如自由回答法;封闭式是指定回答范围的提问方法,如二项选择、多项选择、统计表法等。

(1)自由回答法。就是让被调查者自由地、无任何限制地回答所提供的问题。例如,你对 XX 牌空调机的功能、质量、价格、外观、包装及售后服务有何意见?

这种方法的优点是:由于采取自由式提问,可以造成一个良好的调查气氛,由于问卷上没有任何拟定答案,回答者可尽量发表自己的意见,因而可获得一些预想不到的建设性意见。其缺点是答案比较分散、整理分析困难;取得被调查者的配合比较困难。

(2)二项选择法。就是调查者提出问题后拟定两项备选答案,由调查者从中选择一个进行回答。例如,你家中是否已买彩色电视机? 答案为是或否。

这种方法的优点是回答方便,被调查者易于接受;答案简单明确,易于统计分析。其缺点是限制太大,不能够看出被调查者在态度上的差异。

(3)多项选择法。就是由调查者在提出的问题后拟出若干个备选答案,让被调查者从中选择一个或几个作为回答。

这种方法克服了二项选择那种强制选择的缺点;可适当区分被调查者在态度上的差异;统计工作量也不大。但缺点是很难完全排列所提问题的全部答案,易受调查者的主观影响。

(4)优先顺序法。就是由被调查者根据自己的经验、认识程度、专业知识、需要、兴趣等,对调查问题所列答案排出先后顺序的方法。

(5)程度评判法。就是要求被调查者对所提问题表示自己的态度和认识。

（三）词语选择

在调查表中词语的选择很重要，它直接影响被调查者对问题的准确理解和回答的真实性，所以在选择词语时必须注意：

（1）问题清楚、明确。
（2）避免使用多义词或笼统的提问。
（3）避免使用引导性问题或暗示性问题。
（4）避免提出涉及私人生活的问题。

（四）问题的排列次序

心理学研究表明，调查排列的前后顺序有可能影响被调查人的情绪和合作意愿。因此，调查表设计中应注意问题的先后顺序。

一般来说，采用当面提问时，开头宜采用开放式的问题，先造成一个良好的、和谐的谈话气氛，保证后面的调查能够顺利进行。在采用书面调查时，开头应当是容易回答且有趣味性的问题，调查的核心内容放中间部分，专门性的或特殊性的问题放在最后。

（五）调查表的制作

调查统计表是根据调查的项目、内容及分析研究的需要而预先设计好的表格，它由总标题、纵标题、横标题、数字资料组成。制作统计表时，标题应当醒目，确切说明表的内容、地区和时间。统计内容力求扼要，主词栏与宾词栏可按被调查单位的特点、调查对象的性质进行适当分组，其排列顺序一般是先局部后全体。统计表的数字项应当真实，并注明数字来源。

3.3 项目市场预测

项目市场预测是在项目市场调查的基础上，运用科学的预测方法，对项目产品未来市场供求、竞争、价格的变动态势和变动趋向做出预计和推断，为合理确定项目投资方向和投资规模提供依据。项目市场预测可以从不同角度进行分类，按照预测的空间层次不同，分为国际市场预测和国内市场预测。国内市场预测又可分为全国性市场预测和地区性市场预测、城市市场预测和农村市场预测。按照预测的时间层次不同，分为近期预测、短期预测、中期预测和长期预测。按照预测的性质不同，分为定性市场预测和定量市场预测。按照预测的具体内容不同，分为市场需求预测、市场供给预测、市场价格预测、企业产品市场占有率和销售量预测、产品的市场生命周期预测等。项目市场预测的结论是制定投资项目产品方案，确定项目产品规模所必需的依据。

3.3.1 市场预测的作用

第一,市场预测,是判断项目建设有无必要的重要依据。市场预测的任务在于弄清项目产品的现状和发展趋势,通过市场预测,看出项目产品需求量大,发展前景好,从而判断项目有建设的必要。如果预测到项目产品需求量小,其生产能力大,供大于需,就能判断项目没有建设的必要。

第二,市场预测,是实现社会供需平衡、提高投资效益,促进国民经济协调发展的需要。社会主义生产的根本目的就是为了满足人民和社会日益增长的消费需要。一个建设项目是否具有生命力,是否需要上,很大程序上取决于它的产品是否能够满足人民和社会需要。通过市场预测,如果项目的产品是社会所需要的,该项产品社会需求和供应可以基本平衡,并且其价格合理,式样适宜,能发挥投资效益,保证国民经济协调发展,那么,这样的项目就符合社会需要,符合国民经济发展,就能判断其有必要建设。如果通过市场预测,看出产品不符合社会需要,该项产品在市场上没有销路,难以实现社会供需平衡,或者虽然社会供需能基本平衡,但其价格不合理,式样不令人满意,不能发挥投资效益,不能盈利,这样的项目就不符合社会需要,不能实现社会供需平衡,就难以保证国民经济协调发展,因此该项目就没有建设的必要。因此,市场预测可以避免造成社会劳动和资金的损失浪费,可以提高投资效益,促进国民经济协调发展。

第三,市场预测,是确定技术装备水平的依据。通过市场预测,可以了解到国内外项目产品的生产能力和技术装备情况,项目规模需要什么样的技术装备,才能使项目规模经济合理、技术装备先进、可靠,并能生产出质优、价廉的产品,在市场竞争中立于不败之地。因此,市场预测是确定技术装备水平的依据。

第四,市场预测,是确定项目生产规模的重要依据。通过市场预测,可以弄清项目产品在市场上的销路,不仅可以知道国内市场的销路,而且可以知道国外市场的销路,在国内外市场能销多少,能否代替进出口,潜力多大,市场需求能否较大增长。所有这些预测情况,都是确定项目产品生产规模的依据。

3.3.2 市场预测的程序和内容

(一)市场预测的程序

按照市场预测程序进行预测,可以保证市场预测工作顺利进行,协调各个环节,取得好的预测效果。

市场预测的程序是,确定预测目标和任务。要确定预测对象,预测该项目的哪一种产品;确定预测的目的:要解决什么问题,预测产品的销售量和预测收益等;预测市场范围:预测全国市场、地区市场和国际市场等。确定预测目标和任务应具体、详尽,否则会降低预测效果。收集、整理、处理资料。资料是进行市场预测的依据。收集资料,包括收集有关部门和单位积累、整理的现成资料。应根据市场预测目标的具体要求,收集预测对象本身发展的历史资料,影响预测对象发展变化的各种因素资料,形成这些资料的历史背景等。收集资料要全面系统,并将收集的资料进行分析、加工、整理、汇总,判断资料的真实和可靠程度,由表及里,去伪存真,舍弃没有用处的预测资料,留存真实可靠的有用资料。

选择预测方法:市场预测的方法颇多,但由于各种条件的限制,不能全部都用上,只能根据预测的目标、所占有资料的多少、预测精度的要求以及项目和市场的特点,综合运用几种方法进行预测,求出预测的结果。评价和鉴定预测结果:对预测的结果,要进行判断、评价和鉴定,有些预测结果可能肯定,有些预测结果可能否定,有些预测结果需要修正。无论是哪种情况,都要经过周密的调查,凭可靠的数据,进行有说服力的分析,特别是要进行预测误差分析,找出误差的原因,相应修正预测结果,最后经过比较分析,鉴定出可信的预测结果。

(二)市场预测的内容

国内需求预测。国内市场需求预测,主要是根据全国或某一地区该项产品过去和当前国内需求量,在这个基础上再预测未来(今后一定时期内)需求量。市场需求预测,包括生产资料需求增长的预测和消费资料需求增长的预测。

生产资料需求增长的预测。我国生产资料的增长,主要取决于国家的经济实力和社会主义市场经济的要求,例如钢材的需求量取决于投资建设规模,投资建设规模又取决于国家经济实力和社会主义市场经济要求。其次,消费资料的需求增长,也在一定程度上影响生产资料的需求增长。因为生产资料一般都是制造消费资料的原材料或生产设备,所以消费资料需求增长也影响生产资料需求增长。例如手表的需求量的增长,也会推动手表专用机床的需求量增长。

消费资料需求增长的预测。消费资料需求增长,一般与人均收入增长成正比。一般来说,基本消费品需求增长比人均收入增长慢,而非基本消费品需求增长比人均收入增长快。对消费资料需求增长的预测,可根据国家公布的连续多年的家庭收入调查资料进行预测。在对国内未生产过的新产品需求量进行预测时,可根据类似产品的需求量,结合比较新产品与旧产品在质量、性能、价格和使用范围等方面的差异,估计其代用程度加以测算。同时,还必须考虑相关产品需求的影响,如化纤产量的增加对棉布需求的影响等。

国外需求预测。随着我国对外开放和国际贸易的发展,必须充分利用国际间交往的各种机会,收集全球信息和资料,了解项目产品目前的出口量、过去出口增长率和今后出口的前景,了解该项产品国际市场总需求量速度、进口国的政治和经济政策和其他出口国的竞争等情况,结合我国该项产品的质量、规格和价格等实际情况,预测国外需求量。

　　市场潜量预测。市场需求预测,可分为市场潜量预测和市场发展趋势预测。市场潜量是市场潜在需求量,指某一产品在目前或近期内可能达到的最大需求量。影响市场潜量的因素很多,如一国或一个地区的经济水平、人口变化、文化水平等,都是影响市场潜量的因素,但是社会购买力的变化是影响市场潜量的最主要因素。所以,应在预测社会购买力及其动向的基础上,才能正确预测市场潜量。而市场发展趋势预测与市场潜量密切相关,是市场潜量预测的进一步延伸。

　　国内供应量预测。国内供应量是指由现有企业生产能力和在建企业生产能力所提供的某项产品。国内供应量的预测,先要掌握国内现有工厂的生产能力所提供的某项产品,即目前国内供应量,然后预测未来的国内投资建设项目新增生产能力所提供的某项产品,就是未来国内供应量。在预测国内供应量时,既要收集有关全国或某一地区内现有企业某项产品生产能力的资料,根据掌握的资料,了解现有企业某项产品生产能力是否充分利用,还有多少生产能力没有发挥,从而掌握国内现有供应量,又要收集全国或某一地区内拟建的投资建设项目某项产品新增生产能力的资料。根据掌握的资料,预测新增生产能力的大小,新增生产能力增长的可能及比率,从而掌握未来国内供应量。

　　国外供应量预测。国外供应量包括我国可能进口某项产品的数量和世界各国对这项产品的总供应量。对于某项产品进口的数量,应了解目前和今后的进口数量,以及为了替代该项产品进口所需的质量、规格型号和价格要求。对于某项产品世界供应量,应收集国外有关资料,了解目前和今后世界供应总量,以及国际市场对该项产品的质量、规格型号和价格要求。

　　综合分析,得出市场预测的结论。对收集的市场预测的各项资料,进行综合分析,经过比较,得出项目产品的目前和今后国内总需求量、国内总供给量、国外总需求量和国外总供给量的结论。

3.3.3　市场预测的原则

(一)惯性原则(又称延续性原则)

　　世界上任何事物的发展都具有一定的惯性,人类经济活动就常常表现出较强的惯性。就产品的市场预测而言,其惯性与两个因素有关:一是产品的预设规模;二是产品的生命周期。利用惯性原则进行市场预测是以国民经济系统的稳定性为前提条件的。因此,产品的市场需求经常表现为按一定的规律发展、变化,并且在一定时期内以这种规律持续发展。这就为人们进行预测提供了理论依据。

(二)相关原则

　　世界上许多事物的发展都不是孤立的,而且与其他事物的发展变化相联系,表现为相互依存、相互制约、相互促进的因果关系。相关分析的原则通常作为回归预测的基础,对于所建立的预测模型,通过相关性检验,以确定其可信度。

（三）类推原则（又称相似性原则）

许多事物在发展变化方面往往有相似之处,利用这种相似性,可以用先发展事物的表现过程类推到后发展的事物上去,从而对后发展事物的前景做出预测。

3.3.4 市场预测的方法

市场预测的方法十分繁多,国外曾有人统计约有100多种,但在实际中运用的预测方法只有很少的几种,如何提高预测的质量,还有待进一步发掘好的预测方法。

虽然市场预测的方法很多,但它们的分类却很明确。经过归纳,一般可分为三类,通常有定性预测、定量预测和综合预测。前两者是应用最普遍的方法,而综合预测实际是定性预测与定量预测相结合的方法。

（一）定性预测

定性预测是凭借主观题材和专家判断,对相互影响的因素进行分析预测的方法。这种方法在项目前期工作中应用广泛,特别是对预测对象的数据资料掌握不多,或影响因素复杂,难以用数字描述的情况下,定性预测是一种行之有效的方法。

定性预测主要有:专家预测法(经验判断预测法)、调查研究预测法(市场调查预测法)、类推法(历史类比法)。

定性预测的优点是:能适应经济形势的需要,较好地发挥人的主观能动作用,比较灵活,而且简便易行,节省人力物力,能较快地提出预测资料。缺点是:这种方法重视人的经验和判断力,容易受主观因素的影响;此外,由于数据的不足,对市场的发展变化难以做出量化的准确描述。

（二）定量预测

定量预测又叫统计预测,是在充分掌握材料的基础上,依据有关的历史数据,运用数学方法对未来的市场供应、需求、价格等发展变化趋势进行的预测。在定量预测中,一般运用绝对数、相对数、平均数、移动平均数、指数、概率及各种数学计算方法进行预测。这种方法适用于历史统计数据比较完备、准确,市场发展变化比较稳定,而且在其发展变化的过程中较少出现质的突变过程,此外,它对于产品生命周期处在成长期或成熟期的市场需求及企业销售预测也很适宜。

定量预测分为两大类:一类称时间序列预测法,主要有移动平均法、指数平滑法、季节指数法、趋势预测法;另一类称因果关系分析法,主要有线性回归法、非线性回归法、经济计量模型法。

定量预测的优点是:偏重于市场发展在数量方面的分析,重视市场变化的程度,并能将其量化描述。这种预测受主观因素影响较小,能很好地利用现代化计算工具进行大量的数据处理,求出最佳数学模型,适应科学管理的要求。其缺点是:比较机械,不易灵活掌握,对信息质量要求较高,而且难以预测市场质的变化。

(三)综合预测

综合预测是从宏观的角度,对关系市场全局的指标进行综合分析和科学预测的方法。

由于定性预测及定量预测各有其优缺点,而综合预测则是将两者结合起来,取长补短,能求得符合客观实际的科学预测。这种方法适合于对国计民生有重大影响的市场商品分析预测,或者当上述两种方法均不能确切反映所要预测的市场情况时可采用综合预测。这种预测工作量较大,有一定的难度。综合预测通常用于社会商品购买力的预测、农产品的产销预测、重要工业品的需求预测。

3.3.4.1 市场预测的定性分析方法

当不具备定量分析的条件,如历史数据不确切或无法确定具体的数据时,可采用定性分析方法,它凭借长期实践经验,依靠诸多专家和市场营销人员的智慧,按方案确定的目标,通过归纳、推理和分析,对未来的项目产品及其所处市场的变化趋势进行分析判断。

(一)评判意见法

评判意见法是由最熟悉未来需求的人员做出判断和分析的一种快速、方便、适用的分析方法。它有下面两种具体的形式。

1. 经理人员意见法

经理人员意见法,也叫领导意见法。主要是指征集项目单位或主管部门最熟悉业务又有资格预见市场趋势的业务主管人员用对项目产品市场供求情况进行估计的数据,结合综合评判法对市场未来发展状况做出平均推测的方法。由于业务主管人员间乐观或悲观心理状态会相互感染,因而需向业务主管人员提供整个经济形势及全部业务情况的资料,并组织他们认真讨论有关的市场问题。

2. 专业人员意见法

专业人员意见法是通过征求本企业基层专业销售人员及商业部门专门从事市场购销业务人员的意见,汇总整理后作出推测的方法。优点是运用了接近市场的销售人员的意见;缺点是销售人员缺少做出客观估计的责任和训练。可将过去的实际销售业绩以及未来的前景规划和趋势预测告诉销售人员,以利于他们对未来的销售做出确切判断;也可将专业预测分析人员同销售人员结合在一起讨论销售预测,共同分析预测中的有关异常因素,修正分析结果。

(二)专家意见法

专家意见法也称特尔菲法或专家调查法,是20世纪40年代美国兰德公司提出,并逐渐被国际公认的一种较实用的定性分析方法。通常是根据专家的直接经验,采用无记名方式,在草拟调查提纲、提供背景、征询不同专家预测意见的基础上,将不同专家意见综合、归纳,再反馈给各个专家,供进一步分析判断,提出新的论证。如此多次反复,直到意见趋于一致。优点是可在征集到的数据资料缺乏说服力难以对分析结果做出判断时使用,并可避免有名望专家意见的权威影响或压抑等问题。用特尔菲法进行调查预测可按以下步骤进行。

(1)明确预测任务,拟定预测调查表。根据预测目标,确定具体预测任务,并以专家问答表的形式,将需要预测的问题列在表格上,以便寄给专家填写。调查表中拟定的问题要清楚明白,并要集中而有针对性,以便得到准确回答。因此,调查表的用词要确切,调查表本身要尽量简化。

(2)选择专家。专家选择是专家调查法成败的关键。要选择学有所长、富有经验、知识面广的专家作为调查对象。专家选择要具有学派代表性和部门广泛性,一般以10人为宜(大规模除外),人数太少,学科的代表性受到限制并缺乏权威性,人数太多,则组织困难。

(3)收集专家意见。将制订好的调查表寄给专家,要求他们根据有关资料提出自己的初步预测意见,以及预测的论据和进行进一步研究所需要的资料。

(4)专家意见的修改。将专家第一轮意见汇集、整理后,再将这些不同意见及理由反馈给每位专家,让专家再提出意见,进行第二轮征询,这轮征询要求专家根据收到的补充资料重新估价自己的分析结果,并说明为修正预测尚需补充哪些资料。对意见与众不同的专家应要求他们详细陈述自己的观点。之后,再按上述方法反复循环4~5次后,再最后一次要求各位专家根据前几次提供的全部预测分析资料,提出最后的分析结果。

(5)对征询所得到的预测结果进行定量处理(每次都要进行)。其方法主要有:其一,有关时间或数量分析要按统计方法得到中位数和上下四位数(也可采用最高值、最低值、平均值进行标准差处理),其中排列位置居中的数为中位数,中位数前面几个居中的数称为下四位数,中位数后面几个居中的数称为上四位数。一般以中位数作为预测结论,而上下四位数之差则反映了专家意见的分散程度,差越小说明意见越趋于一致。其二,对有关答案的处理,可用专家回答的频率来判断最后结果出现的频率。其三,对等级比较答案的处理。当采取的方案、措施有多种可能或要评价的是正确性、重要性、可能性等问题时,可依靠专家的判断确定先后顺序,再用统计分析方法对结论进行处理。

(6)综合所有专家的趋向一致的结论,或作必要的推算,作为最后分析预测的结果。

3.3.4.2 市场预测的定量分析方法

定量分析有许多方法,这里只从项目审查评价的角度介绍一些常用的市场预测方法。

(一)平均计算法

平均计算法是利用一系列历史数据的平均数或平均变动数进行预测的方法,按平均方式可以分为以下几类。

(1)简单平均法。对于需求比较稳定,变动较小,以及非季节性的消费品,可利用多期的算术平均数进行预测。

(2)平均增减变动法。对于逐年销售增长量基本相同的商品,可按下式进行预测,即

$$Y_n = Y_o + nd$$

式中,Y_n 为 n 年预测值;n 为时间顺序数;Y_o 为基期实际值;d 为逐年增长量平均值。

(3)平均发展速度法。对于销售增减速度基本一致的商品,可按下式进行预测,即

$$Y_n = Y_o \times K^n$$

式中,K 为平均发展速度,其他符号含义与前面一致。

(4)加权移动平均法。对于一些受近期销量影响较大,受远期影响较小的商品,可按下式进行预测,即

$$Y_n = \frac{3Y_{n-1} + 2Y_{n-2} + Y_{n-3}}{6}$$

式中,Y_n 为第 n 期的预测值;Y_{n-1} 为第 $n-1$ 期的实际值;实际值前的数字为权数。

(二)指数平滑法

指数平滑法是对实际资料由远及近赋予不同的权数,进行数据修匀平滑,然后利用平滑模型预测的方法。首先,对数据进行平滑,其公式为

$$Y_{(1)t} = \alpha X_t + (1-\alpha) X_{t-1}^{(1)}$$
$$Y_{(2)t} = \alpha X_t^{(1)} + (1-\alpha) X_{t-1}^{(2)}$$
$$Y_{(3)t} = \alpha X_t^{(2)} + (1-\alpha) X_{t-1}^{(3)}$$

式中,$X_t^{(1)}, X_t^{(2)}, X_t^{(3)}$ 为第 t 期的一次、二次、三次平滑值;α 为加权系数,一般取 $0.10 \sim 0.30$;X_t 为第 t 期的实际数。

上述 $X_t^{(1)}, X_t^{(2)}, X_t^{(3)}$ 平滑值公式相当于

$$\text{平滑值} = \alpha X(\text{新数据}) + (1-\alpha) \times (\text{原平滑值})$$

一般的,将 $X_{t-1}^{(1)} = X_0^{(1)}$ $X_{t-1}^{(2)} = X_0^{(2)}$ $X_{t-1}^{(3)} = X_0^{(3)}$ 称为初始值。为了避免初始值过高并简化运用,将第 1 期的实际数作为第 1 期一、二、三次的平滑值,使之成为以后各期平滑的基准,即取 $X_0^{(1)} = X_0^{(2)} = X_2^{(3)} = X$。

例如,某产品 1990~1995 年实际销售数量分别为 44、50、45、60、55、58 万台,取值 0.3,可得平滑值计算表,如表 3-2 所示。

表 3-2 某产品销售量平滑值计算表(a=0.3)　　　　　　　单位:万台

年份	t	X_1	$X_1^{(1)}$	$X_1^{(2)}$	$X_1^{(3)}$
初始值	0		44	44	44
1990	1	44	0.3×44+0.7×44=44	0.3×44+0.7×44=44	0.3×44+0.7×44=44
1991	2	50	0.3×50+0.7×44=45.8	0.3×45.8+0.7×44=44.5	0.3×44.5+0.7×44=44.8
1992	3	45	0.3×45+0.7×45.8=45.6	0.3×45.6+0.7×44.5=44.8	0.3×44.8+0.7×44.2=44.4
1993	4	60	0.3×60+0.7×45.6=49.4	0.3×49.9+0.7×44.8=46.3	0.3×46.3+0.7×44.4=45.0
1994	5	55	0.3×55+0.7×49.9=51.4	0.3×51.4+0.7×46.3=47.8	0.3×47.8+0.7×45.0=45.8
1995	6	58	0.3×58+0.7×51.4=54	0.3×54+0.7×47.8=49.7	0.3×49.7+0.7×45.8=47.0

接着,利用下列近似公式计算平滑系数,即

$$a_t = 2X_t^{(1)} - X_t^{(2)}$$

$$b_t = \frac{\alpha}{1-\alpha}(x_t^{(1)} - x_t^{(2)})$$

$$c_t = \frac{\alpha}{1-\alpha}(x_t^{(1)} - 2x_t^{(2)} + x_t^{(3)})$$

本例中

$$a_t = 2 \times 54 - 49.7 = 58.3$$
$$b_t = 0.3 \times (54 - 49.7)/0.7 = 1.84$$
$$c_t = 0.3 \times (54 - 2 \times 49.7 - 47)/0.7 = 0.69$$

最后按下列公式建立平滑模型。
线性平滑模型为

$$Y_{t-L} = a_t + b_t L$$

非线性平滑模型为

$$Y_{t+L} = a_t + b_t L + c_t L^2$$

本例中,线性平滑模型为

$$Y_{1+L} = 58.3 + 1.84L$$

若预测 1995 年销量,t 为 1990 年,$L=5$,则

$$Y_{1995}=58.3+1.84\times5+0.69\times5^2=84.8(万台)$$

一般的,对于销量增加较快的产品要进行三次平滑,同时选用非线性平滑模型,如果二次指数平滑具有明显线性趋势,一般则选用线性平滑模型。本例中,选择线性平滑明显比较合适。由于 α 值越小,平滑作用越大,α 值越大,平滑作用越小,所以对加权系数 α 值的选择,一般要注意以下几点:第一,如果长期发展趋势比较稳定,α 值应小,使较长时期的数据发挥作用;第二,如果外部环境变化快,数据变化较大,α 应大,以发挥近期数据影响;第三,当原始资料比较缺乏,或参考价值不大,α 应大。在实际运用中,最好占用 20 个以上的数据,对 α 值的选择,也可以通过探索检验的办法来确定。

(三)消费系数法(最终用途法)

这种方法根据产品的最终用途(最终使用对象)、消费该产品的定额来进行预测。其步骤是:首先,鉴别产品一切可能用途,有的可以直接消费、出口,有的也可以作其他生产的投入;第二,确定该产品的各种消费系数,如各种车辆对汽油的消费系数,居民、棉纱、药棉对棉花的消费系数,并确定各种用途对该产品的需要量;第三,汇总计算该产品的最终需求量。不过,消费系数会随着时间、市场、技术水平而发生变动,因此,比较适合于中间产品的中长期预测。

(四)市场因素法

这种方法主要用来确定潜在的市场规模。首先要确定市场因子和市场指数,然后根据内在联系预测可能购买产品的数量。市场因子指能引起某种产品需求变化的原因,它的数量即市场指数。例如,每年增加学生、职工及其人数,是自行车和公共汽车的因子和指数;新建家庭及户数,是住宅、家具、炊具的因子和指数;出生婴儿及数量,是婴儿用品的因子和指数。

这种方法比较简单,很少需要作统计分析,市场分析时,一般在开始时采用这种技术,然后结合具体情况采用其他方法,这样得出可以接受的预测数据。这种方法的缺点是比较难于确定某企业产品在市场总数中所占的部分,即难于确定市场占有率。

(五)购买力指数法

购买力指数是各地区市场某类工业消费品的购买力占整个市场购买力的百分比。这种方法就是按各地区购买力指数,将销售潜量总额分配给各地区市场。在美国,最常用的购买力指数模型为

$$B_i=0.5Y_i+0.3r_i+0.2P_i$$

式中,B_i 为第 i 个地区购买力占全国总购买力的百分比;Y_i 为第 i 个地区可支配个人收入占全国的百分比;r_i 为第 i 个地区零售额占全国的百分比;P 为第 i 个地区人口占全国的百分比,可得

$$\sum_{i=1}^{n} Y_i = \sum_{i=1}^{r_i} = \sum_{i=1}^{n} i = 100\%$$

$$\sum_{i=1}^{n} B_i = 100\%$$

购买力指数法可用于一般消费品市场潜量的分配,但不适用于低价消费品及高级奢侈品。对于它们,各因素权数要进行调整。这种预测方法,在进行地区机会研究时可以利用,即将某地区某类产品占全国购买力的百分比,乘以全国预计销量,即为该地区的预计销量。

（六）消费水平法

对于直接消费品需求量,可以根据不同时期的消费标准与消费数量的乘积估算。消费标准即消费水平,一般指人均需求量,影响消费水平最主要的因素是收入水平、产品价格变化及代用品价格变化。在消费水平法中,要进行收入弹性、价格弹性和交叉弹性的计算。

1. 需求的收入弹性

弹性是两个具有函数关系变量的变化率的比值,数学中是弹性函数与平均函数的商。经济学中,需求的收入弹性是需求量变动百分比与收入变动百分比的比值,其定义为

$$\varepsilon_1 = \frac{dQ}{dI}\left(\frac{1}{Q}\right) = \frac{dI/Q}{dI/I}$$

即

$$需求的收入弹性 = \frac{需求量变动百分比}{消费者收入变动百分比}$$

当收入变化较大时,用弧弹性公式计算,需求的收入弹性为

$$E_1 = \frac{Q_2 - Q_1}{Q_2 + Q_1} \div \frac{I_2 - I_1}{I_2 + I_1} = \frac{Q_2 - Q_1}{I_2 - I_1} \times \frac{I_1 + I_2}{Q_1 + Q_2}$$

式中,E_1 为某产品收入弹性系数;Q_1、Q_2 为基准年和观察年的人均消费者需求量;I_1、I_2 为基准年和观察年的人均收入。当 E_1 大于 1 时表明需求增长率大于收入增长率,反之则小于收入增长率。

2. 需求的价格弹性

需求的价格弹性表明需求量变动对价格变动的反应程度,经济学中需求的价格弹性定义为

$$\varepsilon_2 = \frac{dQ}{dP}\left(\frac{P}{Q}\right) = \frac{dQ/Q}{dP/P}$$

即

$$\frac{需求的}{价格弹性} = \frac{需求量变动百分比}{价格变动百分比}$$

在实际生活中,由于难以确定需求曲线方程,但知悉需求量与价格的变动情况,故可按弧弹性公式计算,即

$$E_2 = \frac{Q_1 - Q_0}{Q_1 + Q_0} \times \frac{P_0 - P_1}{P_0 - P_1}$$

式中,E_2 为需求的价格弹性系数,P_0、P_1 为产品的现行价格和原价格;Q_0,Q 为现行价格和原价格条件下的需求量。

3. 交叉弹性

交叉弹性说明一种商品 A 的需求量对另一种商品 B 价格变动的反应程度,交叉弹性系数是产品 A 需求量相对变动与产品 B 价格相对变动的比值,经济学中交叉弹性的定义为

$$\varepsilon_{AB} = \frac{dQ_A}{dP_B}\left(\frac{P_B}{Q_A}\right) = \frac{dQ_A/Q_A}{dP_B/P_B}$$

即   A 产品需求与 B 产品价格的交叉弹性 = $\dfrac{A \text{ 产品需求量变动百分比}}{B \text{ 产品价格变动百分比}}$

同样,应利用弧弹性公式计算,即

$$E_{AB} = \frac{Q_{A2} - Q_{A1}}{Q_{A2} + Q_{A1}} \times \frac{P_{B2} + P_{B1}}{P_{B2} - P_{B1}}$$

式中,Q_{A2}、Q_{A1} 为 A 产品两种情况下的需求量;P_{B2}、P_{B1} 为 B 产品两种情况下的价格。若 $E_{AB} > 0$,产品 B 为 A 的代用品;$E_{AB} < 0$,B 与 A 相互补充,$E_{AB} = 0$,B 与 A 之间无交叉弹性。例如,安全刀片与电动剃刀是替代关系,汽车和汽油是互补关系,牛奶和鞋帽无交叉关系。在国内市场,货源也会影响交叉关系,如肥皂紧缺,洗衣粉销量会增长;柴油供应增加,农机及其配件的销售量也会增加,对这种交叉影响,目前难以用数量方法表达。

(七) 回归分析法

在市场各要素中,变量与变量之间如有确定的联系,一般可用函数关系表达,对于不完全确定的关系即相关关系,可以用函数关系进行近似拟合。回归分析法就是根据事物的发展规律及相关关系,利用函数关系近似拟合实际数据的方法。回归分析法用于市场预测,有时间序列分析和因果关系分析。时间序列分析常用于研究预测对象的演变过程和发展规律;因果关系分析常用于研究预测对象与影响因素之间的依存关系,前者用时间因素作自变量,后者用其他相关因素作自变量。回归分析中,最小二乘法是模拟函数关系建立数学模型的工具。

1. 一元线性回归分析

如果两个因素的关系近似于直线关系,可用 $Y = a + bx$ 模拟表示,式中,x 为自变量,Y 为因变量,a、b 为回归系数,按最小二乘法则有

$$\begin{cases} \sum Y = na + b\sum x \\ \sum XY = a\sum x + b\sum x^2 x^2 \end{cases}$$

式中,n 为数据的组数,其他有关总和的数据可以算出,于是可求解回归系数建立

直线方程进行模拟。建模前,应对变量之间的相关程度进行分析,计算相关系数 r,如果 $|r|=1$,说明因素之间完全相关,$r=0$ 则完全不相关,得出相关系数 r 后要用相关系数检验表检验,看是否存在能为预测服务的相关关系。相关系数的计算公式为

$$r = \frac{n\sum XY - \sum X \sum Y}{\sqrt{[n]\sum x^2 - (\sum x)^2 [n\sum Y^2 - (\sum Y)^2]}}$$

2. 多元线性回归分析

自变量在两个或两个以上的线性回归分析称为多元线性回归分析,如 $Y = a + b_1 x_1 + b_2 x_2$,求解回归系数 a、b_1、b_2 的方程组为

$$\begin{cases} \sum Y = na + b_1 \sum x_1 + b_2 \sum x_2 \\ \sum X_1 Y = a \sum x_1 + b_1 \sum x_1^2 + b_2 \sum x_1 x_2 \\ \sum X_2 Y = a \sum x_2 + b_1 \sum x_1 x_2 + b_2 \sum x_2^2 \end{cases}$$

式中,b_1、b_2 称为偏回归系数。进行多元线性回归分析,要求自变量之间不相关或相关度较低,同时,要计算复相关系数 R,它表示多个自变量和一个因变量之间的依存关系,其公式为

$$R = \sqrt{1 - \frac{\sum(Y-\overline{Y})^2/n}{\sum Y^2/n - (\sum Y/n)^2}}$$

式中,$\overline{Y}$ 表示按数学模型算出的理论值。

3. 非线性回归分析

变量之间不一定是直线相关,这时,可由散点图判断曲线类型,再按一定方法化为直线函数形式,然后用一元线性回归分析法求解。

3.3.4.3 市场预测的综合分析

项目的可行性研究有时也要求对市场预测进行综合分析,它既包括对需求与供应的综合分析,也包括对现在和未来情况的综合分析等。

在综合分析中,常用到的计算公式有:

国内净增生产能力 = 现有企业挖潜增加生产能力 + 在建项目生产能力 + 已立项项目生产能力 - 关停转项目生产能力

国内总供应缺口 = 国内总需求 - 国内总供应量

总供应缺口 = 国内总供应缺口 + 出口量 - 进口量

预测出国内总供应缺口是安排项目生产规模的基础。若根据总供应缺口来安排项目生产规模,必须综合考虑项目产品的国际市场供应状况,即项目产品的竞争能力及出口的可能性。

市场预测综合分析表可参见表 3-3。

表3-3 某产品市场供求调查预测表　　　　　　　　　　单位:万

序号	指标	目前情况	拟议项目投产时期	投产5年后	投产10年后	备注
1	国内销售量					
2	未能满足需求量					
3	国内总需求量(1+2)					
4	国内现有生产能力					
5	国内净增生产能力					
6	国内总供应量(4+5)					
7	国内总供应缺口(6-3)					
8	出口量					
9	总需求量(1+8)					
10	进口量					
11	总供应量(6+10)					
12	总供应缺口(9-11)或(7+8-10)					

第4章 项目建设条件和经营条件分析评估

本章提要: 项目建设条件与经营条件是指项目本身的建设施工条件和项目建成或交付使用后的生产经营条件。本章研究项目建设与经营条件的评估,具体包括资源条件、原材料供应条件、燃料、动力供应条件、交通运输条件、环境条件、厂址选择条件等。从总体考察,项目建设条件有项目自身系统内部的条件,也有与之协作相配套的外部条件;有可以控制的静态稳定条件,也有难以控制的动态不确定条件。因此,项目建设条件的评估应从项目的基本条件和建成以后的生产条件入手,着重分析影响项目不确定条件。通过对本章的学习,使读者了解项目本身的建设条件以及交付使用过后的生产经营条件,为以后的学习打下基础。

4.1 项目建设资源条件分析评估

这里所讲的资源既包括未经开采加工的自然资源,即我们可以从自然界获得而用作工业生产的物质,如地下矿藏、土地、森林、水、空气、风、阳光、地热等,也包括已经开采加工可作为生产投入物的原材料、燃料、动力等资源。无疑,这些资源是保证项目得以顺利建设和正常生产的重要条件。

4.1.1 自然资源条件的评估

(一)自然资源的重要性

所谓自然资源,是指自然环境中与人类社会发展有关的、能被人类利用来生产使用价值以满足人类生活和生产发展需要,并影响劳动生产率的各种自然要素。它包括有形的土地、水、动植物、矿产和无形的光、热等资源。自然资源是指工业项目赖以生存的物质基础。只有具备了可靠的资源条件,拟建项目才能有稳固的生存基础。在经济建设的实际工作中,由于以下原因,使得对拟建项目资源条件的分析变得格外重要。

1. 资源的有限性

绝大多数资源,是经过漫长的年代,在特定条件下形成的。这就决定了它们的数量是有限的,而且,随着人类对资源的工业性消耗的增长,资源的数量也在日益减少。因此,在一个工程项目的建设中,就不能不考虑资源有限性的约束。

2. 资源储藏的复杂性

由于工业生产用的资源大多埋藏在地下,其储量、成分、品质等,往往不易探明,而其他农、牧、渔业等资源,受自然条件的影响较大,其来源并不十分稳定,增加了资源分析的难度。如果仅凭不准确的资源信息而盲目兴建项目,则也易造成重大的损失。

3. 资源分布的不均衡性

中国是一个地域辽阔的国家,各地的地理环境、气候条件有很大差别。资源分布也有很大不同。各地在确定本地区建设项目的时候,只有根据本地资源特点,根据资源的品位、储量及开采条件,方能扬长避短,发挥优势,才能做出正确决策,而目前在国内建设中各地区都存在着经济结构趋同的倾向。这种不顾资源分布不平衡而进行的盲目建设,对提高经济效益显然是不利的。

(二) 自然资源条件的评价

评价自然资源条件,可抓住以下几点:

(1) 以矿产资源为原料的项目,必须有国家矿产储备委员会批准的关于该资源储量、品位、开采价值以及运输条件的报告,作为项目建设的依据。

(2) 必须明确项目所需自然资源的种类和性质,对于利用矿产资源的项目,则需评价所需矿产资源的矿床规模(总储量、工业储量和可采储量)、类型特征、矿体形态及其大小、矿石品位和结构,伴生的有用或有害元素、矿石的物理性能和化学性能,以及矿床开采技术和加工条件等,看其能否满足项目工艺设计方案和设备选型的基本要求;对于利用农业资源的项目,应根据过去农产品资源供应产量及其部分分布数据,估计测算有关农产品的目前供应及今后可能获得的品种和数量,对于农产品资源要注意农村经济发展及世界农产品市场的变化。

(3) 分析资源的可供数量、质量和服务年限,根据资源类型特征及其自然经济环境条件分析(如埋藏深度和储存方式),研究资源的开采方式(如露天开采和地下开采)和供应方式(如铁路运输或水路运输),按照确定的开采方案采取多层次的综合利用(如共生矿、等外品、边废料、附产品物);尔后对资源开采的投资、服务年限、生产成本和综合开采利用价值进行综合分析评价。

(4) 研究技术进步对充分利用和发挥资源的作用和影响。一般情况下,采用先进的科学技术手段,提高对资源的深加工程度,可以充分发挥和利用资源的优势,挖掘资源的使用价值,增加资源利用的经济效益。

(5)对于需要利用稀缺资源和供应紧张的资源的项目,还需分析评价开辟资源的可能前景及其替代资源的途径。如对于矿山资源开采来说,应注意寻找接替矿,以得于保持矿山开采的接续能力。

(三)资源的分类及用途

工业生产的资源,主要有两大类,即矿物资源和农产品资源(包括农、林、牧、副、渔)。前者主要用作重工业原料,后者主要用作轻工业原料。

1. 矿物资源

矿物资源主要可分为能源矿物、金属矿物和非金属矿物资源三类。

(1)能源矿物资源。主要包括煤炭、石油、天然气、油页岩等。这些矿物,都是发展国民经济的重要基础,它们主要用作工业的动力燃料,同时又是重要的化工原料。因此,能源矿物的分布对工业布局是有双重意义的。

(2)金属矿物资源。种类非常多,就工业生产而言,主要利用由矿石中提炼出来的金属元素。根据金属矿物的特点和用途,主要可分以下几类。

①黑色金属:铁、锰、铬、钒、锑、钨等。

②有色金属:铜、铅、锌、铝、镁等。

③贵金属:金、银、铂等。

④稀有金属(包括稀土金属):钚、锗等。

⑤放射性元素:铀、镭、钴等。

这些金属元素,用途大小不同,分布也不均衡,对工业生产有不同程度的影响。

(3)非金属矿物资源。主要利用矿物的集合体或单体以及少数非金属元素,大部分不是利用元素本身而利用其集合体。根据其工业用途,可分为化工原料(如硫、磷等)、工业矿物原料(如硅、石墨等)、冶金辅助材料(如焦炭、石灰石等)和建筑材料(如花岗石、大理石等)四大类。这些非金属矿物,在工业项目中(特别是在化工工业和建筑材料工业中),往往用量很大,因而在评估中要特别注意如何缩短运距、减少运费的问题,因而这类工业项目往往需要安排在靠近资源地区。

2. 农产品资源

包括农业、林业、牧业和渔业等的资源,主要可分为动物资源和植物资源两大类。

(1)动物资源。包括放牧动物(牛、羊等)、家禽(鸡、鸭、鹅等)、野生动物(鹿、狐、雉等)、水产(各种鱼、虾、蟹等)、家畜(猪、兔等)。

(2)植物资源。包括粮食(大米、小麦、高粱等)、蔬菜、水果、棉花、油料(油菜、黄豆、花生、葵花子等)、糖料(甘蔗、甜菜等)、木材(建筑用木材、造纸用木材等)。

农产品资源,主要是纺织、皮革、食品、医药等轻工业和农产品加工业的资源。

(四)对资源的评价方法

(1)区分产品所需资源的种类和特性。例如,对矿物资源要注意其矿床规模(总储量、工业储量和可采储量)、类型特征、矿体形态及其大小、矿石质量(品位、结构)、伴生的有用或有害元素、矿床的开采技术及加工条件(选矿、冶炼条件)等因素。

(2)评定资源的可供数量、质量和可开采年限。首先要测定其蕴藏量,然后研究其开采和供应方式、能否多层次采用、成本高低以及运输的难易程度,等等。矿产资源要有国家矿产储备委员会批准的有关该项资源储量、品位、开采价值以及运输条件的报告,才能作为投资的根据。

(3)要注意资源的优势利用与技术进步的相互关系。例如,石油提炼和石油化工工业提高了加工深度,就可使石油资源的使用获得更高的经济效益、更大的使用价值。

(4)对项目所需供应紧张的资源或稀缺资源,要注意开辟新资源或代用资源的前景。例如,在开发第一个石油油田时,就要注意寻找第二、第三个油田;在开发陆上石油时,就要安排开采海上石油。

(5)对农产品的资源,要注意农业经济发展及世界市场的变化。例如,主要产粮国遭到天灾引起的产量减少和价格上涨情况;主要水产国远洋捕捞业的发展情况,等等。

4.1.2 原材料条件评估

不同部门、不同类别的投资项目,生产所需原材料品种和规格千差万别。而且任何一个建设项目所需要的原材料,其种类、规格、数量等也是很复杂的。项目评估时要着重分析原材料的供应数量、质量、价格、供应来源、运输距离、仓储设施等方面的条件。应当指出的是,如果要将一个项目所需的全部原材料都进行分析评价,其工作量必定是相当大的,在评估时只要选择其中主要的或关键性的原材料进行分析评价就可以了。原材料供应条件评估可以抓住以下几个环节进行。

一是原材料供应的数量要满足项目生产能力的需要。应根据项目设计能力、选用的工艺技术和设备性能来估算项目所需的基本材料和投入数量。一般来说,物质部门按计划供应的原材料较有保证。但仍应向物资部门了解这些原材料的供需发展趋势,是否存在供应紧张问题等。如系向市场采购,应对市场的需求和供应作详细的调查预测。对主要依靠进口的原材料,应了解国际市场是否有可能发生变化,有无国内产品可以代替,以弄清供应有无保证。

二是原材料的质量要适应生产工艺要求,满足项目产品设计功能的需要。对所需要的主要原材料的名称、品种、规格、化学和物理性质以及其他一些质量上的要求加以分析。比如煤炭,这是火力发电厂的重要原料。但是不同地区、不同矿井开采出的煤炭其化学成分含量、热值等是很不相同的。质量太好的煤炭成本太高,质量低的煤炭热值低或在技术上无法使用。这对火电厂技术、经济代价、环境等有直接影响。对于符合质量要求的原材料,应有长期供应保证,比如有批准的供应计划或供应合同等。

三是注意分析评价原材料的价格,使其达到物美价廉、提高项目经济效益的目的。通常情况下,原材料的价格及其来源的可靠保证,对项目的技术可行和经济合理及其合理规模的确定都有决定性影响。分析基本材料的价格,依据过去价格的变动趋势预测未来的变化,估计材料供应的价格弹性和互补性,是确立项目经济性的关键。通过技术经济分析论证,选择更适用的材料或物美价廉的代用品,就是资源优化利用的经济问题。

四是原材料的运输也是原材料分析的一个重要方面。运输距离的远近,运输方式的选择等将对生产的连续性和产品成本影响很大。因此都必须有周密的分析和安排,应注意就地取材和选择运输费用较低的运输方式。

五是为保证项目产品的连续生产,应重视材料存储设施的建设。特别是在投入物的来源和运输容易发生困难,以至影响连续生产的情况下,这个问题更显得重要。在建设项目投资费用中要计算仓储设施的投资,生产成本中要计算仓储费用。

4.1.3 燃料、动力供应条件评估

燃料、动力是投资项目生产和建设过程中的重要物质条件。投资项目建成后能否投产和保证长期稳定地进行生产,燃料和动力供应条件是关键因素之一。在项目评估时必须把燃料、动力供应条件的评估放在重要位置。

投资项目建成投产所需的燃料,目前主要有煤炭、石油或天然气等,所需要的动力通常包括水、电、风、汽、气等。一般来说,对燃料、动力供应条件的评估,要抓住以下几点。

(1)燃料。对项目所需燃料的种类、数量、质量、来源、运输等能否满足需要进行分析。如果项目是消耗燃料的大户,如热电厂、炼油厂、炼焦厂等。还要考虑燃料的储备设施是否足够,同时还要重点考虑"三废"治理与利用,以及对产品成本的影响。

(2)电。电力是工业生产的主要动力。因此,对耗电量大而又要求连续生产的工业投资项目(如炼铝厂),应对其电力供应条件作专题调查研究和审查分析,即不仅要审查分析项目用电总量、供电来源及可供量、备用量、输变电费用等因素,还需按生产工艺要求审查分析其日耗电量、年耗电量及其对产品成本的影响等。对于大型项目或自动化程度很高,要求启动负荷、冲击负荷大的设备,不但要计算其用

电总量,还要计算其用电最大负荷(高峰负荷、设备启动负荷和对电网的冲击负荷),并注意供电的稳定性分析;对引进技术项目还应考虑其对供电质量的要求等。

(3)水。对工业项目按其用水的性质,可分为原料用水(如饮料、罐头、制冰、化学试剂、电解等)、锅炉用水(产生热能、热水、蒸汽)、冷却用水(高炉炉体冷却循环用水等)、工艺用水(在造纸、印染、化工等多种工业生产过程中用作溶剂、分散剂、湿润剂和各种反应变化)、冲洗用水等,由此可见,水资源是工业生产的重要条件之一。尤其是对耗电量大的项目,例如钢铁厂、化工厂、啤酒厂、造纸厂、印染厂等,要考虑用水量、供水价格对成本的影响,项目对水源、水质的要求。

(4)其他动力。工业项目生产过程所需的其他动力供应条件,主要是指汽、气等动力设施及其需求总量、供应方式及其对产品成本的影响等。如果消耗量大且连续性较强需要自备供应设施的项目,还需计算所需蒸汽锅炉、煤气发生器、空气压缩机及其他供应管网的投资费用,并分析其技术经济合理性和安全性。

4.2 交通运输与同步建设条件评估

4.2.1 交通运输条件评估

交通运输是项目建设、生产和销售的重要环节,其保证程度如何,将直接影响投资项目建设和生产经营过程的连续性和合理性。所以投资项目的建设和生产经营对交通运输条件的要求很高,必须具体落实并有充分保证才行。

项目的运输包括厂内外运输。一般是在生产过程中统一加以研究和在工艺设计中加以解决的,属于厂内总图运输设计内容。车间内的起重设备、皮带机和辊道、电梯及其他传递设备等,也是厂内运输的组成部分,一般在工艺设计中加以解决。厂外运输主要指厂外铁路、公路、水路。

交通运输条件评估主要包括以下几个方面内容。

(一)运输方式选择的经济合理性

厂外运输方式主要取决于运输物资的类型、特性和形态,又取决于运输量的大小和运距的长短。对其选择的方式要进行技术经济的比较。

厂内运输方式要根据运输载体的形状、性质、生产工艺等因素进行选择。评估时主要是评价和审查厂外运输方式。

(二)运输设备的安全可靠性

运输设备要与运输方式配套并保证满足运输中的各种特殊要求,以保证安全可靠性。

(三) 运输环节的连续协调性

要分析运输系统的装、运、卸、储备环节对保证生产连续进行的可靠程度，既要保证连续性生产不至于中断，又要使物资储备经济合理，物资储备资金占用少。

(四) 运输距离的经济合理性

项目的物资运输包括原材料由采购地运进，产成品由项目地运出。由采购地到项目地，由项目地到销售地的运距对项目投资效益有很大影响。因此，要选择合理的运距，特别是运距较大的项目。

此外，通信也是现代生产系统顺利运转的重要保证手段。通信包括电传系统和邮传系统。世界已步入信息时代，即绝大部分信息是靠通信来传播的。项目所在地的通信如果过于落后，就应该考虑其同步建设问题了。

4.2.2 同步建设评估

同步建设是指一个投资项目的建设与相关项目及项目内部建设同步进行，使项目发挥正常的经济效益或社会效益。它包括建设项目在时间上的同步、技术上的同步和生产能力的同步以及主体工程与辅助工程的同步等方面的内容。

(一) 时间安排的同步

项目同步建设的第一个要求就是相关项目的建设在时间安排上要同步。由于不同类型的建设项目在建设时间长短上是不相同的，所以时间同步的具体要求是不要求相关建设项目同时开工，但要求相关项目同时建成投产，同时产生经济效益。

在分析时间安排的同步建设上，首先就要分析有关部门是不是安排了相关项目的同步建设计划。其次是看项目建设在时间上是否衔接。在时间衔接上过于提前和滞后都是不同步的表现。例如，为了建一个港口，安排了与干线连接的铁路工程项目。这个铁路项目的建成时间如果滞后于港口的建成时间，那么码头即使建成也只能闲置起来。相反，如果铁路比码头提前建成，那么这条为码头服务的铁路支线也不能发挥功效。这两种情况都会造成经济损失。

需要同步建设的项目如果牵涉很多时，项目评估人员就要对其中每一个建设项目的时间安排作充分的调查研究，进行具体分析。

(二) 技术的同步

从投入和产出两个方面来分析。从投入方面来讲，拟建项目所采用的技术，与前序项目的技术水平应该相适应。所谓前序项目，是指为拟建项目提供投入品的项目。例如某新建轧钢厂，采用的技术非常先进，对原料钢的质量和规格的要求也较高。但与它配套的钢铁厂，生产不出这么高质量的原料钢，这样轧钢厂的效能就不能很好发挥。从产出方面来讲，拟建项目所采用的技术与后序项目的技术水平

第4章 项目建设条件和经营条件分析评估

也应该相适应。所谓后序项目,是指使用拟建项目产出的项目。如同样是上面那个先进的轧钢厂,固然能产出高质量的钢材,但与它配套的钢材使用厂,却不需要这么高质量的钢材,这也同样会使轧钢厂的效能得不到发挥。

(三)生产能力的同步

相关项目之间的生产能力是否协调、配套也是一个同步建设的问题。生产能力的同步也可以从投入和产出两方面来分析。从投入方面来看,拟建项目与为它配套的前序项目的生产能力应当相适应。比如,拟建一个大型轧钢厂,可是与它配套的钢铁厂的钢产量却远低于轧钢厂的生产能力,这就是一个不同步。从产出方面来讲,拟建项目与后序项目的生产能力不适应、不配套,也是不同步。例如,拟建一个煤矿,采出的煤供应给一个配套的火电厂,可是煤矿的设计生产能力却远远高于配套电厂对煤的需求量,或者煤矿的产量远高于配套铁路的运输能力,这些都属于不同步。

当然,生产能力的同步与不同步,也是一个比较复杂的问题。因为决定一个项目的建设规模的,不只是相关的建设项目规模,而且也与拟建项目无关的一些供需情况有关。此外,从长远发展考虑预留生产能力,或者从规模经济出发适当扩大或缩小生产规模,也都是一种正常的经济现象。因此,在生产能力的同步建设问题上,要进行多方面的调查,作出综合的分析。

(四)建设项目内部的同步建设

以上分析的是相关的不同建设项目之间的同步建设问题,但是在同一建设项目内部,也有个同步建设问题。一个建设项目包括许多单项工程,单项工程又可分为若干个单位工程。如各个生产车间、管线道路工程、供水供电工程、修理车间、生活设施等。只有这些单位工程的建设保持同步,才能保证整个建设项目发挥好的效益。

建设项目内部的同步建设也可分为时间同步、技术同步、能力同步等等。内部的时间同步就是要求各个部位工程能够同时建成投入使用;内部的技术同步主要是要求上下工序,各个车间之间的技术水准应当同步。比如说一个钢铁厂项目,炼铁厂炼出的铁,在技术上应能符合炼钢厂的要求。所谓内部的规模同步,是指各个单项工程的设计能力应该相适应,包括生产性项目之间,以及生产项目与生活设施项目之间的规模适应。

4.3 环境保护条件与治理措施评估

4.3.1 环境保护的概念及任务

环境保护是项目可行性研究，同时也是项目评估的重要内容之一。一个项目的经济效益再好，如果没有环境保护的方法与措施，也是无法成立的。目前，世界各国环境保护的内容不尽相同，但大致包括两个方面：一是保护和改善环境质量，保护居民身心健康，防止机体在环境的影响下产生变异和退化；二是合理利用资源，减少或消除有害物质进入环境，以保护自然资源的恢复和发展生产。我国环境保护法规定，环境保护包括"保护环境和自然资源、防治污染和其他公害"。其任务是，"保证在社会主义现代化建设中，合理地利用自然资源，防治环境污染和生态破坏，为人民创造清洁适宜的生活和劳动环境，保护人民的健康，促进经济发展"。

4.3.2 主要污染物及污染源分析

污染环境、危害人类及其他生物的有害物质称为污染物。污染物按性质分为化学性、物理性、生物性三大类。其中化学性污染物是最主要的污染物。它通常指"三废"污染，即废水、废气、废渣，主要有含碱废水和含有机氯、氰化物、酚、多环芳烃的废液，含汞、钾、铅、砷的废渣及粉尘，硫的氧化物、氯的氧化物及硫化氢、一氧化碳等废气。物理性污染物主要有噪声、振动、电磁波、放射线等。生物性污染物主要有细菌、病毒、原虫等病原微生物。

污染源是指向环境排放有害物质或对环境产生有害影响的场所、设备、装置的总称，分为天然污染源和人为污染源。人为污染源包括工业污染源、交通污染源、生活污染源。项目评估主要是针对工业污染源。工业投资项目对生态平衡的破坏，造成自然环境的污染源主要有以下几种。

(1) 项目的投入物。生产过程中密封及安全措施不完善，或在运输、储备过程中污染了环境。

(2) 生产过程中的排放物。由于设计、规划或操作处理不当，生产时发生跑、冒、滴、漏物料，以及不可避免地产生废水、废气、废渣、噪声等。

(3) 项目的产出物。项目的某些产品本身就有可能对生态环境造成污染，如农药、化肥、食品的包装物，某些产品在储存、运输过程中也会造成污染等。

污染源治理的重点在前两种。为了对污染物及污染源的审查有层次、有条理，要求在拟建项目的厂区平面布置图中标明各产生污染源的车间向外排放"三废"的释放点、排液口的标高，标出产生污染物主要装置的位置及在厂内、外的运行路线。

然后,审核对污染物的种类、性质、产生数量及排放方式的分析是否达到了所要求的深度。

4.3.3 环境污染的治理措施及评价

工业项目的污染是不可避免的,关键在于治理,以减轻或防止污染物对环境的危害。对工业污染物的治理通常采用以下几种方法。

(1)化学处理法。通过化学反应把有毒物质转变为低毒或无毒物质,常用的方法有中和法、氧化法、凝聚法、化学吸收法、离子交换法等。

(2)生化处理法。利用自然界存在的各种微生物,把污染物中的有机物分解并转化为无机物,以达到净化或无毒的目的。该方法通常用于废水和垃圾的处理。

(3)物理处理法。利用吸收、吸附、除尘、过滤、沉淀、浮选等手段达到治理污染物的目的。该方法通常用于含微尘的废气处理,如烟道气的处理之类。

(4)物理化学方法。如泡沫分离、化学吸附、萃取分离、薄膜渗透等方法。

(5)焚烧处理法。将固态污染物或浓度较高的废液经焚烧炉焚化。由于在这种处理过程中可能产生二次污染,因而该方法常常结合吸收法同时使用。

(6)堆存、深埋处理法。某些无利用价值、低毒或无毒性的废渣可考虑堆存在凹坑处,填以泥土,难以处理的污染物或核废料则应深埋处理。

(7)综合利用法。这是一种最具有前途、具有经济效果的方法,它通过选择合理的工艺流程、适当的设备,多投入些资金、原材料,就可能取得一箭双雕的效果。如粉煤灰、炉渣、矿渣可以用来生产水泥、青砖;冶炼厂、化工厂的重金属废渣,经过综合处理,可提炼出钼、钢、镍等重要金属。

总之,对项目环境保护措施的评价要立足于以下几个方面。

(1)审查用于环境保护的资金是否落实,是否打足。环境治理通常谈不上经济效益,建设单位一般不愿花过高的代价,往往容易形成"敷衍工程"。因此,要配合环境保护部门在资金方面严格把关。

(2)审查技术是否可靠合理。生产不是实验场所,生产过程具有不可逆转性,项目一旦投产,就不容许失败,否则将花费高昂的代价。所以,对"三废"的治理要求采用成熟可靠的技术,对于在技术上没有解决污染问题的项目,不能批准立项。

(3)审查治理后的排放标准。20世纪70年代以来,国家陆续制定了一系列环境保护的标准,为我们审查项目的"三废"治理是否达标提供了尺度。这些标准中较重要的有,工业"三废"排放试行标准(GB J4—1973)、大气环境质量标准(GB 3095—1982)和城市区域环境噪声标准(GB 3096—1982)等。

(4)环境污染的治理必须与主体工程做到"三同时",即在资金落实、技术可靠的基础上,要求"三废"治理与生产系统同时设计、同时施工、同时投入运行,保证项目投产时对环境的影响不会超过标准。

4.4 工程地质和水文地质条件的评估

所谓工程地质是指与工程建设有关的地质现象。其内容分为两类：一是自然物理地质现象，如山崩，滑坡，河、海岸的冲刷，火山，地震等；二是工程地质现象，如地基因建筑物的重量而下沉、山坡因挖掘而崩陷等。水文地质是指与工程建设有关的地下水文现象，包括地下水的形成、分布及运动规律，物理性质和化学性质，水位的变化、流动方向、流速等。

工程地质和水文地质条件是投资项目厂址选择的重要条件之一，也是对项目建设和生产经营产生长期影响的制约条件。

一、工程地质的评估

评估项目所在地区的工程地质应着重分析以下几点。

(1)分析当地的地质构造，了解地层、岩层的成因及地质年代，以便对项目地段的自然物理条件作进一步审查。

(2)地层需具有稳定性，不得有滑坡、断层、土崩、喀斯特等现象及可能引起的后果。

(3)是否存在人为的地表损毁现象，如土坑、地洞、枯井、战壕、古墓等，这些将影响项目的施工进度及增加投资额。

(4)探明地下有无矿藏及已开采的矿洞，分析这种地段的副作用，避免构成压矿，或因制作人工地基及打桩带来的额外投资，导致工时延误而不利于项目的建设。

二、水文地质的评估

评估项目所在地区水文地质时应注意审查以下几点。

(1)分析地区内地下水类型，主要含水层岩性、富水性埋藏深度，水位及地下水可采储量，这些涉及项目地基的基础及供水条件，影响较大。

(2)审查主要含水层的水质分析资料、地下水和地表水的水力同水质的联系，以便确定开采后其是否适合项目使用。

(3)分析并预测开采地下水后，水位和水质的变化情况、对工程地质的影响，如地面沉降、塌陷等，应保证其不至于危害项目的实施。

(4)分析项目所在地区全年不同时期的水位变化、流向、流速和水质的情况，地下水是否有污染现象，以判明项目在施工、生产、生活用水方面的保障程度。

4.5 厂址(场地)条件的评估

厂址选择是一项带有战略意义的具体工作,项目厂址的好坏,将对项目的生产建设条件及今后的经营产生重大影响。确定项目的具体厂址,一般要经历评选建设地区、坐落区域、项目厂址(场地)三个环节(有时将前两个环节合为一个环节)。厂址选择是一项政策性很强的综合性工作。从宏观上说,它是涉及生产力布局的一个关键环节,关系到投资在各地区的分配比例和区域的社会经济发展、经济结构、自然生态环境等一系列问题,对城乡经济、文化的发展具有深远影响;从微观上分析,它关系到项目建成后企业经济效益及职工生活环境等切身利益,是项目评估的重要环节。

4.5.1 厂址(场地)选择有关案例及经验教训

举世闻名的三峡水利枢纽工程,其大坝坝址的确定,可谓是经历了半个多世纪考察论证,凝结着无数中外学者、专家的心血。早在20世纪30年代,当时的南京国民政府拟议以黄陵庙花岗岩地区为三峡坝址。40年代中期,中美学者又在南津关至石牌间选了五个坝址方案,由于抗战及国民政府财力不济而被搁置。1952~1955年,大规模的三峡地质勘测工作展开,我国有威望的地质专家几乎都参与了三峡工程的地质调研,选择了从三峡出口的南津关起,至上游56公里的庙河止,作为兴建三峡大坝的研究河段,仅钻探工作一项,总进尺就超过了20万米。当时在此河段选了两个坝区:一处为西陵峡出口的南津关河段石灰岩坝区,上起石牌,下达南津关,全长13公里,这是参照原来五个坝址方案确定的,另一处为美人沱河段结晶岩坝区,上起美人沱,下至黄陵庙南沱,全长25公里,从中选择了10个坝址。

随后,对这两个候选区段进行了全面的、多学科的技术经济论证。评估后认为:南津关坝区地处皖谷河段,由于其石灰岩溶蚀分布广泛且较发育,地质条件复杂,缺陷较明显,将给日后的水工布置和施工条件带来困难,工程量大,投资大,所以1958年放弃了五个石灰岩坝址的研究。而美人沱河段位于地壳较稳定的黄陵背斜核南端的前震旦纪花岗闪长岩基体上,新鲜岩体的湿抗区强度在100兆帕左右,岩基完整,力学强度高,透水性弱,而且此地段开阔,是筑坝施工的最佳区域。

美人沱河段确定下来后,又将在此区段内拟订的10个坝址方案进行比较,通过各种分析、筛选后,其中两个坝址方案较优越,这便是三斗坪坝址和太平溪坝址,这两个坝址的地质特征相同,工程总造价大体相当(包括移民费),地形都较开阔。但比较而言,三斗坪河谷相对宽些,水面宽约1 000米,能为施工设施提供较多合适场地,且为导流通航和泄洪创造了较好的水流条件。再就是三斗坪处江心中有一中堡岛,给导流明渠的施工带来诸多便利,故在1960年被专家们公认为难得的好坝址。后来由于当时的国际形势及战备问题,三斗坪坝址的选择一度被否定,直到1979年底,政府综合各方面意见,从我国现有的施工经验和技术水平出发,最终确定了三斗坪坝址。

在项目布局及选址过程中,经验教训也不少。例如,以往曾过于强调要扭转"北煤南运"、"西电东调"的局面,在我国南方建了不少煤窑、煤矿,在东部地区多兴建了一些电厂、电站,而我国南方及东部地区煤炭资源、水利资源并不丰富,由于开发、开采时达不到经济规模,资源的利用效果不佳,在宏观上造成布局不当的后果。

4.5.2 厂址(场地)选择的基本要求与原则

评选厂址要做多方案比较及综合论证,同时要注重以下一些基本要求。

(1)厂区的地形、地质、水文条件及占地面积要符合建设要求,满足生产工艺需要。

①所有建筑物、构筑物做到合理布局,考虑厂址的面积时要为今后留有一定发展余地。

②对于工业用地,厂区地形要求起伏不大。若没有铁路专用线,地面自然坡度不应大于3%,为保证及时排水,地面坡度不宜小于0.4%。

③要有良好的地质条件,不得有溶洞、断层、流沙层或大量地下水,岩土的承载力要求达到$(1.5 \sim 2.0) \times 10^4$帕(一般的工业项目);地震烈度高的地方及大型不稳定边坡和天然滑坡附近不宜选作厂址。

④水文分析提供的资料必须保证:水中的悬浮物含量不宜太高,含量变化小;总含盐量(矿化度)不宜高(通常地下水总含盐量大);污染物及肢体硅含量宜少。

(2)工业建设项目的厂址应尽量靠近主要原料、燃料供应地区及产品销售地区,并靠近动力供应中心。

(3)建厂区的外部协作条件,如电力、水源等动力供应要可靠,尽量取近水源地(河流、湖泊等),便于取水排水,与相邻企业之间有较好的互补效果。

(4)排放"三废"和产生高分贝噪声的项目,不应设在城镇居民区的上风向、水源上游和人口密集的地方。

(5)厂址标高应能保证不受洪水或大雨的淹灌,不应在泄洪区建立大中型项目。

(6)厂区环境条件必须符合国家安全要求,对那些生产易燃、易爆产品的项目,选址应离铁路、公路有一定的安全距离。而那些有高大建筑物项目的厂址,要远离机场、电台等建、构筑物,要避开高压输电线路,要符合有关技术安全规定。

(7) 厂区的交通运输条件便利,厂址要尽量靠近公路、铁路或运输河道及码头,这样可以节省修路投资及运费。

(8) 便于利用现有的生活福利、文化教育和商业网点等设施,满足职工物质、文化生活的要求。

选择厂址除了上述基本要求外,还应遵循一些基本原则,主要包括以下几项。

(1) 正确处理城市与乡村、工业与农业、生产与生活、生产与生态、需要与可能、近期与远期等各方面的关系。

(2) 充分考虑环境保护、生态平衡和综合利用方面的问题。

(3) 节约用地,尽量利用荒地、贫地,用地时注意重要建筑物不得压矿。

(4) 保护自然风景区和名胜古迹,不在其附近建厂,避免对它们造成不良影响及破坏。

(5) 注意实行专业化协作,充分发挥各专业优势,取长补短。

(6) 服从区域规划、城市总体规划及功能分工的要求。

4.5.3 厂址选择的技术经济分析

根据选择项目厂址的要求与原则,进行多方案分析论证和选优时,比选的内容无非是三个方面,即厂址环境的优缺点、建设投资、经营费用。

(一) 厂址环境的优缺点

主要包括建设场地的位置、地形、地质、土石方工程量、土地的使用情况,现有建筑物及拆迁、移民安置情况,交通运输条件,与城市和居民区的关系,与邻近企业的协作条件、施工条件等。

(二) 厂址建设投资

包括土地补偿及新开发资源安置费、场地平整费、厂外道路(公路、铁路)工程投资,给水、排水、动力工程(施工时)投资,居住及文化福利设施、施工用水和用电、大型临时设施等费用。

(三) 选址方案经营费用

经营费用是指项目投产后所支付原材料、燃料、产品的运输费和给水、排水、动力等所需费用。

厂址的优劣通常按照上述三个方面的内容,采用科学的技术经济方法,经过多方案比较论证,最终可以达到满意的结果。

4.5.4 项目厂址选择的基本方法

当预选的几个厂址各有利弊,难以判断时,应进行厂址选择论证。厂址选择可用的方法较多,归纳起来分为两类:一类是定量分析;另一类是定性分析结合定量分析。这些方法主要有方案比较法、分级评分法、数学分析法等。

(一) 方案比较法

这是一种从经济角度评价厂址的方法。当有若干个厂址供选择时,在调查、勘察、钻探等基础上,根据所获得的资料,对不同选址环境的优缺点、建设投资、经营费用进行计算比较和分析,确定最优方案。具体方法有差额投资回收期法和经营费用比较法。

1. 差额投资回收期法

这是一种相对比较法,其基本概念是:计算被比较的厂址方案,如果某一方案所节省的经营费用用来补偿多耗费的投资所需要的时间,少于行业基准投资回收期,则考虑投资大的方案,反之则选投资小的方案。依次按相同的方法逐个比较,直到选出最佳厂址方案。其计算公式为

$$\triangle P_t = \frac{K_2 - K_1}{C_1 - C_2} \qquad (4-1)$$

式中: $\triangle P_t$ ——差额投资回收期;

K_1、K_2 ——分别为方案1、2的建设投资,且 $K_2 > K_1$;

C_1、C_2 ——分别为方案1、2的年经营费用,且 $C_1 > C_2$。

方案建设投资中可比较的部分通常有土地购置及拆迁费,土石方工程、交通运输(道路及设备)、给水排水、动力、住宅及文化福利建设的投资,建筑材料运费,环境保护、抗震、防洪设施投资等。年经营费用可比较的部分通常有原材料、燃料、产品、副产品所需的费用以及废料运输费用、给水排水成本、动力成本和其他费用。

进行经济分析时,只要算出几个方案的投资不同部分的费用和影响成本部分的差额即可,相同部分可以略去不比较。

例 4-1 有 A、B、C 三个厂址供选择,A 址给水排水投资分别比 B、C 厂址多 80 万元、50 万元;土石方费用比 B 厂址少 30 万元,比 C 厂址多 40 万元;供电设施投资比 B 厂址多 60 万元,比 C 厂址少 25 万元;A 厂址的经营费用比 B 厂址每年少 20 万元,比 C 厂址每年少 10 万元。项目所属行业投资回收期为 5 年,试评价哪个厂址为优?

解 本例只就差额部分进行比较。按题意分析,得 A、B 厂址费用差额,代入式 (4-1),可计算差额投资回收期为

$$\triangle P_t / 年 = \frac{80 - 30 + 60}{20} = 5.5$$

因差额投资回收期大于 5 年,没有必要增加投资,选投资小的 B 厂址。再对 B、C 厂址进行比较。从题意分析,C 址给水排水投资比 B 厂址多 30 万元,土石方费用比 B 厂址少 70 万元,供电设施投资多 85 万元,而经营费用比 B 厂址每年少 10 万元,则差额投资回收期为

$$\triangle P_t/年 = \frac{30-70+85}{10} = 4.5$$

因差额投资回收期小于 5 年,增加投资有必要,故应选择投资大的 C 地作厂址。

2. 年生产费用比较法

该方法又称年等值费用法,即以生产费用最小原则选择厂址,其计算公式为

$$U' = C + KR_t \tag{4-2}$$

式中:U'——被比较方案的年生产费用;

C——年经营成本;

R_c——基准投资效果系数,为 P_c 的倒数。

上式还可写为

$$U' = C + \frac{K}{P_c}$$

式中,P_c 为基准投资回收期。

(二)分级评分法

该方法又称评分优选法,属于厂址选择中定性分析结合定量分析的一种方法,包含有主观判断因素,但又是一种简便易行的多目标决策方法。其基本要点是确定各主要判断指标的权重与评价值。此方法分三步进行:

第一步,在厂址选择方案比较表中列出主要判断指标,如厂址位置、占地面积、土石方工程量、建设投资、协作条件等。

第二步,将主要指标按其重要程度给以相应的权重(WF_i),同时根据实际条件分别定出评价值(P_i)。

第三步,将各方案主要判断指标的权重和评价值相乘($WF_i P_i$),得出评价分,某个方案评价分的总和最高者为最优的厂址方案。总评价分为

$$J = \sum_{i=1}^{n}(WF_i P_i) \tag{4-3}$$

例 4-2 某农药项目定点选址有三个可供选择的厂址方案,各方案的主要指标如表 4-1 所示,试确定最佳方案。

表 4-1 厂址主要指标分析表

主要指标	甲厂址	乙厂址	丙厂址
占地面积	8万平方米	7万平方米	9万平方米
供排水条件	距离较近	距离近	距离近
供电条件	增容费较多	增容费较少	不必增容
土方工程量	挖方填方平衡	挖方多	挖方少
石方工程量	没有石方	石方少	石方多
拆迁补偿费	60万元	40万元	20万元
施工条件	较好	一般	好
经营条件	较好	好	一般
运输条件	较好	差	好

解 根据表4-1所列各厂址主要判断因素的情况,结合专家的经验确定权重及评价值,汇集于表4-2中。

表 4-2 厂址主要指标评价表

主要指标	权重 (WF)	不同厂址指标评价值(P)			评价值之和
		甲厂址	乙厂址	丙厂址	
占地面积	15%	0.33	0.38	0.29	1.00
供排水条件	9%	0.30	0.35	0.35	1.00
供电条件	9%	0.15	0.35	0.50	1.00
土方工程量	5%	0.25	0.35	0.40	1.00
石方工程量	5%	0.40	0.35	0.25	1.00
拆迁补偿费	10%	0.17	0.33	0.50	1.00
施工条件	12%	0.35	0.20	0.45	1.00
经营条件	20%	0.35	0.45	0.20	1.00
运输条件	15%	0.40	0.10	0.50	1.00

根据表4-2给出的权重及指标评价值,结合式(4-3),得到各厂址的总评价分,见表4-3。

第4章 项目建设条件和经营条件分析评估

表4-3 厂址评价分表

主要指标	权重 (WF)	不同厂址评价分($WF_i \cdot P$) 甲厂址	乙厂址	丙厂址	评价值之和
占地面积	15%	0.049 5	0.057 0	0.043 5	0.150 0
供排水条件	9%	0.027 0	0.031 5	0.031 5	0.090 0
供电条件	9%	0.013 5	0.031 5	0.045 0	0.090 0
土方工程量	5%	0.012 5	0.017 5	0.020 0	0.050 0
石方工程量	5%	0.020 0	0.017 5	0.012 5	0.050 0
拆迁补偿费	10%	0.017 0	0.033 0	0.050 0	0.100 0
施工条件	12%	0.042 0	0.024 0	0.054 0	0.120 0
经营条件	20%	0.070 0	0.090 0	0.040 0	0.200 0
运输条件	15%	0.060 0	0.015 0	0.075 0	0.150 0
总评价分	100%	0.311 5	0.317 0	0.371 5	1.000

计算结果表明,丙厂址评价分最高,建厂地点应以丙处为佳。

在计算评分时,表中各项权重之和应等于100%,各方案评价分之和应等于1,否则可能某一环节计算有误。

（三）数学分析法

这是一种通过数学定量分析,对厂址进行多方案分析比较和优选的方法,主要包括重心法、数学程序法、运输法（非线性规划中的一种方法）等。以下简单介绍重心法。

重心法又称最小运输费用法,其主要特点是将生产运输因素作为厂址选择的重要基本点,然后依据求重心的原理,选择运输距离最短、运输费用最低的方案作为最佳厂址。

已知某拟建项目生产所需的某种原材料供应基地及产品销售地,在一定时期内的运输量为 Q_i;已知各原材料基地及销售地的相关位置,并将它们分别标明在直角坐标图上,则可求出坐标重心点 $P(x_0, y_0)$,其表达式为

$$x_0 = \sum_{i=1}^{n} Q_i x_i / \sum_{i=1}^{n} Q_i \quad y_0 = \sum_{i=1}^{n} Q_i y_i / \sum_{i=1}^{n} Q_i \quad (4-4)$$

式中:x_i——第 i 种材料供应地或产品销售地的横坐标;

y_i——第 i 种材料供应地或产品销售地的纵坐标;

n——材料的供应地或产品销售地数目。

采用这种方法选择厂址应注意几点:

(1)只有当其他因素不太重要,而运输费用成为确定厂址的关键因素时,该方法才较合适;

(2)该方法假设吨千米运价相等;

(3)计算出的只是厂址的理论位置,实际运用时还需根据其他因素进行调整。

4.5.5 厂址选择报告

厂址选择报告是设计任务书或可行性研究报告内容之一,它确定了在一定范围内建设场地的位置,是一种论证性文件,是对建设项目生产条件、经济效果的一种间接论述。因此,应由主管部门会同设计单位及其他有关部门,经过周密的调查勘察和多方案比较后完成。厂址选择报告经上级机关审查批准后,即成为设计的依据。厂址选择报告书应具有以下几项内容。

(1)选址的依据及选址的经过。

(2)项目拟建地点的概况和自然条件,包括以下四个部分。

①厂址的地理位置:说明项目的具体地点,标出经纬度,并提供区域平面图。

②地形、地貌、地质、地震情况:提供以等高线表示的地形图,概述厂址区域的上述有关细节,给出地震强度级别、区域稳定性等有关结论性意见。

③气象条件:了解厂址所在区域气候的一般特征,包括年、月平均气温及历史极端气温,大气压力、湿度、降水量,提供地面风场特征、风玫瑰图。

④水文资料:厂址周围的地表水,如江、河、湖、海、水库的相对位置、大小、形状、流动方式及流域概况,并应有其温度、流速、流量、水位、潮位的资料,具有洪水、丰水期、枯水期的水位及流量参数。

(3)选址中所采用的主要技术经济指标。

(4)拟建项目所需原材料、燃料、动力供应、水源、交通运输情况及协作条件。

(5)各个选择厂址方案的比较,包括各个方案的优缺点,建设投资和经营费用的综合分析、比较与结论。

(6)对建设场地选择的初步意见及当地政府部门对选址的意见。

(7)主要附件,包括各项协议文件、拟建项目地区位置草图、拟建项目总平面布置示意图。

第5章 项目技术方案评估

本章提要：项目经济效益是在一定的技术组织措施条件下取得的,只有技术可行的方案,才有进一步进行经济分析的价值。因此,在进行经济分析之前必须进行技术分析,以肯定其技术的可行性。本章包括项目技术方案评估、生产工艺及设备方案评估、产品方案与生产规模分析、项目节能分析和项目节水分析。概述了技术方案评估的原则和应考虑的因素；具体研究了工艺技术选择和主要设备选择分析评估的内容与方法；通过学习本章,掌握项目技术方案分析评估的范围和内容。

5.1 项目技术评估概述

技术是人们根据一定时期的社会实践经验和科学原理为一定应用目的而发展起来的各种作业的操作方法与操作技能及所采用的手段。它融合于人、物和信息三方面为一体。人的方面,技术是指劳动者掌握和运用劳动资料的能力、经验和技巧,即劳动技能,是一种主观能力；物的方面,技术是指劳动工具、机器设备等,即工具手段,是一种物质实体；信息方面,技术是指设计图纸、工艺资料、技术情报等,即是一种指导性手段,又是一种方法性的技能。

项目技术评估的对象主要是物的方面和信息方面,即对项目的生产工艺、设备选型、引进技术资料等方面进行分析评价。

项目技术方案评估是对项目拟采用的设计、工艺设备方案的全面评价,以考察项目技术对项目的经济效益和社会效益产生的影响及其影响程度的一项综合性的研究工作。

每个投资项目的经济效益和社会效益都是在既定的项目设计、工艺、设备方案等前提下取得的,因此,只有在技术上被认为是可行的投资项目,才有必要进一步进行财务效益评估和国民经济效益评估。

5.1.1 技术评估的必要性

对拟建项目进行技术评估,首先是技术在项目中所占地位决定的。技术是生产力,也是建设项目的生命力。用先进适用的技术装备我国的各产业部门,这是加速国民经济发展,提高社会生产力水平的根本途径,也是固定资产投资的重要任务。先进适用的技术,必然使企业的生产经营蓬勃发展,使企业的产品具有强大的市场竞争力。反之,采用落后的技术,必然生产效率低下,使企业无法经营而被淘汰。一个拟建项目的技术方案,也基本上决定了项目建成后的技术装备和生产技术水平,以及企业的产品产量、质量、成本和经济效益。因此,为合理确定拟建项目的技术构成,保证采用先进适用的技术,在项目评估时,必须把技术评估作为核心来看待,这是关系项目成效的关键环节。

其次,建设项目的技术问题具有多层次性、相关性。随着当代科学的迅猛发展,大大加速了技术进步。新技术出现的周期越来越短,新技术大量涌现,能满足同一功能要求的技术方案日趋多样化。由于技术的多层次性,为项目的技术决策提供了更多的选择余地。但同时也增加了项目技术问题的复杂性。此外,项目的技术选择也不是一项孤立的事情,不能仅从本企业的目前利益出发,而应与本行业,甚至整个经济系统的条件相适应。一个项目,特别是大中型项目,常有一系列相关项目与之配套。因此,仅仅分析项目本身的技术问题是不够的,必须结合相关项目的技术问题进行全面的、多层次的技术分析,以便按照项目各组成部分的最佳结合选出适宜的技术方案。

第三,技术评估在整个项目评估中处于承上启下的重要地位。技术评估是项目建设必要性评估与建设生产条件评估的继续和深化,同时又是后面各环节评估工作的前提。一个项目只有当技术方案出来后,才能以此为依据进行投资、产品成本和各项技术经济指标的计算。利用这些指标和其他经济参数,才能进行项目的财务评估和经济评估。如果通过技术评估认为项目的技术方案不可行,也就没有必要进行财务评估和经济评估。如果投资决策时对项目的技术方案进行了更改修正,则项目的一系列经济指标也需更改,再重新进行财务评估和经济评估。如果技术评估不充分、不全面,甚至不正确,那么项目的财务评估和经济评估是毫无意义的。

第四,技术评估是独立、客观、公正的评估。技术评估是以项目的可行性研究报告为基础的,但是从全局的角度,对可行性研究报告给予比较客观和公正的评估,既不抱有某种倾向,也不受任何部门的限制。只是依据项目的实际情况,审查原有基础参数的客观真实性。分析和发现存在的技术问题,并提出自己的建议,使技术方案更加完善合理,促使项目的建设卓有成效。这样做,既是为国家把关,以保证国家计划的顺利实现,同时也是符合企业的利益要求的。

5.1.2 技术评估的原则和内容

(一)技术评估的原则

根据我国的国情和项目建设的实践,在技术评估时,必须遵守以下几项基本原则。

1. 先进性原则

技术的先进性是指工艺、设备、设计方案及产品方案具有国际水平或领先于我国现有技术水平。项目的先进性是通过各种技术指标体现出来的。一般包括劳动生产率、单位产品的原材料消耗、能源消耗、质量指标、占地面积和运输量等通用指标,另外,还有适用于各部门、各行业特点的具体指标。所用的技术指标应与国内外同类型企业的先进水平相比较,在比较过程中确定先进程度。

2. 适用性原则

技术上的适用性是指拟采用的技术必须适应其特定的技术条件和经济条件,可以迅速消化、投产、提高并能取得良好的经济效益。具有先进性的技术不一定就能适用,而不适用的技术是不可能取得良好的经济效益的。任何一项技术在实际应用中都要消耗一定的人力、物力、财力,都要借助于当时当地的具体条件,包括自然条件、技术条件、经济条件和社会条件等。因此选择技术要结合这些条件充分考虑它的适用性。评估时,要分析项目技术方案和工艺设备是否估计到企业的技术管理水平和生产工人的素质,是否考虑了企业对先进技术的吸收消化能力。

结合我国国情,技术上的适用性应符合以下基本条件。

(1)有利于合理利用有限资源,降低原材料,特别是能源的消耗。
(2)有利于维护生态平衡,减少和避免环境污染。
(3)有利于改善产品结构,提高产品质量。
(4)有利于充分发挥原有的技术装备和技术力量。
(5)符合国家、地区、部门的科技发展政策。

总之,讲求适用性就是要因地制宜,量力而行,注重实效。

3. 经济性原则

经济性原则可以表述为以一定的代价获取最大的收益或取得一定的收益付出最小的代价。

在不同的情况下,经济性原则可以体现为各种不同的具体原则,最主要的有最大收益原则和最小成本原则。

(1)最大收益原则。对于一个特定的经济系统来说,必须在一定的资源和环境条件的制约下谋求自身的发展。在这种情况下,经济性原则体现为"最大收益原则",即经济系统应该选择在一定资源条件下能够带来最大收益的技术。对于一个以盈利为主要目标的企业来说,可以表述为"利润最大化"。

(2)最小成本原则。为了达到某一特定的目的,经济系统往往需要对各种技术方案进行比较选择。在这种情况下,经济性原则体现为"最小成本原则",即应该选择总成本最小的技术。

4. 安全性原则

对项目采用的工艺技术及设备的安全性,要有足够把握,要从社会角度、劳动保护角度加以分析评价。主要考察所采用的技术是否会对操作人员造成人身伤害,有无保护措施,是否会破坏自然环境和生态平衡,能否预防等。

总之,应根据上述原则,对项目进行技术评估,以达到技术上先进、生产上适用、经济上合理、安全上有保障的有机统一。

(二)技术评估的内容

技术评估的主要内容是对生产工艺方案、设备选型方案和工程设计方案进行分析评价。技术评估的过程实际上就是技术选择的过程,项目技术选择得是否合理,直接决定了项目预期经济效益的实现。

在进行技术选择时,可将各种待选技术划分成若干种类型,根据我国"国情"、"地情"、"企业情",按技术进步的基本要求与规划目标,选择适合本国、本地、本企业技术水平的技术。

1. 按其占用某方面资源(包括人力、物力、财力资源)、信息(包括知识、技能、科学技术)量的多少可将技术划分为以下几类

(1)资金密集型技术。即资金占用与消耗较多的技术。资金密集型技术的特点,一是资金占用较多、周转较慢、投资回收期较长;二是容纳劳动力较少。但它一般具有劳动生产率高、消耗低、成本低、竞争能力强等优点。资金密集型技术的发展要求有较高的物质技术基础和较充裕的资金条件。

(2)劳动密集型技术。即劳动占用与消耗较多的技术。这种技术一般是单位劳动占用的资金较少、技术装备程度也较低的技术。其特点,一是容纳和占用劳动力较多;二是资金占用较少。

(3)技术密集型技术。即机械化、自动化程度较高的技术。这种技术的突出特点,一是对技术熟练程度和科学技术知识要求较高,因而可以完成传统技术、常规技术无法完成的生产技术活动,取得比传统技术、常规技术更多的产品、成果;二是可以为国民经济各部门提供新技术、新材料、新能源、新工艺、新设备,并把劳动生产率提高到一个崭新的水平。

(4)知识密集型技术。即高度凝结先进的现代化技术成果的技术。这种技术的特点,一是从事这种技术活动的多是中高级科学、技术人员和经济管理人员,连操作人员也都需有较高的科学技术知识与管理知识;二是技术装备复杂、投资费用

高,但这种技术具有占有劳动力少、消耗材料少、环境污染少等特点。随着现代科学技术的迅猛发展,知识密集型技术有不断发展的趋势。

2. 从技术选择的角度可将技术划分为以下几类

(1)资金节约型技术。由于获得某种技术需要资金,有时还需利用利息压力比较大的外资,这里就有一个还本付息的问题,特别是利用外资时,若企业没有一定的创汇能力,产品不能出口,偿还外资就会遇到困难。这对于资金匮乏的企业来说是十分重要的问题。

(2)劳动占用密集型技术。这种技术对人口稠密、就业压力大的国家和地区来说,是发挥优势的一种途径,对我国更是一个在当前和今后一段时间内较为合适的技术选择领域。

(3)设备节能型技术。这对于节能国家或地区来说是较长时期的技术发展战略方向。

(4)资源消耗节约型技术。这也是今后技术发展的主要方向之一。尤其对那些资源短缺的国家和地区更应严格遵守,所选技术无论在原料、材料的消耗上,还是在辅助材料、替代材料消耗上,都应选用以节约资源型为主的技术。

(5)"三废"自我处理型技术。即在考虑技术结构、设备结构时,应尽量选用少"三废"或无"三废"型。少污染或无污染型的技术,即使出现"三废"也能自我处理。

(6)生产安全型技术。技术无论其先进程度如何,首要的条件是生产必须安全,离开了安全就失去了选择的真正意义。

上述两种技术选择类型的划分是从不同角度进行的,但都说明,选择技术是要有针对性的,要根据国情、国力、企业发展需要与可能进行因地制宜选择。

对拟建项目的技术评估,并不是要评估人员去重复技术可行性研究的内容,而是要在可行性研究的基础上,对可行性研究报告的技术内容进行再审查,并对其提出的各种技术方案进行比较选择,以确定最佳的技术方案,并且为财务数据估算提供比较完整、准确的数据。

5.1.3 技术评估中应重视的几个问题

技术评估是一项专业性强,难度较大的工作,为能对可行性研究报告中的技术论证作出公正、客观和正确的评价,应注意以下几个问题。

(一)资料的收集与整理

围绕评估对象收集有关资料,是进行技术评估的一项非常重要的基础工作。如可行性研究报告、工艺和设备方案及基本技术资料等。对收集到的资料,要分类整理,并应注意分析其可靠性和精确度。不可靠的资料或不正确的数据,会使评估工作失去实际意义,只是假数真算,从而无法达到评估的要求,并给后面的工作增添麻烦。因此,对认为不可靠的资料,最多只能仅供参考,而绝不可作为评估的依据。

(二)注意分析技术发展情况

项目的技术评估是对技术方案在整个寿命期可行性的预测。当前,现代科学技术正一日千里地朝着更大的深度和广度进军。新技术、新材料、新设备不断涌现。高技术和高技术产业也正在蓬勃兴起和日益发展。项目的技术评估首先应重视分析技术发展的趋势。那种项目建成之日便是其技术方法淘汰之时的情况不允许再发生。

分析项目技术发展情况,除认真研究国内外有关技术发展趋势的资料外,应重点分析和预测项目所用技术的寿命期。技术的寿命期同产品一样,一般分为投入期、发展期、成熟期与衰退期四个阶段。处于投入期和衰退期的技术,建设项目不能采用,应采用处于发展期和成熟期的技术。判断某技术在寿命期中所处的阶段,可根据新技术研究进展的状况来分析。譬如,项目拟采用的技术已经过鉴定、完成了中间实验并进入制造阶段,则是属于发展期的技术。

(三)明确技术评估的重点

建设项目涉及的技术问题通常十分广泛,评估时不可能,也没有必要对每一个技术问题都进行一番详细的分析论证。应通过分析明确评估的重点,以节省时间,提高评估质量。

一个项目中到底哪些是重点问题,哪些是一般问题,需要根据项目本身的具体情况确定。通常情况下,对工业建设项目,其工艺技术、工艺流程、生产设备、关键性的零配件等问题是技术评估的主要对象。某些对项目总体影响不大的一般性技术问题,如果可行性研究报告中已经予以明确,也可以不再进行评估。

5.2 工艺技术评估

随着现代工业技术的发展,采用一定的原材料生产某种产品,一般有多种生产方法。每种生产方法所使用的生产设备、生产工具和工艺制造过程各不相同。这就要求在项目设计时,通过对不同工艺技术方案的比较,选出拟建项目最适合的工艺技术方案。

工艺技术方案反映一个企业的生产水平。它对产品的质量、成本、产量等有直接的影响。采用先进的技术会获得更好的经济效果。新的工艺技术不断取代旧的工艺技术,这是现代科学技术发展的必然趋势,项目设计时当然不能选择那些已被淘汰或即被淘汰的工艺技术。虽然,强调技术上的先进性,并不能忽视经济上的合理性,必须全面地进行分析。对新技术、新工艺、设备必须经过生产实践鉴定合格后才能选用,以保证项目建成投产后能安全可靠地生产和获得预期的经济效益。

5.2.1 工艺方案审查原则

工艺是指工人利用生产工具,对各种原材料、半成品进行加工或处理,最后使之成为产成品的具体方法。工艺方案审查的目的,就是要确保生产过程技术方法的落实。工艺选择除遵循技术选择原则外,还有其特殊性。

(一)可靠性原则

可靠性指所选的工艺能获得预期效果。生产工艺不可靠,会给生产过程留下重大隐患,造成重大浪费和损失。因此,各种新技术、新工艺必须通过实验阶段,并且证明基本解决了应用技术问题,获得了权威机关通过的鉴定,才能进入生产阶段。

(二)适应性原则

工艺必须与可供材料的性能相适应,工艺不同,对所需原材料的性能要求也不同。一般说来,先进的工艺往往对原材料要求较高,因此,原材料有没有可靠来源,或者有原材料来源但质量不稳定,都会给工艺带来影响。同时,工艺必须与生产条件、生产环境相适应。一定的工艺总处于一定的环境中,某些行业,工艺选择对环境的要求比较苛刻,如电子、仪表产品对除尘有严格要求。在评估中,要检查、核实工艺对环境的具体要求,以免给以后生产留下隐患。

(三)经济性原则

工艺技术选择要注意资源、能源的节约。产品的生产工艺过程,是消耗原料生产产品的过程,即一种价值转化过程,因此工艺选择必须研究资源的利用效率。

(四)效益性原则

工艺技术应尽量满足综合利用,提高综合效益。综合效益包括纵向和横向两个方面。纵向一般指资源的多层次利用和深度开发,例如提高原油的加工深度;横向指其他利用途径的开拓,如利用煤渣造砖等等。

5.2.2 工艺技术方案的评价

(一)工艺技术方案评价的前提

进行工艺技术方案比较评估,其前提有:

(1)技术目标的一致性。即各种方案在技术目标上必须相同,否则没有比较意义。

(2)技术经济指标的一致性。在比较各种方案时,应以相同的技术经济指标为尺度,它们的含义、范围应该相同,否则无法进行估算比较。

(3)时间一致性。用来比较的方案,必须有相同的时间起点,时间不同,技术的实施环境就不一样,各种指标就会有很大差别。同时,按货币时间价值原理,不同时间的技术方案其经济效果也不一样。

(二)工艺技术评估的重点

在实际评估中,由于建设项目所涉及的技术问题十分复杂,评估人员没有必要也不可能对每个技术问题进行审查分析。为突出重点,工艺技术方案评估应认真遵循"先进适用、经济合理、安全可靠"的原则,并应充分注意以下几点要求。

1. 注意因地制宜,选择要有特点

一个建设项目,由于产品性质不同,原料来源不同,建设条件不同,在选择工艺技术方案时,应注意因地制宜,并针对产品特点选择工艺。

工艺技术方案的选择,首先,应与可能得到的主要原料结合起来考虑。原料来源与工艺技术方案往往是密切联系、互相影响的。需要综合起来考虑才有利于作出正确选择。有时原料可以决定采用的技术,有时原料取得的数量有限,也可能成为一种技术上的制约因素;其次,应从劳动和资金两种角度出发,根据具体情况选择适宜的技术。例如在缺乏劳动力的地区,选择相对资金密集的技术可能较合适。但劳动力较多时,则宜选择相对劳动密集的技术,以便提供较多的就业机会;再次,应注意当地对先进技术有效吸收的能力,不应选择超过自己技术吸收能力的技术。

工艺技术方案的选择,还要针对产品生产的不同特点。例如,有的产品变化快,适应性要强,工艺流程的选择就要有一定的灵活性和适应性。应能在一定范围内适应不同产品的加工要求。有的产品生产的劳动强度大,有的操作危险性大,有的调节频繁、非人力所及,则应注意采用机械化、自动化,以代替人工操作。还应注意到工厂生产过程自动化的特点。目前还不宜强调高度全盘自动化,而是注意讲求实效的局部自动化。

2. 正确处理技术引进问题

(1)技术引进的意义和方式。技术引进即技术输入。它有助于节省技术开发时间,可以用较低的费用取得较大约经济效益;有利于锻炼培养技术人才、提高人员素质,并能为产品打入国际市场创造条件;是增强技术经济实力,加速现代化建设,赶超经济发达国家的重要途径之一。其方式主要有许可证贸易、技术咨询和技术服务、合作生产、合资经营、补偿贸易、成套设备进口等,其内容不外乎"软件"和"硬件"两类。

(2)技术引进应注意的事项。拟建项目所需的各项技术,若国内不能解决或不易解决,可考虑引进技术,但不论采用何种引进方式,在技术上应注意以下几点。

①是否是我国不能生产的关键设备。自己可以设计制造的就不应引进。引进设备要注意尽可能减少成套设备进口,而只引进关键设备,并注意与国内配套平

衡。若不能配套就不能引进，暂时不能配套就暂缓引进。

②是否能有效地促使我国现有技术水平的提高。引进的技术必须先进适用，应和本单位的技术力量及管理水平相适应，能消化吸收和创新推广，提高自身开发新技术、新产品的能力。

③是否经济合理。技术引进有不同形式，必须因地制宜，认真比较各种形式的效果，使引进的技术能达到技术先进、经济合理、投资少、效益好，并有偿还能力的要求。为此，需要做好技术引进的准备工作，掌握国内外同类技术的成交价格，做到货比三家、择优成交，并切实搞好技术经济论证。

3. 必须通盘考虑项目设计各方面的要求

工艺技术方案的确定对整个项目设计具有决定性的影响，因此，选择工艺技术方案应注意通盘考虑项目设计其他各方面的要求。例如，选择工艺流程和设备时，应考虑能源的节省，不应采用耗能大的工艺、努力降低能源消耗，注意能源利用的合理性。又如，工艺技术方案选择应注意保护环境、防止污染的要求，尽量采用无污染或少污染的新技术。如采用闭路循环工艺，尽量不排废物；采用无氰电镀、无铬纯化、无砷脱炭、无汞仪表、干法印花等污染危害小的工艺技术；以无毒原料代替有毒原料或减少有毒原料用量的方法，来消灭或减少有毒物质的危害等。此外，工艺技术方案还应有利于做到生产流程顺畅、紧凑、尽量简化，力求缩短物料的运输距离，并充分考虑到设备安装、操作、检修和通行的方便。

选择工艺流程应注意的问题如下：

(1)需要根据产品的种类、特征和所用原料的特点来选择合理的工艺流程和设备型号。

(2)要处理好各工序之间、各车间之间的生产平衡问题，实现均衡生产，使各工序和车间之间的生产能力得到最佳的协调配合。

(3)应在保证产品质量的前提下尽量缩短工艺流程，以减少设备数量、节约投资、降低生产成本。

(4)工艺流程的选择同设备选型及车间的工艺布置应全盘考虑、互相配合，不应各自独立地分开进行。

(5)工艺流程的选择直接影响到原材料的利用、设备的选择、厂房的布置、产品的产量和质量以及生产的经营管理等，因此，选择时应搞好方案比较，选出合理方案。

5.2.3 工艺技术评估的方法

项目评估中，技术选择及审查评估一般使用下述方法。

(1)功能比较法。这种方法要求对实现技术目标的工艺、设备的各种技术功能进行比较分析,从中选择功能优胜者。功能的优劣一般可以通过技术参数高低体现。

(2)费用比较法。工艺技术在发挥作用时必然发生各种费用,于是可以比较各方案的营运成本,选取费用消耗最少者。

(3)查证核实法。即将各种重要参数和指标对照原始资料进行查证核实,分析可行性研究报告的科学性与真实性,得出符合实际情况的结论。

(4)评分分析法。一项技术往往有多种技术指标,在方案比较中有时难以得出结论。在这种情况下可采用评分法分别计算各方案总分,以总分多少来判断优劣。

5.3 设备方案评估

在对工艺流程评估后,就可以对所选用的设备进行分析评价。设备是各种机械的总称,工业企业的设备按其在生产中的作用,分为生产设备、辅助设备和服务设备。生产设备是直接生产产成品和半成品的设备,如化工行业的各种塔、炉、槽装置;机械行业的铸、锻、加工切削设备。辅助设备指直接保证完成工艺目标的各种设备,如动力设备、仪器仪表、运输设备、专用工具及检测设备等。服务设备指间接为生产服务的管理、安全、生产、生活设备。

5.3.1 设备选择的基本原则

在设备评估中,主要对生产设备和辅助设备进行分析评价。设备的选择一般取决于生产工艺流程和生产规模大小要求及对设备在供应、维修等方面的要求。在设计中,设备选择和确定工艺技术一样,也应与技术选择原则结合起来,主要有:

(1)设备选择,必须根据设计生产能力来确定。项目的生产能力是以设备额定生产能力来确定的,但二者又有不同的时候,在某些情况下,技术人员和管理人员采取一定措施适当调整设备的生产能力,同时也可能存在设备制造厂夸大生产能力,或项目组织者夸大项目生产能力的情况。因此,在设备检查评估中要认真核查提高生产能力的措施是否可行;设备达到设计生产能力所必须的条件是否具备等等。

(2)各工序工段设备生产能力的配置是否合理。理想的状况是工段设备工序、设备额定生产能力恰好等于拟建项目的设计生产能力,使前道工序的产出符合后道工序的投入要求。因此,必须审核各工序核定的设备台数是否合理、比例是否恰当,以避免各工序之间设备额定生产能力差距过大,导致资源的浪费。

(3)所选设备必须通过某种生产技术达到某种最佳生产能力的机械组合,对设备配套性的评估不但考核其量的配合性,还要考虑其质的适应性,即要求相互关联的设备、器具之间的数量、质量、各种技术指标及参数必须匹配。

（4）所选设备，无论是国内设备还是引进设备，都必须与本地本部门维修能力、维修水平相适应。设备的维修是相对的，一般来说，国内设备比国外设备维修性好；技术含量低的设备比技术含量高的设备维修性好。因此，必须根据项目单位的技术力量来确定适当的设备，除此之外，还应注意零配件的通用性。如果是引进设备，若国内无法生产还要落实未来零件的取得问题。

（5）设备的经济合理性。即设备在满足工艺要求的条件下，不仅要保证与生产能力相适应，而且要把各种耗费控制在最低水平。

（6）对所选设备，必须正确地分析设备的寿命周期。与工业产品一样，技术、设备也有寿命周期。任何一种设备和应用技术，都要经过导入、成长、成熟、饱和、滞销或衰退五个时期。导入时期的技术设备，一些基本技术问题尚未解决，有一定风险，建设项目不能采用；成长、成熟期的技术设备处于推广、应用和完善阶段，经济效果较好，拟建项目应该采用；衰退时期，新技术，新设备正在形成并将取代旧的技术设备，因而对滞销期的技术设备，拟建项目也不宜采用。

5.3.2 设备评估应注意的问题

（一）生产能力的吻合程度

设备与生产能力最好的吻合程度是各工序、工段设备额定生产能力恰好等于拟建项目的设计生产能力。但在现实生活中，这种吻合程度是很难达到的。一般情况下，设备的配置是以主导或主要设备的额定生产能力为标准确定的。另外，各工序的设备配置不仅要考虑项目的设计生产能力，而且还要考虑市场的适应性及生产品种、生产能力的变化。所以，设备与生产能力很难完全吻合，只能尽量地做到提高其利用率，使生产能力的浪费减少到最低程度。

（二）配套性

设备的配套性是指相关联的设备、器具之间数量、各种技术指标的参数的吻合程度，既包括量的吻合，也包括质的吻合。除了上述因素外，在评估中还要考虑设备对产品质量的保证程度、使用寿命、灵活性、经济性、安全性，等等。另外，还要注意设备选购的经济性和适用性。

5.3.3 设备选择的评估

设备的选择除了应考虑上述的基本原则和经济性外，还应从以下几个方面进行评估。

（一）设备的可靠性

设备的可靠性包括设备的稳定性、耐用性和安全性。

如果设备不稳定,在运转过程中经常发生故障,并造成大量的废品,这样的设备是不宜选用的。

使用年限长的设备,分摊的固定成本就少,可以降低产品成本。因此,一般应选用寿命长一些的设备。但是,考察设备的耐用性不能只看其物理寿命,还应注意其经济寿命。

机体单薄、振动大、泄漏有害气体、噪声高、易引起紧张和疲劳、易发生事故而又没有安全保护装置的设备,一般不应选用。

(二)设备的先进性

设备的先进性包括如下内容:

(1)设备的功效性。功效即指设备的功能和效率。不同的设备有不同的功效表达方式,如功率、行程、速度、转速等。考察设备的功效不仅要看其功效的高低,还应充分考虑项目的投资和规模、操作技术、维修、条件、材质、燃料等方面的制约。

(2)设备的节能性。能源消耗一般用机器单位开动时间的能源消耗量来表示,如汽车每公里耗油量。设备的这一指标越低,说明其节能性越好,应优先考虑。

(3)设备的环保性。环保性主要指设备的噪声和排放的有害物等是否达到国家环境保护的限制指标要求。对于不能达到要求的设备,应尽量避免使用,或采取相应的环保措施控制其对环境的污染。

(三)设备的成套性

成套设备对各工序、各设备、各环节间进行综合协调,基本上可以保证均衡生产,同时方便了订货,不必自己组织配套,应优先选用。

成套设备有多种形式:单机配套,即一台主机设备,附有工具、附件、部件、副机、控制系统;生产线配套,即全部生产过程的各种设备的配套,生产过程中局部生产线配套,如原料处理生产线、部件加工生产线、装配生产线、包装生产线、全过程的生产线等;项目配套,即一个完整的项目所需的各种设备、生产性装置、辅助性装置、控制性装置、吊运设备、通用设备、理化试验设备、检测设备以及能源动力设备等全部成套供应。采用不采用成套设备,以及采用哪一种成套形式,应从设备性能、可靠性、价格等方面进行综合分析。

在考虑设备配套时,为节省外汇,促进本国经济的发展,凡是国内可以配套的,应立足于国内。对于一些关键性的高精尖设备,国内一时还不能制造的,可以引进。但应尽快做到国内制造,并有改进和创造。

(四)设备的灵活性

设备的选择应兼顾未来变革和发展的可能性。比如,考虑到多品种生产的需要,使设备不至于因产品规格、型号的改变而不能使用,应选用具有多种加工性能的设备,使所选设备具有更大的适应性。又比如,对于建成投产后需要考虑第二乃至第三产品生产的项目,在进行设备选择时,可以留下扩充的余地。这种方案就当前的项目而言似乎投资过大,但从项目的发展来看却是经济合理的。

5.3.4 设备方案选择

(一)投资回收期法

设备的投资成本主要包括设备的价格、运输、安装等费用。在新设备投入使用之后,会由于提高劳动生产率,提高质量,降低能源消耗而带来投资节约额。把投资成本与年节约额相比,即可求得投资回收期。公式为

$$投资回收期(T) = \frac{投资额(I)}{年节约额(C)}$$

上式中,投资回收期越短,投资效果越好。在其他条件相向的情况下,投资回收期最短的设备可作为优选方案。

(二)差额投资分析法

差额投资分析法分为差额投资回收期法和差额投资内部收益率法。在方案比较时,往往采用差额投资回收期法。差额投资回收期法是将两个设备方案的运营成本的差额与设备投资的差额相比,计算差额投资回收年限。若估算年限少于预期投资回收期,则投资额大的方案为优;差额投资内部收益率法是计算两个备选方案的净现金流差额的内部收益率,如果大于基准折现率,则现金流大的方案为优选方案。

例5-1 某工业生产项目有两种主要设备方案A和B可供选择。方案A是主要技术和设备都从国外引进;方案B为全部选用国产设备。两个方案各有优缺点,A方案技术先进,设备性能和产品质量比B方案好,产品销售价格也略高,但设备购置费和维护成本要较B方案高。根据两个方案的具体条件,可通过经济因素的全面比较,即根据两个方案的建设投资、流动资金、销售收入、经营成本等估算数据,分别编制两个方案的项目财务现金流量表,在两个方案都能满足财务评价要求的前提下,比较两个方案净现金流量的差额,计算差额投资内部收益率,计算结果如表5-1所示。

表5-1 项目现金流量表(差额投资) 单位:万元

序号	比较项目	建设期		投资期		达产期	
		1	2	3	4	5~17	18
	生产负荷/%			70	100	100	100
1	A方案净现金流量	-9 828.5	-12 205	3 057	8 233	9 545	10 647
2	B方案净现金流量	-8 899	-10 894	2 798	7 866	8 976	9 966
3	差额净现金流量	-929.5	-1 311	259	367	569	681

根据差额投资现金流量表计算出来的差额投资内部收益率$\triangle FIRR = 19\%$，大于折现率12%，则现金流量大的方案为优选方案，故应选择 A 方案。

（三）投资收益率法

设备的投资收益率法考虑了设备的折旧，公式为

$$投资收益率(R) = \frac{投资总收益}{设备投资额(I)}$$

在其他条件相同的情况下，设备投资收益率高的设备是优选设备，应优先选用。

（四）费用效率分析法

费用效率分析法的基本原理是：在比选设备方案时，主要考虑设备系统效率和设备寿命周期总费用两个因素，以此计算出费用效率，用于各方案的比较。其计算公式为

$$费用效率 = \frac{系统效率}{寿命周期总费用}$$

式中，系统效率是指设备的营运效益，它既可用容易计量的产量、销售收入等指标来表示，也可用难以计量的各种功能（如启动性、舒适性、灵活性等）来表示，寿命周期总费用由设备购置费和营运费两部分构成。

5.3.5 项目技术总评估

项目技术总评估是根据技术评估的基本原则，在生产工艺评估和设备评估的基础上，并结合项目的性质、技术经济特点，对项目技术的先进适用性、经济合理性、安全可靠性进行综合分析和评价，作出技术评估结论，并针对技术上存在的问题提出建议和措施，为决策部门提供决策依据。

技术总评估的重点应是对国家、地区、行业有较大影响的技术问题和项目本身的主要技术问题，主要包括：

(1) 采用的技术是否符合国家、地区、行业的技术发展政策和规划；
(2) 技术来源的可靠性，是否是先进的成熟技术；
(3) 采用的技术能否保证产品的质量；
(4) 技术方案是否经济合理；
(5) 资源利用是否合理；
(6) 原材料、能源、配套件等是否适应技术方案的要求；
(7) 是否影响生态平衡、环保和人身安全和健康。

技术总评估应注意以下几个方面：

(1) 对项目可行性研究报告推荐的技术方案要进行多方案比较。在方案比较时，必须保证各技术方案在技术目标、实施时间、技术经济指标等方面具有可比性。

通过对比选择最佳方案。

(2) 根据项目的技术经济特点确定该项目的评估重点。例如，化学工业项目，其生产涉及高温、高压、真空等过程，工艺技术的可靠性应是评估的首要问题，化学工业可以对资源进行多种加工，就必须注意综合利用；化学工业能源消耗大，就应评估节能性；化学工业生产产生的有害物质特别多，环境保护、人身安全、劳动条件等就不容忽视。

(3) 正确处理技术的先进性、适用性、安全性、经济性之间的关系。技术的适用、安全是最基本原则，达不到要求的项目技术方案，不应采用，技术的先进和经济性出现矛盾时，应尽可能减少技术风险和经济风险，采取措施转化技术先进性和经济性之间的矛盾，选择最适用的方案。

(4) 对于选定的技术方案中存在的问题，应分清主次，提出改进措施和建议。

5.4 生产规模的评估

在项目评估中，确定拟建项目的生产规模，旨在为拟建项目规划合理的规模，使其达到规模经济。一般来讲，制约和决定项目生产规模的因素主要包括政府经济发展规划和产业政策、市场需求、工艺设备、资金和基本投入物、专业化分工与协作条件、其他建设因素及经济效益等。

5.4.1 生产规模的制约

(一) 政府经济发展规划和产业政策

1. 政府经济发展规划

政府经济发展规划是指各级政府一定时期的经济发展安排和规定。目前，我国已经确立了市场经济体制，在经济活动中以市场调节为主，但从宏观上还需要政府的调控。各级政府为了宏观经济的稳定和可持续发展，制定国家或地区的经济计划，如五年发展规划和十年远景规划等。这些规划中已经包括了许多投资项目，特别是有关国计民生的大中型项目。原则上，没有列入经济规划的投资项目，在规划期内不能实施；列入经济规划的投资项目，条件不成熟的也不能实施。列入经济规划的项目，不仅包括项目的名称、实施时间，而且也包括项目的规模，所以，在确定拟建项目的生产规模时，一定要考虑政府制定的经济规划。

2. 国家产业政策

制定产业政策是国家加强和改善宏观调控，有效调整和优化产业结构，提高产业素质，促进国民经济持续、快速、健康发展的重要手段。产业政策包括产业结构政策、产业组织政策、产业技术政策和产业布局政策，以及其他对产业发展有重大影响的政策和法规;确定拟建项目的生产规模要考虑国家产业政策,主要是按照产业政策所规定的投资项目的经济规模标准作为项目的最低生产规模。在我国,投资项目小型化、分散化是工业企业达不到规模经济、生产效率低下的主要原因之一。为此,国家产业政策对部分规模效益比较显著、市场供需矛盾比较突出的热点产品规定了实施固定资产投资项目的经济规模标准,如1994年3月25日国务院第16次常务会议通过的《90年代国家产业政策纲要》规定了17类项目的经济规模标准(年生产能力)。这里要注意的是,各个产业的经济规模会随着技术的进步而有所变化,如乙烯生产项目,在我国1994年通过的《90年代国家产业政策纲要》中规定的经济规模标准是30万吨及以上,而从目前来看,经济规模标准应当是100万吨及以上;再如,小汽车生产的经济规模标准是15万辆及以上,而从目前来看,经济规模标准应当是30万辆及以上。

(二)市场需求

市场决定项目的命运,项目产品有市场,才有必要实施该项目。市场潜在的需求量有多大,项目的生产规模就应按这个量来确定,这样,才能保证项目的顺利实施和正常生产,才不至于浪费有限资源。项目评估人员在确定拟建项目的生产规模时,必须对市场分析的结果进行研究,分析项目产品的市场供求关系,并把市场需求量作为制约和决定项目生产规模的重要因素。一般来讲,在市场分析阶段,通过市场调查和预测,已经明确了项目产品的市场供求情况及市场需求量。如果项目产品无市场,或者市场需求量很小,在市场分析阶段就已经否定了项目,则谈不上确定生产规模的问题;如果项目产品有一定的市场需求量,就要根据规模经济理论,参照这个需求量及其他制约项目生产规模的因素,确定拟建项目的生产规模。

(三)工艺设备

在不同的工业部门中,可供使用的加工工艺和设备通常已按某种生产能力标准化了,例如,一条装配汽车的生产线或生产电视机、电冰箱等的生产线,它有额定的生产能力,并且受产业政策和其他有关政策及规定的制约,越来越向标准化的大型工艺和设备发展,确定拟建项目的生产规模要与此相适应。如果标准化的工艺和设备可以适用于较低的生产规模,但可能不在规模经济区间,那么可以采用各种各样的组合方式来确定拟建项目的生产规模,使其达到规模经济。这种组合方式并不完全取决于标准化的工艺和设备,还受其他生产规模的制约和决定因素的限制。

(四)资金和基本投入物

资金的短缺和基本投入物来源的匮乏都可能限制拟建项目的规模,并且往往是限制拟建项目生产规模的重要因素。

1. 资金

无论在什么时候,可用于投资的资金总是有限的,有时是非常短缺的,资金供给量的大小与确定多大的生产规模密切相关,即使是在工艺和设备的选择上进行了充分的比较和遴选,能节约的资金也是很有限的。资金的有限性表现在自有资金不足,银根紧缩时又难以得到金融的支持。如果项目所需的设备和投入物全部或部分需要从国外进口,又会受到外汇供给的限制。没有资金的支持,无论确定什么样的生产规模都是难以实现的。

2. 基本投入物

项目的基本投入物是指用于项目经营的主要原材料、中间产品和主要的燃料及动力等。在一定时期,资源的需求和资源的供给往往会发生矛盾,因为对资源的需求是无限的,而资源的供给又总是有限的,这就是资源的稀缺性。项目所需的基本投入物来源可能受到三个方面的限制:一是总的供应量满足不了项目的需要。项目所需的基本投入物种类比较多,有些基本投入物的供给量相对比较大,不会影响项目生产规模的确定,而有些或某种重要的基本投入物可能供给不足,在生产工艺、产品方案一定的条件下,这些基本投入物的供给就成了选择项目生产规模的一个重要因素。二是基本投入物的质量满足不了项目的要求。在一定的生产工艺、设备和产品方案的条件下,对基本投入物的质量有比较严格的要求,有些基本投入物可能在数量上能满足供应,但质量上满足不了项目的要求。当然,如果全部基本投入物或部分基本投入物的质量满足不了项目的要求,那该项目的技术、工艺和设备的选择就是错误的,项目不可行。这里讲的是在这些技术条件一定的条件下,可供基本投入物能满足质量要求的数量,这也是确定项目生产规模必须考虑的因素。三是使用基本投入物的成本问题。虽然基本投入物的质和量都能满足项目的要求,但可能有些基本投入物因运距长、运输成本高而影响项目的生产规模。项目所需基本投入物,可能供应地比较集中,在一定的区域范围内基本可以解决,也可能项目消耗的某种基本投入物的量比较大,由许多厂家供应,而这些厂家又比较分散,或者可能从国外进口全部或部分,这就要考虑运输成本问题。这些都是确定生产规模应考虑的因素。

(五)专业化分工与协作条件

现代化的工业分工越来越细,专业化水平越来越高,那些大而全(或小而全)的企业,已不能适应形势发展的需要。这就是说,一个项目往往不是独立的,需要有许多企业或单位协作配套,才能在投产后正常发挥作用,如有提供原、辅材料的配套,还有生产零部件的配套等。所以,确定项目的拟建规模要充分考虑协作配套条件,即项目的规模与协作配套的量相适应。规模过小,浪费了资源,协作配套企业或单位的能力或效益不能充分发挥出来;规模过大,项目的生产能力利用率低,也同样浪费了资源。

（六）其他因素

其他因素包括土地、交通、通信、环境保护等。这些因素从不同的方面制约着项目的生产规模。我国的耕地少，而项目建设需要使用土地。一方面，确定的生产规模要尽可能少地占用土地；另一方面，确定生产规模要考虑可能供给的土地面积和土地的质量。交通、通信等都属于基础产业，而基础产业一直是我国的"瓶颈"产业，发展相对滞后，建设现代化的工业项目，确定生产规模时也不得不考虑这些方面的制约。环境保护问题在我国也越来越受到重视，不同的生产规模对环境的影响也是不同的，对因项目投产而产生的"三废"，国家规定有排放标准，确定项目的生产规模必须考虑这个因素。

（七）经济效益

经济效益是制约和决定项目生产规模的关键因素。在可行性研究和项目评估中按照经济效益的高低，通常可以把项目生产规模分为以下四种类型。

(1) 亏损规模。亏损规模就是销售收入小于总成本费用的规模。

(2) 起始规模。起始规模即最小经济规模，就是销售收入等于总成本费用的保本最小规模。

(3) 合理经济规模。合理经济规模即适宜经济规模，就是销售收入大于总成本费用，并保证一定盈利水平的生产规模。

(4) 最佳经济规模。最佳经济规模就是能够产生最大经济效益的生产规模。

从以上四种类型的规模看出，第四种规模是最理想的规模，拟建项目的生产规模最好能达到这个水平。但是，出于受许多因素的限制，这种规模一般很难达到，而第一种和第二种规模都不能选择。因此，在一般情况下，第三种规模是应当优先考虑的。

建设项目的生产规模可用两种方式表达：一是可行性研究或设计任务书规定的全部设计生产能力；二是国家或建设单位为形成新的固定资产所花费的资金总额。在评价生产规模时往往更倾向于用前一种表达方式。

5.4.2 规模经济

（一）规范经济

所谓规模经济，是指企业在一定的范围内扩大生产规模而使单位生产成本下降获得的效益。规模经济通常有几个层次，如企业规模经济、公司规模经济、部门或行业规模经济，企业规模经济称厂内规模经济，后两个层次称厂外规模经济。项目评估中研究的是企业的规模经济。

项目的规模大小不是绝对的，由于行业、时间、地点、条件不同，经济规模是不一样的。当企业的生产规模过小，产品中的固定成本高。总成本大于收入，企业亏损;随着产量增加,出现第一个盈亏平衡点,这时再增加产量,企业开始盈利,随后盈利不断增加,达到一种最佳状态。但生产规模并不是越大越好,大到一定程度,经济效益反而下降,再扩大规模,这时会出现第二个盈亏平衡点,直至出现亏损。其原因在于规模过大,各方面的费用支出迅速增加,例如废品率提高,市场的承受能力有限及运输不畅通,原材料供应困难,产成品积压严重,各种因素交织一起,管理费用将大大增加,最后适得其反,成了规模不经济。项目评估中所要研究的规模经济,实际上是寻求最佳的经济规模,也就是合适的生产规模问题。

例如,钢铁产量在20世纪50年代的经济规模为500万吨/年,到90年代,其年产量要达到1 000万吨才属经济规模。现阶段,汽车年产50~60万辆,乙烯30万吨、烧碱5万吨(离子膜法10万吨)、合成氨30万吨,与之配套的尿素52万吨都属于经济规模。

(二)经济规模的确定方法

不管影响规模经济有哪些因素,最终都要落实到经济规模与经济效果的关系上来。因此通过对两者之间关系的分析,就有可能揭示出一些带有规律性的东西来。在一定约束条件下,确定项目的经济规模的方法可从多种角度描述,有关刊物及资料多有报道,以下介绍几种有参考价值的方法。

1. 用规模效果曲线确定经济规模

在实际生产中,总成本、销售收入与生产规模不太可能是线性关系,而是如图5-1的形式。它描绘了随着生产规模的扩大,项目的销售收入与成本的变化情况,我们称之为规模效果曲线。在图5-1中,当生产规模处于 Q_1、Q_2 点时,总成本与销售收入相等,项目处于盈亏平衡状态;当生产规模小于 Q_1 或大于 Q_2 时,项目将亏损;项目处在 Q_1 与 Q_2 点之间的生产规模,属于盈利规模;生产规模处于 Q^* 点

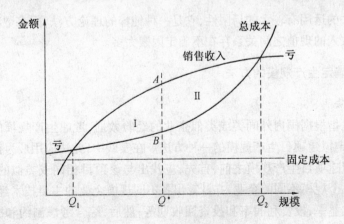

图5-1 规模经济曲线图

时,销售收入与总成本差额最大,这一点为最佳盈利状态,Q^* 点为经济规模点。当规模从 Q_1 增加到 Q^* 时,(即图中区域 I),销售收入增加的幅度大于生产成本增加的幅度,并且两者的差距在增大,这一区间称为规模经济区。当规模从 Q^* 增加到 Q_2 时,情况正相反,故区域 II 为规模不经济区。

从以上分析可知道,项目规模的选择应确定在 Q^* 附近,在此范围可取得良好的规模经济效果。

绘制规模经济曲线是应用该方法的关键之处。对此,可以根据各行业统计的规模-效益数据来绘制,虽然有一定的约束条件,比如价格方面的问题,但只要进行合适的调整,方法是简单的。

2. 用净现值最大准则确定经济规模

在不考虑其他非经济目标的情况下,项目追求的目标可以简化为同等条件下净盈利的最大化,而净现值就是反映这种净盈利的目标。

由于生产规模的大小与投资紧密相关,最佳投资规模实际就是项目获得最大净现值的投资规模。设项目投资现值为 K_p,项目寿命期内各年净收益为 NC_t,各年净收益的现值之和为

$$NC_p = \sum_{i=1}^{n} NC_I (1 + i_c)^{-1} \qquad (5-1)$$

净现值的表达式可以写为

$$NPV = NC_p - K_p \qquad (5-2)$$

显然,NC_p 与 K_p 存在某种函数关系。按照前述规模经济原理,随着投资规模的增加,边际投资带来的边际净收益现值开始递增,超过最佳投资规模后增长率递减。

这种方法的运用有较大的局限性,它是一种纯粹的理论方法,因多数项目的投资现值与净收入的现值之间关系存在不确定因素太多。

5.4.3 确定生产规模的方法

一、经验法

经验法是指根据国内外同类或类似企业的经验数据,考虑生产规模的制约和决定因素,确定拟建项目生产规模的一种方法。在实践中,此法应用最为普遍。

在确定拟建项目生产规模之前,首先,应找出与该项目相同或类似的企业,特别是要找出几个规模不同的企业,并计算出各不同规模企业的主要技术经济指标,如财务内部收益率、投资利润率和投资回收期等;然后,综合考虑制约和决定该项目拟建生产规模的各种因素,确定一个适当的规模。

例如,拟建一个生产××产品的项目,同类企业的生产规模是年产 40 万台、60

万台、100万台、200万台、300万台和400万台。通过调查并计算,已知各种规模企业的投资和财务内部收益率数据如表5-2所示。

表5-2 各种规模企业的投资和财务内部收效率

生产规模/(万台·年$^{-1}$)	40	60	100	200	300	400
投资额/万元	10 000	13 000	16 000	22 000	27 000	31 000
财务内部收益率/%	9.30	10.55	15.45	21.60	27.80	27.20

通过表5-2可以看出,年产300万台的规模是最佳生产规模,但需要的投资比较大,约需要27 000万元人民币。通过对影响生产规模的各种制约与决定因素进行研究,除资金供给和市场需求因素以外,其他方面都是适应的。该拟建项目可能筹措到的资金只有15 600万元人民币,只适应于年产100万台的生产规模。另外,从市场需求情况看,该项目可能的市场份额在100万~150万台之间,也只能选择年产100万台的规模。当然,年产100万台的规模,内部收益率达到15.45%,收益水平也是比较高的,可以接受。

(二)"生存技术"法

用"生存技术"确定生产规模的方法也可以称为经验方法,但它又不同于前述的根据同类或类似企业的经验数据确定拟建项目生产规模的方法。另外,使用该种方法对项目评估人员的要求也比较高。

用"生存技术"确定最佳生产规模的方法由诺贝尔经济学奖获得者乔治·施蒂格勒提出。他认为,由于企业拥有的资源质量不同,所以相异的规模也可能同样经济,在现实中,一个企业的活力和发展压力并不仅仅甚至不是主要取决于生产方面的成本条件,而是在于企业能否通过合理地观察数据,灵活地适应技术和市场变化的能力,这时,存活能力非常重要。"生存技术"法的实质是:凡是在长期竞争中得以生存的规模都是最佳规模。乔治·施蒂格勒用这种"生存技术"对美国制造业的情况进行了考察,发现最佳规模是个范围非常大的领域,即多种规模都是最佳的。其中,决定企业规模的主要因素是工厂规模和技术复杂程度。

(三)利润分析法

该方法是指用单位资产税后利润的大小比较确定最优生产规模。运用这种方法需要分析同类企业不同规模的利润,即应参照已有企业的规模情况。该方法的优点是具有较丰富的数据资料,但由于其是根据利润的大小确定的生产规模,而利润的大小并不仅仅取决于生产规模,还有一些其他影响因素,如市场的竞争、国家的税收、折旧政策和办法、企业领导的素质和能力等。

(四)成本分析法

这种方法是运用同类企业成本的统计数据,建立企业的长期平均费用曲线,并通过与同类企业的该曲线比较来排除其他一些因素,最后确定本行业最佳的经济规模,以此作为项目规模的参考。运用这种方法应搜集大量的同类企业数据。

5.4.4 确定项目生产规模应注意的问题

第一,行业性质不同,生产规模确定方法也不完全相同。上述介绍的确定合理生产规模的方法,是从一般意义上来说明的。在实践中,各行业往往会采取一些简单易行的方法,如矿山规模可根据矿床储量规模和服务年限指标等按公式"矿山规模＝矿床工业储量或可采矿量/矿山服务年限"直接确定。在应用时需注意,根据行业特点选用简单方法来确定项目生产规模虽然方便,但是其确定的生产规模不一定是合理经济规模,需要结合项目自身所处具体环境和具备的具体条件综合分析,做出选择。

另外,随着规模经济理论的发展,通过几十年实际工作的应用和探索,我国已在一些行业和生产领域确定了拟建项目的最低生产规模,其目的是为了防止由于投资项目小型化、分散化而达不到规模经济、生产效率低下,如炼油项目的最低生产规模为 500 万吨,重型货车项目的最低生产规模为 1 万辆。

第二,对于大中型项目,由于投资大、周期长,有些项目可能会采用分期建设、分期投产的方式来降低风险,在短期内形成生产能力,取得一定的经济效益。所以,在确定这类项目生产规模时要慎重考虑有无分期建设的可能性。换言之,合理经济规模的选择应分别考虑整体生产规模和分期生产规模的经济性。

第三,项目的设计生产能力通常是指项目满负荷生产时的最大生产能力,选择生产规模时也通常是以最大生产能力为标准确定生产规模的。因此,当项目产品方案在投产后变动的可能性较大时,需要慎重选择生产规模。

第四,运用前述方法确定生产规模时,要综合考虑影响项目生产规模的各种因素。项目合理生产规模的确定,难点并不是这些具体的方法,尽管理论上这种最优或最佳的生产规模是存在的,但在实际过程中却很难通过上述方法找到一个最优的生产规模,所以在选择拟建项目生产规模时,要充分考虑影响生产规模的各种因素,力求确定一个合理适度的生产规模。

第五,随着经济的发展,生产技术水平不断提高,市场供需状况不断变化,适度规模的标准也在变化。因此,在项目规划中应该审时度势,注意项目规模的发展方向,适当留有余地。

5.5 节能分析

5.5.1 项目节能分析的重要意义

(一)节约能源是我国的一项长期战略任务

能源一般分为一次能源和二次能源。煤、石油、天然气等,没有经过加工或转换,称为一次能源;煤气、电力、汽油、煤油、焦炭等,是在一次能源基础上经过加工转换而来的,称为二次能源。我国人口众多,能源资源相对不足,人均拥有量远低于世界平均水平。由于我国正处在新型工业化和城镇化的加快发展阶段,能源消耗强度较高,消费规模不断扩大,特别是高投入、高消耗、高污染的粗放型经济增长方式,加剧了能源供求矛盾和环境污染状况。能源问题已经成为制约经济和社会发展的重要因素,要从战略和全局的高度,充分认识做好能源工作的重要性,高度重视能源安全,实现能源的可持续发展。解决我国能源问题,根本出路是坚持开发与节约并举、节约优先的方针,大力推进节能降耗,提高能源利用效率。所谓节约能源,是指通过技术进步、合理利用、科学管理和经济结构合理化等,以最小的能源消耗取得最大的经济效益。节能是缓解能源约束,减轻环境压力,保障经济安全,实现全面建设小康社会目标和可持续发展的必然选择,体现了科学发展观的本质要求,是一项长期的战略任务。

(二)项目节能是节能工作的重要内容

项目的实施具有一次性和不可逆性,因此,立项把关不仅要全面衡量项目建议书的经济型、技术性,同时要自立项审核,开始监督节能的执行直至项目结束。2006年8月6日,国务院发布了《关于加强节能工作的决定》。第二十三条规定:"建立固定资产投资项目节能评估和审查制度。有关部门和地方人民政府要对固定资产项目进行节能评估和审查。对未进行节能审查或未能通过节能审查的项目一律不得审批、核准,从源头杜绝能源的浪费。对擅自批准项目建设的,要依法依规追究直接责任人的责任。"

因此,加强项目节能工作是深入贯彻科学发展观、落实节约资源基本国策、建设节约型和和谐社会的一项重要措施,也是国民经济和社会发展一项长远战略方针和紧迫任务。固定资产投资项目节能评估和审查工作是加强节能工作的重要组成部分,对合理利用能源、提高能源利用效率、从源头上杜绝能源的浪费、促进产业结构调整和产业升级具有重要意义。

5.5.2 项目建设节能的原则和要求

（一）项目的建设方案设计要体现合理利用和节约能源的方针

节能是我国发展经济的一项长远战略方针。1997 年公布施行的《中华人民共和国节约能源法》是我国关于节约能源的基本大法。该法明确要求："国务院和省、自治区、直辖市人民政府应当在基本建设、技术改造资金中安排节能资金，用于支持能源的合理利用以及新能源和可再生能源的开发"，"固定资产投资项目的可行性研究报告，应当包括合理利用能源的专题论证。固定资产投资项目的设计和建设，应当遵守合理用能标准和节能设计规范"，"达不到合理用能标准和节能设计规范的项目，依法审批机关不得批准建设；项目建成后，达不到合理用能标准和节能设计规范要求的，不予验收"，"禁止新建技术落后、耗能过高、严重浪费能源的工业项目"，"对落后的能源、过高的用能产品、设备实行淘汰制度"。

项目的建设方案应按照上述法规的要求，依据国家和行业有关节能的标准和规范合理设计，起到提高能源利用效率，促进国民经济向节能型发展的作用。在项目评估时，应分析项目可行性研究报告中是否包括合理用能的专题论证。

（二）考察可行性研究报告中是否单列"节能篇"

早在 1992 年，国家计委、国务院经贸办、建设部就规定基本建设和技术改造工程项目可行性研究报告要增列"节能篇"。1997 年国家计委、国家经贸委、建设部重新发布了《关于固定资产投资工程项目可行性研究报告"节能篇"编制及评估的规定》，规定固定资产投资工程项目可行性研究报告必须包括"节能篇"。

2006 年 12 月 12 日，根据《国务院关于加强节能工作的决定》，国家发展和改革委员会发布了《关于加强固定资产投资项目节能评估和审查工作的通知》，就加强固定资产投资项目节能评估和审查工作有关问题做了有关规定：

（1）国家发展和改革委员会审批、核准和报请国务院审批、核准的固定资产投资项目，可行性研究报告或项目申请报告必须包括节能分析篇；咨询评估单位的评估报告必须包括对节能分析篇的评估意见；国家发展和改革委员会的批复文件或报国务院的请示文件必须包括对节能分析篇的批复或请示内容。

（2）地方政府审批、核准的项目节能和审查要求。地方政府有关部门可参照国家发展和改革委员会审批、核准项目的要求，制定本地区的固定资产投资项目节能评估和审查方法，结合现有固定资产投资项目的审批、核准程序，依据国家和地方的合理用能标准和节能设计规范，开展节能评估和审查工作。

（3）对未进行节能审查或未通过节能审查的项目一律不得审批、核准，更不得开工建设。对擅自批准项目建设或不按照节能审查批复意见建设的，要追究直接责任人的责任。触犯法律的，要依法给予处罚。

因此,项目评估时,应严格审查项目可行性研究报告是否有"节能篇"。

(三)"节能篇"的内容应符合有关规定

《关于加强固定资产投资项目节能评估和审查工作的通知》对"节能篇"的内容和深度做出了明确的规定。要求节能分析篇的编写、咨询评估机构的评估和国家发展和改革委员会的审查都要本着合理利用能源、提高能源利用效率的原则,依据国家合理用能标准和节能设计规范进行。

节能分析篇应包括项目应遵循的合理用能标准及节能设计规范;建设项目能源消耗种类和数量分析;项目所在地能源供应状况分析;能耗指标;节能措施和节能效果分析等内容。

在项目评估时,应严格考察项目可行性研究报告的"节能篇"的内容是否符合有关规定。

(四)节能方案的技术要求

分析节能方案是否符合相关建设标准、技术标准。为贯彻落实《国务院关于加强节能工作的决定》和国家发改委《关于加强固定资产投资项目节能评估和审查工作的通知》精神,做好固定资产投资项目的节能评估和审查工作,国家发改委对开展固定资产投资项目节能评估和审查现有可依据的相关法律法规、产业和技术政策、标准和设计规范进行了收集、整理。在此基础上,编制了《固定资产投资项目节能评估和审查指南》,为建设项目进行节能评估提供了重要依据。对于有的标准标龄较长,个别指标落后于当前实际的情况,国家发改委正在组织有关单位抓紧标准的制定工作。因此,主要产品能源单耗指标要以国内先进能耗水平或参照国际先进水平作为设计依据。

5.5.3 节能措施

(一)节能措施

节能措施包括以下内容:

(1)拟建项目的主要工艺流程应采用节能型新技术、新工艺,不得选用已公布淘汰的机电产品,国家产业政策限制内的产业序列和规模量;新工艺、新技术采取的节能措施及其节能效果;主要工艺设备的能效指标。

(2)主要耗能设备和换热设备的热效率和热力指标。

(3)回收利用生产过程中余热、余压及放散可燃气体热能。

(4)对炉窑、工艺物料及热力管网系统采取保温措施,减少热量损失,降低能源消耗。

(5)能源计量仪表配置情况。

(6)供、变电系统的能效指标和节电措施,泵类、风机、空压机和空调、制冷设备等通用机械设备的能效指标；照明、空调、热水等系统的节能措施，建筑结构的保温隔热措施；

(7)其他能耗和节能措施等。

（二）项目能耗指标分析

(1)主要能耗设备。明确项目的主要能耗设备。

(2)分析项目的年综合能耗、分品种产物能耗总量、单位产品综合能耗、可比能耗、按单一能源品种考核的实物单位能耗、主要工序单位能耗。

建设项目能源消耗种类和数量分析，主要包括分品种实物能耗总量、综合能耗总量、单位产品综合能耗、可比能耗、按单一能源品种考核的实物单耗、主要工序单耗等。

(3)能耗分析。单位产品能耗、主要工序能耗指标国际国内对比分析，设计指标应达同行业国内先进水平，有条件的重点产品应达国际先进水平。

(4)节能效果分析。主要包括节能初步方案，节能前后的能耗指标分析，以及节能总量和单位能耗指标水平。

5.6 节水分析

全面节水是缓解水资源短缺的重要途径，是关系到我国实现资源永续利用、经济和社会可持续发展的一项战略任务。1988年颁布《中华人民共和国水法》，1993年国家实行取水许可证制度，从此结束无序取水的历史，标志着我国水资源管理进入法制化阶段。2002年5月国家计委和水利部颁布《建设项目水资源论证管理办法》，实行更加严格的水资源政策，要求项目建设必须充分评估水资源的承受能力，合理使用水资源。

5.6.1 项目建设节水的要求

(1)按照《建设项目水资源论证管理办法》的规定，从2002年5月1日起，凡是直接从江河、湖泊或地下取水的新建、改建、扩建的建设项目，如需申请取水许可证，必须委托有相应资质的单位，对其进行水资源论证，如取水水源有无保证、用水是否高效合理、是否符合节水要求、对其他用水户权益是否产生影响等，作为水行政主管部门审批取水许可证的依据。

(2)必须依据国家和地方政府制定的主要行业用水定额标准，合理确定建设项目的用水量。

(3)应按照政府提出的工业用水重复利用率、污水处理率的要求，采取有效的技术措施，提高水的重复利用率，降低水的消耗量。国务院2007年6月印发的发改委会同有关部门制定的《节能减排综合性工作方案》,明确了实现节能减排的目标任务和总体要求,到 2010 年全国城市污水处理率不低于 70%,单位工业增加值用水量在 2005 年基础上降低 30%。

5.6.2 节水措施

新建、扩建、改建建设项目,应当配套建设节水设施。节水设施应当与主体工程同时设计、同时施工、同时投入使用。大耗水工业和其他大耗水建设项目,在项目可行性研究报告中应当包含合理用水的专题论证内容。

(1) 项目建设应与水资源承载能力相适应。国民经济和社会发展规划、城市总体规划、重大建设项目和产业结构布局,应当与水资源承载能力相适应,严格控制高耗水项目,积极发展节水型项目。

(2) 采取有效措施提高水资源利用率。项目建设应当采用高效节水型新工艺、新技术、新设备、新材料,推行清洁生产。生产设备冷却、锅炉冷凝以及洗涤等用水应当循环使用、综合利用,降低单位产品产出的平均耗水量。

(3) 提高工业用水回收率和重复利用率。推广一水多用、循环利用、逆流回用等节约用水措施。工业用水重复利用率不得低于国家或者地区规定的要求。如建设中水回用系统,所谓中水回用系统是指建筑物或者建筑小区内将排水经过收集、储存和处理,用于生活中冲厕、洗车、浇灌植物、喷洒地坪等低水质用水的新型水管系统。

(4) 提高再生水回收率。积极稳妥地推行再生水利用,也是节水的措施之一,是缓解水资源短缺的有效途径,特别对资源短缺地区尤为重要。再生水,是指污水和废水经过处理,水质得到改善,符合国家规定标准的水质要求,可以在一定范围内使用的非饮用水。工业和市政污水经过处理后,根据回用水的用途和水质要求,有针对性地再进行补充处理,作为再生水资源用于农业灌溉用水、工业冷却水或工艺生产用水以及其他用水。有条件的项目可以考虑综合利用雨水、海水、微咸水。

5.6.3 水耗指标分析

水耗指标分析是采用节水措施后,对拟建项目的水资源消耗量进行分析,计算单位产品的耗水量,对水耗指标和水的重复利用率分析对比。水耗指标一般应达到国内外同行业先进水平,水的重复利用率应达到国家和当地政府规定的指标。

技术改造项目,应详细说明企业水资源利用现状以及改造后提高水资源利用率的效果。

第6章 财务效益与费用估算

本章提要:财务效益与费用估算是财务效益评估的重要基础,其估算的准确性与可靠程度直接影响财务分析结论。本章阐述了建设投资构成以及其估算方法,建设期利息的构成与估算,流动资金的构成及其估算方法;叙述了总成本费用的构成及估算方法;分析了销售收入与销售税金及附加估算,利润总额及其分配估算方法。学习本章能够掌握财务效益与费用估算内容和方法,为学习财务效益评估奠定基础。

6.1 财务效益与费用估算概述

6.1.1 财务效益与费用估算基本原则

(一)财务效益与费用估算应注意遵守现行财务、会计以及税收制度的规定

由于财务效益与费用的识别和估算是对未来情况的预测,经济评价中允许有别于财会制度的处理,但是要求财务效益与费用的识别和估算在总体上与会计准则和会计以及税收制度相适应。

(二)财务效益与费用估算应遵守有无对比的原则

"有无对比"是国际上项目评价中通用的效益与费用识别的基本原则,与项目评价的许多方面一样,财务效益与费用的识别和估算同样需要遵循这条原则。所谓"有项目"是指实施项目后的未来状况,"无项目"是指不实施项目时的将来状况。在识别项目的效益与费用时,须注意只有"有无对比"的差额部分才是由于项目的建设增加的效益与费用。采用有无对比的方法,是为了识别那些真正应该算作项目效益的部分,即增量效益,排除那些由于其他原因产生的效益;同时也要找出与增量效益相对应的增量费用,只有这样才能真正体现项目投资的净效益。

(三)财务效益与费用估算范围应体现效益与费用对应一致的原则

即在合理确定的项目范围内,对等地估算财务主体的直接效益以及相应的直接费用,避免高估或低估项目的净效益。

(四)财务效益与费用的估算科学性原则

即根据项目性质、类别和行业特点,明确相关的政策和其他依据,选取适宜的方法,进行文字说明,并编制相关表格。

(五)财务效益与费用的估算步骤应该与财务分析的步骤相匹配

在进行融资前分析时,应先估算独立于融资方案的建设投资和营业收入,然后是经营成本和流动资金。在进行融资后分析时,应先确定初步融资方案,然后估算建设期利息,进而完成固定资产原值的估算,通过还本付息计算求得运营期各年利息,最终完成总成本费用的估算。

6.1.2 财务效益与费用估算的内容

项目的财务效益与项目目标有直接的关系,项目目标不同,财务效益包含的内容也不同。

市场化运作的经营性项目,项目目标是通过销售产品或提供服务实现盈利,其财务效益主要是指所获取的营业收入。对于某些国家鼓励发展的经营性项目,可以获得增值税的优惠。按照有关会计及税收制度,先征后返的增值税应记做补贴收入,作为财务效益进行核算。

财务分析中应根据国家规定的优惠范围落实是否可采用这些优惠政策。对先征后返的增值税,财务分析中可做有别于实际的处理,不考虑"征"和"返"的时间差。

对于以提供公共产品服务于社会或以保护环境等为目标的非经营性项目,往往没有直接的营业收入,也就没有直接的财务效益。这类项目需要政府提供补贴才能维持正常运转,应将补贴作为项目的财务效益,通过预算平衡计算所需要补贴的数额。

对于为社会提供准公共产品或服务,且运营维护采用经营方式的项目,如市政公用设施项目、交通、电力项目等,其产出价格往往受到政府管制,营业收入可能基本满足或不能满足补偿成本的要求,有些需要在政府提供补贴的情况下才具有财务生存能力。因此,这类项目的财务效益包括营业收入和补贴收入。

对于非经营项目,无论是否有营业收入都需要估算费用。对于没有营业收入的项目,费用估算更显重要,可以用于计算单位功能费用指标,进行方案比选;还可以用来进行财务生存能力分析等。

6.1.3 财务效益与费用估算采用的价格

(一)应考虑价格总水平变动因素

选取财务效益与费用价格时应正确处理价格总水平变动因素,原则上盈利能力分析应考虑相对价格变化,而偿债能力分析应同时考虑相对价格变化和价格总水平变动的影响。为简化起见,可做如下处理:

(1)在建设期间既要考虑价格总水平变动,又要考虑相对价格变化。在建设投资估算总价格水平变动是通过涨价预备费来体现。

(2)项目运营期内,一般情况下盈利能力分析和偿债能力分析可以采用同一套价格,即预测的运营期价格。

(3)项目运营期内,可根据此项目的具体情况,选用固定价格(项目经营期内各年价格不变)或考虑相对价格变化的变动价格(项目运营期内各年价格不同,或某些年份价格不同)。

(4)当有要求或价格总水平变动较大时,项目偿债能力分析采用的价格应考虑价格总水平变动因素。

(二)项目投资估算应采用的价格

项目投资估算应采用含增值税价格,包括建设投资、流动资金和运营期内的维持运营投资。

(三)项目运营期内投入与产出采用的价格

项目运营期内投入与产出采用的价格可以是含增值税的价格,也可以是不含增值税的价格。

为与企业实际财务报表数字相匹配,本章的表格编制同一采用不含增值税价格。若采用含增值税价格时,需要正确调整利润与利润分配表、财务计划现金流量表和项目投资现金流量表与项目资本金现金流量表的相关科目,以不影响项目净效益的估算。但无论采用哪种价格,项目效益估算与费用估算所采用的价格体系应当协调一致。

(四)同一年份价格应尽量一致

在计算期内同一年份,无论是有项目还是无项目的情况,原则上同种(质功能无差异)产出或投入的价格应取得一致。

6.2 投资估算

投资估算是在对项目的建设规模、技术方案、设备方案、工程方案及项目进度等进行研究并初步确定的基础上,估算项目投入总资金包括建设投资和流动资金的过程。投资估算作为制定融资方案,进行经济评价以及编制初步设计概算的依据。

6.2.1 投资估算的范围及内容

(一)项目总投资的含义及构成

项目总投资是指从投资项目筹建开始到项目报废为止所发生的全部投资费用。新建项目的总投资由建设期和筹建期投入的建设投资和项目建成投产后所需的流动资金两大部分组成。项目建设期的资金来源中一般包括外部借款,按照我国现行的资金管理体制和项目概预算编制办法,应将建设期借款利息计入总投资中,所以,建设投资中包括建设期借款利息。估算项目总投资时,需对建设投资(不含建设期利息)、建设期利息和流动资金各项内容分别进行估算。

项目计算期分为建设期和生产期两个阶段。其中,项目建设期是指从项目开始建设年份起到竣工投产为止所经历的时间,建设期长短一般根据同类项目经验数据结合拟建投资项目的具体情况加以确定;项目的生产期是指从项目建成投产年份起至项目报废为止所经历的时间。在分析项目财务效益时,一般以项目主要固定资产的经济寿命期作为确定项目生产期的主要依据。

(二)项目总投资估算的内容

如上所述,项目的总投资包括建设投资和流动资金。根据资本保全原则和企业资产划分的有关规定,投资项目在建成交付使用时,项目投入的全部资金分别形成固定资产、无形资产、流动资产和其他资产。项目总投资的构成及其资产形成如图6-1所示。

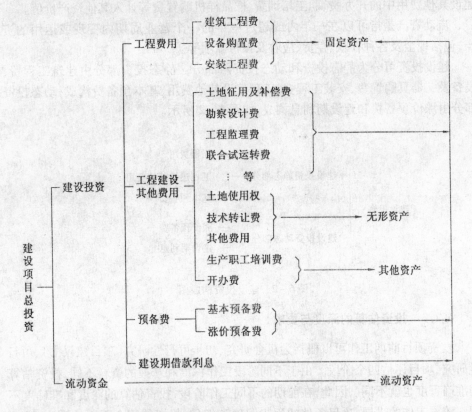

图6-1 项目总投资构成与资产形成图

固定资产是指使用期限在一年以上,单位价值在国家规定的限额标准以内,并在使用过程中保持原有实物形态的资产,包括房屋及建筑物、机器设备、运输设备以及其他与生产经营活动有关的工具、器具等。在投资项目评估中可将工程费用、预备费和建设其他费用中除应计入无形资产和其他资产以外的全部待摊投资费用计入固定资产原值,并将预备费和建设期借款利息全部计入固定资产原值。

无形资产是指企业能长期使用而没有实物形态的有偿使用的资产,包括专利权、商标权、土地使用权、非专利技术、商誉和著作权等。它们通常代表企业所拥有的一种法定权或优先权,或者是企业所具有的高于平均水平的获利能力。无形资产是有偿取得的资产,对于外购及其他依法取得的无形资产的支出,一般都予以资本化,并在其受益期内分期摊销。在投资项目评估中可将工程建设其他费用中的土地使用权及技术转让费作为企业的初始投资计入无形资产价值中。其他资产是指不能计入工程成本,应当在生产经营期内一次计入的各项其他费用,包括开办费和以经营租赁方式租入的固定资产改良工程支出等。在投资项目评估中可将工程建设其他费用中的开办费、职工培训费、样品样机购置费等计入其他资产价值。

流动资产是指可以在一年内或超过一年的一个营业周期内变现或运用的资产,包括现金及各种存款、存货、应收及预付款项等。

建设投资可分为静态投资和动态投资两部分。静态投资部分由建筑工程费、设备及工器具购置费、安装工程费、工程建设其他费用、基本预备费构成;动态投资部分由涨价预备费和建设期利息构成,如图6-2所示。

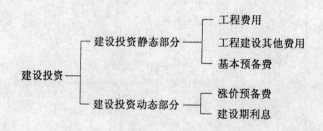

图6-2 建设投资构成图

6.2.2 投资估算的深度与要求

投资项目前期工作可以概括为机会研究、初步可行性研究(项目建议书)、可行性研究、项目评估四个阶段。由于不同阶段工作深度和掌握的资料不同,投资估算的准确程度也就不同。因此,在前期的不同工作阶段,投资估算的深度和准确度不同。随着工作的进展,项目条件的逐步明确和细化,投资估算会不断地深入,准确度会逐步提高,从而对项目投资起到有效的控制作用。项目前期的不同阶段对投资估算的允许误差率如表6-1所示。

表6-1 投资项目前期各阶段对投资估算误差的要求

序号	投资项目前期阶段	投资估算的误差率
1	机会研究阶段	±30%以内
2	初步可行性研究（项目建议书）阶段	±20%以内
3	可行性研究阶段	±10%以内
4	项目评估阶段	±10%以内

尽管允许有一定的误差，但是投资估算必须满足三个要求：①工程内容和费用构成齐全，计算合理，不重复计算，不提高或者降低估算标准，不高估准算或漏项少算。②选用指标与具体工程之间存在标准或者条件差异时，应进行必要的换算或者调整。③投资估算精度应能满足投资项目前期不同阶段的要求。

6.2.3 投资估算的依据和作用

（一）投资估算的依据

建设投资估算应做到方法科学，依据充分，其主要依据有：①专门机构发布的建设工程造价费用构成、估算指标、计算方法以及其他有关计算工程造价的文件。②专门机构发布的工程建设其他费用计算办法和费用标准以及政府部门发布的物价指数。③拟建项目各单项工程的建设内容及工程量。

（二）投资估算的作用

1. 投资估算是投资项目建设前期的重要环节

投资估算是投资项目建设前期工作中制定融资方案、进行财务效益分析的基础，以及其后编制初步设计概算的依据。因此，按照项目建设前期不同阶段所要求的内容和深度，完整、准确地进行投资估算是项目投资决策分析阶段必不可少的重要工作。尤其是在项目评估阶段，投资估算的准确与否，是否符合工程的实际情况，不仅决定着能否正确评价项目的可行性，同时也决定着融资方案设计的基础是否可靠。因此，投资估算不仅是项目可行性研究报告的主要内容，同时也是项目评估报告的关键内容之一。

2. 满足工程设计招投标及城市建筑方案设计竞选的需要

在工程设计的投标书中，除了包括方案设计的图文说明以外，还应包括工程的投资估算。在城市建筑方案设计竞选过程中，咨询单位编制的竞选文件也应包括投资估算。因此，合理的投资估算也是满足工程招投标及城市建筑方案设计竞选

6.2.4 建设投资的构成与估算

(一)建设投资(不含建设期利息)的构成

建设投资(不含建设期利息)是指建设单位在项目建设期与筹建期间所花费的全部费用,根据我国现行项目投资管理的规定,建设投资由建筑工程费、设备及工器具购置费、安装工程费、工程建设其他费用、基本预备费、涨价预备费构成。其中,建筑工程费、设备及工器具购置费、安装工程费形成固定资产;工程建设其他费用可分别形成固定资产、无形资产、其他资产;为简化计算,在项目评估阶段可将基本预备费和涨价预备费一并计入固定资产。

1. 工程费用

工程费用是指直接构成固定资产实体的各种费用,包括建筑工程费、设备及工器具购置费和安装工程费等。

2. 工程建设其他费用

工程建设其他费用是指按规定应在项目投资中支付,并列入投资项目总造价的费用。它主要包括土地征用与补偿费(或土地位使用权出让金)、建设单位管理费(含建设单位开办费和经费)、研究试验费、人员培训费、办公及生活家具购置费、联合试运转费、勘察设计费、工程监理费、施工机构迁移费、引进技术和设备的其他费用、专利权、商标权等。

3. 预备费

预备费是指在投资估算时用以处理实际费用与计划耗费不相符而追加的费用,包括基本预备费和涨价预备费两部分。前者是为自然灾害可能造成的损失,或是施工阶段必须增加的工程和费用而设计;后者是因在建设期间物价上涨而引起的投资费用的增加。

(二)建设投资(不含建设期利息)的估算

1. 估算步骤

建设投资(不含建设期利息)的估算步骤如下:

(1)分别估算各单项工程所需的建筑工程费、设备及工器具购置费、安装工程费。

(2)在汇总各单项工程费用的基础上,估算工程建设其他费用。

(3)估算基本预备费和涨价预备费。

最后,加总求得建设投资(不含建设期利息)总额。

(二)建筑工程费估算

建筑工程费是指为建造永久性建筑物和构筑物所需要的费用,如场地平整、建造厂房、仓库、电站、设备基础、工业窑炉、桥梁、码头、堤坝、隧道、涵洞、铁路、公路、水库、水坝,灌区管线敷设、矿井开凿、露天剥离等项工程的费用。建筑工程费估算一般采用以下方法。

(1)单位建筑工程投资估算法。这种方法以单位建筑工程所用投资乘以建筑工程总量计算。一般工业与民用建筑以单位建筑面积(平方米)的投资,工业窑炉砌筑以单位容积(立方米)的投资,水库以水坝单位长度(米)的投资,铁路路基以单位长度(公里)的投资,矿山掘进以单位长度(米)的投资,乘以相应的建筑工程总量计算建筑工程费。

(2)单位实物工程量投资估算法。这是以单位实物工程量的投资乘以实物工程总量计算。土石方工程以每立方米投资,矿井巷道衬砌工程以每平方米投资,路面铺设工程以每平方米投资,乘以相应的实物工程总量计算建筑工程费。

(3)概算指标投资估算法。对于没有上述估算指标且建筑工程费占总投资比例较大的项目,可采用概算指标估算法。采用这种估算法,应拥有较为详细的工程资料,了解详细的建筑材料价格情况和工程费用指标,所需投入的时间和工作量较大。具体估算方法见有关专门机构发布的概算编制办法。

(三)设备及工器具购置费估算

设备及工器具购置费,包括设备的购置费、工器具及办公家具购置费。在生产性项目中,设备及工器具购置费占建设投资比重增大,意味着生产技术的进步和资本有机构成的提高。

1. 设备购置费

设备购置费是指为投资项目购置或自制的达到固定资产标准的各种国产或进口设备、工具、器具所支出的费用。它由设备原价和设备运杂费构成。设备原价指国产设备或进口设备的原价;设备运杂费指除设备原价之外的设备采购、运输、途中包装及仓库保管等方面支出的费用的总和。国产设备和进口设备购置费应分别估算。

第一,国产设备原价的构成及计算。国产设备原价一般指的是设备制造厂的交货价,即出厂价或订货合同价。国产设备原价分为国产标准设备原价和国产非标准设备原价。

国产标准设备原价是指按照主管部门颁布的标准图纸和技术要求,由我国设备生产厂批量生产的,符合国家质量检测标准的设备交货价。有的国产标准设备原价有两种,即带有备件的原价和不带有备件的原价。在计算时,一般采用带有备件的原价。国产标准设备原价可通过查询相关价格目录或向设备生产厂家询价得到。

国产非标准设备原价是指国家尚无定型标推,各设备生产厂不可能在工艺过程中采用批量生产,只能按一次订货,并根据具体的设计图纸制造的设备原价。非标准设备原价有多种不同的计算方法,如成本计算估价法、系列设备插入估价法、分步组合估价法、定额估价法等。按成本计算估价法,非标准设备的原价由材料费、加工费、辅助材料费、专用工具费、废品损失费、外购配套件费、包装费、利润、税金(主要指增值税)、非标准设备设计费组成。

第二,进口设备原价的构成及计算。进口设备购置费由进口设备货价、进口从属费用及国内运杂费组成。进口设备货价按交货地点和方式的不同,分为离岸价(FOB)与到岸价(CIF)两种价格。进口从属费用包括国外运费、国外运输保险费、进口关税、进口环节增值税、外贸手续费和银行财务费等。国内运杂费包括运输费、装卸费、运输保险费等。

进口设备按离岸价计价时,应先计算设备运抵我国口岸的国外运费和国外运输保险费,再得出到岸价。计算公式为

$$进口设备到岸价 = 离岸价 + 国外运费 + 国外运输保险费$$

其中 　　　　　国外运费 = 离岸价 × 运费率
或　　　　　　　国外运费 = 单位运价 × 运量
　　　　国外运输保险费 =（离岸价 + 国外运费）× 国外保险费率

进口设备的其他几项从属费用通常按下面公式计算,即

$$进口关税 = 进口设备到岸价 × 人民币外汇牌价 × 进口关税率$$

进口环节增值税 =（进口设备到岸价 × 人民币外汇牌价 + 进口关税 + 消费税）
　　　　　　　× 增值税率

$$外贸手续费 = 进口设备到岸价 × 人民币外汇牌价 × 外贸手续费率$$

$$银行财务费 = 进口设备货价 × 人民币外汇牌价 × 银行财务费率$$

国内运杂费按运输方式,根据运量或者设备费金额估算。

2. 工具、器具及生产家具购置费

工具、器具及生产家具购置费,是指按照有关规定,为保证新建或扩建项目初期的正常生产,必须购置的没有达到固定资产标准的设备、仪器、工卡模具、器具、生产家具等的购置费用。一般以设备购置费为计算基数,按照部门或行业规定的工具、器具及生产家具购置费率计算。

(四)安装工程费估算

需要安结的设备应估算安装工程费,包括各种机电设备装配和安装工程费用,与设备相配的工作台、梯子及其装设工程费用,附属于被安装设备的管线敷设工程费用,安装设备的绝缘、保温、防腐等工程费用,单体试运转和联动无负荷试运转费

出等。

安装工程费通常按行业或专门机构发布的安装工程定额、收费标准和指标估算投资。具体计算可按安装费率、每吨设备安装费或者每单位安装实物工程量的费用估算,即

$$安装工程费 = 设备原价 \times 安装费率$$
$$安装工程费 = 设备吨位 \times 每吨安装费$$
$$安装工程费 = 安装实物工程量 \times 安装费用指标$$

5. 工程建设其他费用估算

工程建设其他费用是指从项目筹建开始到工程竣工验收交付使用止的整个建设期间,除建筑安装工程费用和设备及工器具购置费以外的,为保证工程建设顺利完成和交付使用后能够正常发挥效用而发生的各项费用。工程建设其他费用按内容大体可分为三类:第一类指与土地使用有关的费用;第二类指与工程建设有关的其他费用;第三类指与未来企业生产经营有关的其他费用。

1. 与土地使用有关的费用

建设项目要取得建设用地,须支付土地征用及迁移补偿费或土地使用权出让金。

第一,土地征用及迁移补偿费。土地征用及迁移补偿费是建设项目通过划拨方式取得土地使用权时,依据《中华人民共和国土地管理法》等规定需支付的费用,具体内容包括:①土地补偿费——征用耕地的土地补偿费,为该耕地被征用前3年平均年产值的6~10倍;征用其他土地的土地补偿费,由各省、自治区、直辖市参照征用耕地的标准规定;征用城市郊区的菜地,用地单位应当缴纳新菜地开发建设基金。②安置补助费——征用耕地的安置补助费,按照需要安置的农业人口数计算。需要安置的农业人口数,按照被征用的耕地数量除以征地前被征用单位平均每人占有耕地的数量计算。每一个需要安置的农业人口的安置补助费标准,为该耕地被征用前3年平均年产值的4~6倍。但是,每公顷被征用耕地的安置补助费,最高不得超过被征用前3年平均年产值的15倍。征用其他土地的安置补助费,由各省、自治区、直辖市参照征用耕地的安置补助费标准规定执行。③地上附着物和青苗补偿费——被征用土地上的房屋、水井、树木等地上附着物和青苗的补偿标准,由各省、自治区、直辖市规定。

第二,土地使用权出让金。土地使用权出让金是指建设单位为取得有限制的土地使用权,依照《中华人民共和国城镇国有土地使用权出让和转让暂行条例》,向国家支付的土地使用费。

2. 与工程建设有关的其他费用

这里包括建设单位管理费、勘察设计费、研究试验费、建设单位临时设施费、工程建设监理费以及引进技术和进口设备其他费用等。

第一，建设单位管理费。建设单位管理费是指建设项目从立项至竣工验收交付使用的建设全过程中进行管理所需的费用，内容包括建设单位经费和建设单位开办费。其中，建设单位经费包括工作人员的基本工资、工资性补贴、职工福利费、劳动保护费、劳动保险费、办公费、差旅费、工会费、职工教育费、固定资产使用费、工具用具使用费、工程招标费、合同契约公证费、工程质量监督检测费、工程咨询费、法律顾问费、审计费、业务招待费、排污费、竣工交付使用清理及竣工验收费等，另外，还包括应计入设备、材料预算价格的建设单位采购及保管设备材料所需的费用。建设单位开办费是新建项目为保证筹建和建设工作正常进行所需的办公设备、生活家具、用具、交通工具等的购置费用。

建设单位管理费按照单项工程费用之和（包括设备工器具购置费和建筑安装费）乘以建设单位管理费率计算。建设单位管理费率按照建设项目的不同性质、不同规模确定。计算公式为

建设单位管理费 ＝ 工程费用 × 建设单位管理费率

工程费用 ＝ 建筑安装工程费用 ＋ 设备工器具购置费用

第二，勘察设计费。勘察设计费是指为建设项目编制项目建议书、可行性研究报告及设计文件等所需的费用。具体包括编制项目建议书、可行性研究报告、进行投资估算、为编制所需文件进行勘察、设计、研究试验，以及在规定的范围内由建设单位自行完成的勘察、设计等工作所需的费用。

根据原国家计委、建设部发布的《工程勘察设计收费管理规定》（计价格[2002]10号），工程勘察和工程设计收费须根据建设项目投资额的不同情况，分别实行政府指导价和市场调节价。建设项目总投资估算额500万元及以上的工程勘察和工程设计收费实行政府指导价；建设项目总投资估算额500万元以下的工程勘察和工程设计收费实行市场调节价。

实行政府指导价的工程勘察和工程设计收费，其基准价根据《工程勘察收费标准》或者《工程设计收费标准》计算；实行市场调节价的工程勘察和工程设计收费，由发包人和勘察人、设计人协商确定收费额。

第三，研究试验费。研究试验费是指为本建设项目提供参数、数据、资料等进行的必要的研究试验所需的费用，以及设计规定在施工中必须进行试验、验证和支付国内专利、技术成果一次性使用费所需的费用。

第四，建设单位临时设施费。建设单位临时设施费是指建设期间建设单位所需临时设施的建设、维修、摊销费用或租赁费。临时设施包括临时宿舍、文化福利、公用事业房屋与构筑物、仓库、办公室、加工厂以及规定范围内的道路、水、电、管线

等。新建项目一般按建筑安装工程费用的1%计取,改、扩建项目按建筑安装工程费用的0.6%计取。

第五,工程建设监理费。工程建设监理费是指建设单位委托工程监理单位对工程实施监理工作所需的费用。其收费方法有两种:①参照国家物价局、建设部《关于发布工程建设监理费有关规定的通知》([1992]价费字479号),按所监理工程概预算的百分比计收;②按参与监理工作的人员工日计收;②不宜按这两项办法收费的,由建设单位和监理单位按商定的其他方法,以这两项办法规定的建设监理收费标准为指导,具体的收费标准由建设单位和监理单位在规定的幅度内协商确定。对于中外合资、中外合作、外商独资的建设工程,工程建设监理费由双方参照国际标准协商确定。

第六,引进技术和进口设备等其他费用。这些费用包括出国人员费用、国外工程技术人员来华费用、技术引进费、分期或延期付款利息、担保费以及进口设备检验鉴定费等。

3. 与未来企业生产经营有关的其他费用

这包括联合试运转费、生产准备费、办公及生活家具购置费等。

第一,联合试运转费。联合试运转费是指新建企业或新增加生产工艺流程的扩建企业在竣工验收前,按照设计规定的工程质量标准,进行整个车间的负荷或无负荷联合试运转,发生的费用支出大于试运转收入的亏损部分。费用支出包括购买试运转所需的原料、燃料、油料和动力的费用,机械使用费,低值易耗品及其他物品的购置费和施工单位参加联合试运转人员的工资等。试运转收入包括试运转所生产产品的销售收入和其他收入。联合试运转费不包括应由设备安装工程费项目开支的单台设备调试费及试车费。联合试运转费一般根据不同性质的项目按需要试运转车间的工艺设备购置费的百分比计算。

第二,生产准备费。生产准备费是指新建企业或新增生产能力的企业,为保证竣工交付使用而进行必要的生产准备所发生的费用,包括生产人员培训费,生产单位提前进厂参加施工、设备安装、调试的费用,以及熟悉工艺流程及设备性能等人员的工资、福利、差旅交通等费用。生产准备费一般根据需要培训和提前进厂人员的人数及培训时间按生产准备费指标计算。

第三,办公及生活家具购置费。办公及生活家具购置费是指为保证新建、改建、扩建项目初期的正常生产、使用和管理,购置办公和生活家具、用具等必须支出的费用。该项费用一般按照设计定员人数乘以综合指标计算。

工程建设其他费用的具体科目及收费标准会经常变动,应根据各级政府物价部门有关规定并结合项目的具体情况确定。

(六)基本预备费估算

基本预备费是指在项目实施中为了防止可能发生的难以预料的支出,需要事先预留的费用,又称工程建设不可预见费,主要指设计变更及施工过程中可能增加的工程量的费用。基本预备费以建筑工程费、设备及工器具购置费、安装工程费及工程建设其他费用之和为计算基数,按行业主管部门规定的基本预备费率计算。计算公式为

基本预备费 =(建筑工程费 + 设备及工器具购置费 + 安装工程费 + 工程建设其他费用)× 基本预备费率

(七)涨价预备费估算

涨价预备费是针对建设工期较长的项目在建设期内可能发生材料、设备、人工等价格上涨引起投资增加的情况而需要事先预留的费用,亦称价格变动不可预见费。涨价预备费以建筑工程费、设备及工器具购置费、安装工程费之和为计算基数。计算公式为

$$PC = \sum_{t=1}^{n} I_t [(1 + f)^t - 1]$$

式中: PC——涨价预备费;

I_t——第 t 年的建筑工程费、设备及工器具购置费、安装工程费之和;

f——建设期价格上涨指数;

n——建设期。

对建设期价格上涨指数,政府部门有规定的按规定执行,没有规定的由项目评价人员预测。

6.2.5 建设期利息的构成与估算

建设期利息是指项目建设期发生的投资借款在建设期内的应计利息,该利息一般计入固定资产原值。建设投资借款由于资金来源不同,其建设期利息的计算方法也不同。国内借款利息的计算比较简单,国外借款利息中还要包括承诺费、管理费等。西方学者一般将建设期利息称为资本化利息。为简化计算,承诺费等一般不单独计算,而是采用适当提高利息率的方法进行处理。

建设期利息是在完成建设投资(不含建设期利息)估算和分年投资计划的基础上,根据筹资方式、金额及筹资费率等进行计算。在投资项目评估中,无论各种外部借款是按年计息还是按季、月计息,均可简化为按年计息,即将名义利率折算为有效年利率,其计算公式为

$$R = (1 + \frac{r}{m})^m - 1$$

式中:R——有效年利率;

r——名义年利率;

m——每年计息次数。

计算建设期利息时,为了简化计算,通常假定借款均在每年年中支用,借款当年按半年计息,其余各年按全年计息,计算公式为

各年应计利息 = (年初借款本息累计 + 本年借款额 ÷ 2) × 年利率

有多种借款资金来源,且每笔借款的年利率各不相同的项目,既可分别计算每笔借款的利息,也可先计算出各笔借款加权平均的年利率,再以此利率计算全部借款的利息。

完成了建设投资估算后,可以编制"建设投资估算表",见表6-2。

表6-2 建设投资估算表

序号	工程或费用名称	估算价值/万元					占建设投资的比例/%	备注
		建筑工程	设备购置	安装工程	其他费用	合计	其中外币/万美元		
1	建设投资静态部分								
1.1	建筑工程投资 ⋮								
1.2	设备购置费 ⋮								
1.3	安装工程费 ⋮								
1.4	工程建设其他费用 ⋮								
1.5	基本预备费								
2	建设投资动态部分								
2.1	涨价预备数								
2.2	建设期利息								
	合 计								

6.2.6 流动资金的构成与估算

(一)流动资金的构成

流动资金是指项目建成后在企业生产过程中处于生产和流通领域、供日常周转使用的资金。项目建成后,为保证企业正常生产经营的需要,必须有一定量的流动资金维持其周转,如用以购置企业日常生产经营所需的原材料、燃料、动力,支付职工工资,以及作为生产中的周转资金而被占用于在制品、半成品、产成品上的,在项目投产前须预先垫支的资金。流动资金在周转过程中不断地改变自身的实物形态,其价值也随着实物形态的变化而转移到新产品中,并随着产品销售的实现而回收。流动资金属于企业在生产经营中用于周转的长期占用资金。

在投资项目经济评价中所考虑的流动资金,是伴随固定资产投资而发生的永久性流动资产投资,其数额等于项目投产后所需全部流动资产扣除流动负债后的余额。

在项目评估的财务效益分析中,流动资产主要考虑应收账款、现金和存货,流动负债主要考虑应付账款。由此看出,这里所解释的流动资金的概念,实际上就是投资项目必须准备的最基本的营运资金。流动资金估算一般采用分项详细估算法,项目决策分析的初级阶段或者小型项目可采用扩大指标法。

(二)流动资金的估算

不同类型的项目,其流动资金的需要量差异较大,一般可根据项目的类型及同类项目的经验数据加以估算。流动资金常用的估算方法主要有以下几种。

1. 扩大指标估算法

扩大指标估算法是按照流动资金占某种资金基数的比率来估算流动资金。一般常用的基数有销售收入、经营成本、总成本费用和固定资产价值、单位产量等,究竟采用何种基数,依行业习惯而定。所采用的比率可以根据经验确定,也可以根据现有同类企业的实际资料确定,或依据行业、部门给定的参考值确定。扩大指标估算法简便易行,但准确度不高,适用于项目建议书阶段流动资金的估算,具体又有以下4种算法。

(1)销售收入资金率法。销售收入资金率是指项目流动资金需要量与一定时期(通常为一年)内销售收入的比率。使用销售收入资金率法估算流动资金需要量的计算公式为

$$流动资金需要量 = 项目年销售收入 \times 销售收入资金率$$

式中,项目年销售收入取项目正常生产年份的数值,销售收入资金率根据同类项目的经验数据加以确定。

一般加工工业项目多采用销售收入资金率法进行流动资金的估算。

(2)总成本(或经营成本)资金率法。总成本(或经营成本)资金率是指一定时

期(通常为一年)内项目流动资金需要量与总成本(或经营成本)的比率。使用总成本(或经营成本)资金率法估算流动资金需要量的计算公式为

$$流动资金需要量 = 项目年总成本(或经营成本) \times 总成本(或经营成本)资金率$$

式中,项目年总成本(或经营成本)取正常生产年份的数值,总成本(或经营成本)资金率根据同类项目的经验数据加以确定。

一般采掘项目多采用总成本(或经营成本)资金率法进行流动资金的估算。

(3)固定资产价值资金率法。固定资产价值资金率是指项目流动资金需要量与固定资产价值的比率。用固定资产价值资金率法估算流动资金的计算公式为

$$流动资金需要量 = 固定资产价值 \times 固定资产价值资金率$$

式中,固定资产价值根据前述方法得出,固定资产价值资金率根据同类项目的经验数据加以确定。

某些特定的项目(如火力发电厂、港口项目等)可采用固定资产价值资金率法进行流动资金的估算。

(4)单位产量资金率法。单位产量资金率是指项目单位产量所需的流动资金金额。用单位产量资金率法估算流动资金需要量的计算公式为

$$流动资金需要量 = 达产期年产量 \times 单位产量资金率$$

式中,单位产量资金率根据同类项目经验数据加以确定。

某些特定的项目(如煤矿项目)可采用单位产量资金率法进行流动资金估算。

2. 分项详细估算法

分项详细估算法是将各类流动资金分项估算,然后加总获得企业总流动资金的需要量。它是国际上通行的流动资金估算方法。运用此法计算的流动资金数额大小,主要取决于企业每日平均生产消耗量和定额最低周转天数或周转次数,为此,必须事先计算出产品的生产成本和各项成本年费用消耗量,然后分别估算出流动资产和流动负债的各项费用构成,据以求得项目所需年流动资金额。一般可以根据"流动资金估算表"对各项流动资金进行估算。计算公式为

$$流动资金 = 流动资产 - 流动负债$$
$$流动资产 = 现金 + 应收账款 + 存货$$
$$流动负债 = 应付账款$$
$$流动资金本年增加额 = 本年流动资金 - 上年流动资金$$

估算时应首先计算各类流动资产和流动负债的年周转次数,然后再分项估算占用资金额。具体步骤如下。

(1)周转次数计算。周转次数等于360天除以最低周转天数。存货、现金、应收账款和应付账款的最低周转天数,可参照同类企业的平均周转天数并结合项目特点确定。

(2)应收账款估算。应收账款是指企业已对外销售商品、提供劳务尚未收回的资金,包括若干科目。在项目评估时,只计算应收销售款。计算公式为

$$应收账款 = 年销售收入 \div 应收账款周转次数$$

　(3)存货估算。存货是企业为销售或者生产耗用而储备的各种货物,主要有原材料、辅助材料、燃料、低值易耗品、维修备件、包装物、在产品、自制半成品和产成品等。为简化计算,仅考虑外购原材料、燃料、在产品和产成品,并分项进行计算。计算公式为

$$存货 = 外购原材料 + 外购燃料 + 在产品 + 产成品$$
$$外购原材料 = 年外购原材料 \div 按种类分项周转次数$$
$$外购燃料 = 年外购燃料 \div 按种类分项周转次数$$
$$在产品 = (年外购原材料 + 年外购燃料动力 + 年工资及福利费 +$$
$$年修理费 + 年其他制造费用) \div 在产品周转次数$$
$$产成品 = 年经营成本 \div 产成品周转次数$$

　(4)现金需要量估算。项目流动资金中的现金是指货币资金,即企业生产运营活动中停留于货币形态的那部分资金,包括企业库存现金和银行存款。计算公式为

$$现金需要量 = (年工资及福利费 + 年其他费用) \div 现金周转次数$$

$$年其他费用 = 制造费用 + 管理费用 + 销售费用 - (前三项费用中所含$$
$$的工资及福利费、折旧费、维简费、摊销费、修理费)$$

　(5)流动负债估算。流动负债是指在一年或者超过一年的一个营业周期内,需要偿还的各种债务。在项目评估中,流动负债的估算只考虑应付账款一项。计算公式为

$$应付账款 = (年外购原材料 + 年外购燃料) \div 应付账款周转次数$$

根据我国各家商业银行的有关规定,新建、扩建项目要有30%的自有铺底流动资金,其余部分为银行贷款。对于自有铺底流动资金不足30%的项目,如补充计划能落实,并能在一两年内补足,经济效益好的,可由银行发放特种贷款(利率上浮)。项目借入的流动资金长期占用,全年计息,流动资金利息应计入总成本费用的财务费用中,在项目计算期末收回全部流动资金时,再偿还流动资金借款。

为简化计算,流动资金一般根据生产负荷投入,或在投产期按高于生产负荷10个百分点来考虑投入量。

6.3 总成本费用估算

工业企业总成本费用是指项目在一定时期内(一般为一年)为生产和销售产品而花费的全部成本费用。

6.3.1 总成本费用的构成

总成本费用由生产成本和期间费用两部分组成。

(一)生产成本的构成

生产成本亦称制造成本,是指企业生产经营过程中实际消耗的直接材料、直接工资、其他直接支出和制造费用。

1. 直接材料

直接材料包括企业生产过程中实际消耗的原材料、辅助材料、设备配件、外购半成品、燃料、动力、包装物、低值易耗品以及其他直接材料。

2. 直接工资

直接工资包括企业直接从事产品生产人员的工资、奖金、津贴和补贴。

3. 其他直接支出

其他直接支出包括直接从事产品生产人员的职工福利费等。

4. 制造费用

制造费用是指企业各个生产单位(分厂、车间)为组织和管理生产所发生的各项费用,包括生产单位(分厂、车间)管理人员工资、职工福利费、折旧费、维简费(维持简单再生产的资金)、修理费、物料消耗、低值易耗品摊销、劳动保护费、水电费、办公费、差旅费、运输费、保险费、租赁费(不包括融资租赁费)、设计制图费、试验检验费、环境保护费以及其他制造费用。

(二)期间费用的构成

期间费用是指在一定会计期间发生的与生产经营没有直接关系和关系不密切的管理费用、财务费用和销售费用。期间费用不计入产品的生产成本,直接体现为当期损益。

1. 管理费用

管理费用是指企业行政管理部门为管理和组织经营活动发生的各项费用,包括公司经费(工厂总部管理人员工资、职工福利费、差旅费、办公费、折旧费、修理费、物料消耗、低值易耗品摊销以及其他公司经费)、工会经费、职工教育经费、劳动保险费、董事会费、咨询费、顾问费、交际应酬费、税金(指企业按规定支付的房产税、车船使用税、土地使用税、印花税等)、土地使用费(海域使用费)、技术转让费、无形资产摊销、开办费摊销、研究发展费以及其他管理费用。

2. 财务费用

财务费用是指企业为筹集资金而发生的各项费用,包括企业生产经营期间的利息净支出(减利息收入)、汇兑净损失、调剂外汇手续费、金融机构手续费以及筹资发生的其他财务费用等。

3. 销售费用

销售费用是指企业在销售产品、自制半成品和提供劳务等过程中发生的各项费用以及专设销售机构的各项经费,包括应由企业负担的运输费、装卸费、包装费、保险费、委托代销费、广告费、展览费、租赁费(不包括融资租赁费)和销售服务费用、销售部门人员工资、职工福利费、差旅费、办公费、折旧费、修理费、物料消耗、低值易耗品摊销以及其他经费。

6.3.2 总成本费用估算

为便于计算,在"总成本费用估算表"(表6-3)中,将工资及福利费、折旧费、修理费、摊销费、利息支出进行归并后分别列出。该表中的"其他费用"是指在制造费用、管理费用、财务费用和销售费用中扣除工资及福利费、折旧货、修理费、摊销费、维简费、利息支出后的费用。按照总成本费用估算表的内容,总成本费用的计算公式为

总成本费用 = 外购原材料 + 外购燃料动力 + 工资及福利费 + 修理费 + 折旧费 + 维简费 + 摊销费 + 利息支出 + 其他费用

表6-3 总成本费用估算表 单位:万元

序号	年份 项目	投产期		达到设计能力生产期				合计
		3	4	5	6	…	n	
1	外购原材料 ⋮							
2	外购燃料及动力 ⋮							
3	工资及福利费							
4	折旧费							
5	修理费							
6	维简费							
7	摊销费							
8	利息支出							
9	其他费用							
10	总成本费用 (1+2+…+9) 其中:1. 固定成本 2. 变动成本							
11	经营成本 (10-4-6-7-8)							

总成本费用具体估算方法有多种。

(一) 外购原材料成本估算

原材料成本是总成本费用的重要组成部分,其计算公式为

$$原材料成本 = 全年产量 \times 单位产品原材料成本$$

式中,全年产量可根据测定的设计生产能力和投产期各年的生产负荷加以确定;单位产品原材料成本是依据原材料消耗定额和单价确定的。

工业项目生产所需要的原材料种类繁多,在分析评价时,可根据具体情况,选取耗用量较大的、主要的原材料为估算对象,依据国家有关规定和经验数据估算原材料成本。

(二) 外购燃料动力成本估算

燃料动力成本估算公式为

$$燃料动力成本 = 全年产量 \times 单位产品燃料和动力成本$$

公式中有关数据的确定方法同上。

(三) 工资及福利费估算

如前所述,工资及福利费包括在制造成本、管理费用、销售费用之中。为便于计算和进行项目经济评价,需将工资及福利费单独估算。

1. 工资估算

工资的估算可以采取以下两种方法:

一是按全厂职工定员数和人均年工资额计算的年工资总额。其计算公式为

$$年工资成本 = 全厂职工定员数 \times 人均年工资额$$

二是按照不同的工资级别对职工进行划分,分别估算同一级别职工的工资,然后再加以汇总。一般可分为五个级别,即高级管理人员、中级管理人员、一般管理人员、技术工人和一般工人等。若有国外的技术和管理人员,要单独列出。

2. 福利费估算

职工福利费主要用于职工的医药费、医务经费、职工生活困难补助以及按国家规定开支的其他职工福利支出,不包括职工福利设施的支出。一般可按照职工工资总额的一定比例提取。

(四) 折旧费估算

如前所述,折旧费包括在制造费用、管理费用、销售费用中。为便于进行项目经济评价,可将折旧费单独估算和列出。

所谓折旧,就是固定资产在使用过程中,通过逐渐损耗(包括有形损耗和无形损耗)而转移到产品成本或商品流通费的那部分价值。计提折旧,是企业回收其固定资产投资的一种手段。按照国家规定的折旧制度,企业把已发生的资本性支出转移到产品成本费用中去,然后通过产品的销售,逐步回收初始的投资费用。

根据国家有关规定,计提折旧的固定资产范围是:企业的房屋、建筑物;在用的机器设备、仪器仪表、运输车辆、工具器具;季节性停用和在修理停用的设备;以经营租贷方式租出的固定资产;以融资租赁方式租人的固定资产。结合我国的企业管理水平,将企业固定资产分为三大部分,二十二类,按大类实行分类折旧。在分析评价时,可分类计算折旧,也可综合计算折旧,要视项目的具体情况而定。

我国现行固定资产折旧方法一般采用平均年限法或工作量法。

1. 平均年限法

平均年限法亦称直线法,即根据固定资产的原值、估计的净残值率和折旧年限计算折旧。其计算公式为

年折旧额 = 固定资产原值 × (1 - 预计净残值) ÷ 折旧年限

(1)固定资产原值。它是根据固定资产投资额、预备费、投资方向调节税和建设期利息计算求得的。

(2)预计净残值率。它是预计的企业固定资产净残值与固定资产原值的比率,根据行业会计制度规定,企业净残值率按照固定资产原值3%~5%确定。特殊情况,净残值率低于3%或高于5%的,由企业自主确定,并报主管财政机关备案。在可行性研究与项目评估中,向于折旧年限是根据项目的固定资产经济寿命期决定的,因此固定资产的残余价值较大,净残值率一般可选择10%,个别行业如港口等可选择高于此数。

(3)折旧年限。国家有关部门在考虑到现代生产技术发展快、世界各国实行加速折旧的情况下,为能适应资产更新和资本回收的需要,对各类固定资产折旧的最短年限做出规定:首先,房屋、建筑物为20年;其次,火车、轮船、机器、机械和其他生产设备为10年;再次,电子设备和火车、轮船以外的运输工具以及与生产、经营业务有关的器具、工具、家具等为5年。若采用综合折旧,项目的生产期即为折旧年限。在可行性研究与项目评估中,对轻工、机械、电子等行业的折旧年限,一般可确定为8~15年;有些项目的折旧年限可确定为20年;对港口、铁路、矿山等项目的折旧年限可超过30年。

2. 工作量法

对于下列专用设备可采用工作量法计提折旧。

(1)交通运输企业和其他企业专用车队的客货运汽车,可根据行驶里程计算折旧费。其计算公式为

单位里程折旧额 = 原值 × (1 - 预计净残值率) ÷ 总行驶里程

年折旧额 = 单位里程折旧额 × 年行驶里程

(2)大型专用设备,可根据工作小时计算折旧费。其计算公式为

每工作小时折旧额 = 原值 × (1 - 预计净残值率) ÷ 总工作小时

年折旧额 = 每工作小时折旧额 × 年工作小时

3. 加速折旧法

加速折旧法又称递减折旧费用法。指在固定资产使用前期提取折旧较多,在后期提得较少,使固定资产价值在使用年限内尽早得到补偿的折旧计算方法。它是一种鼓励投资的措施,国家先让利给企业,加速回收投资,增强还贷能力,促进技术进步。因此,只对某些确有特殊原因的企业,才准许采用加速折旧法。加速折旧的方法很多,有双倍余额递减法和年数总和法等。

(1) 双倍余额递减法。双倍余额递减法是以平均年限法确定的折旧率的双倍乘以固定资产在每一会计期间的期初账面净值,从而确定当期应提折旧的方法。其计算公式为

$$年折旧率 = 2 \div 折旧年限 \times 100\%$$

$$年折旧额 = 年初固定资产账面原值 \times 年折旧率$$

实行双倍余额递减法的固定资产,应当在其固定资产折旧年限到期前两年内,将固定资产净值扣除预计净残值后的净额平均摊销。

(2) 年数总和法。年数总和法是以固定资产原值扣除预计净残值后的余额作为计提折旧的基础,按照逐年递减的折旧率计提折旧的一种方法。采用年数总和法的关键是每年都要确定一个不同的折旧率。其计算公式为

$$年折旧率 = \frac{折旧年限 - 已使用年数}{折旧年限 \times (折旧年限 + 1) \div 2} \times 100\%$$

$$年折旧额 = (固定资产原值 - 预计净残值) \times 年折旧率$$

在可行性研究和项目评估中,一般采用平均年限法计算折旧费。

在计算折旧时,如果采用综合计提折旧的方式,可根据固定资产原值和折旧年限计算出各年的折旧费,一般来讲,生产期各年的折旧费是相等的;如果采用分类计提折旧的方式,要根据"固定资产折旧费估算表"(见表6-4),计算各类固定资产的折旧,然后将其相加,即可得出生产期各年的固定资产折旧费。

(五) 修理费估算

与折旧费相同,修理费也包括在制造费用、管理费用、销售费用之中。在进行项目经济评价时,可以单独计算修理费。修理费包括大修理费用和中小修理费用。

在可行性研究与项目评估时无法确定修理费具体发生的时间和金额,一般是按照折旧费的一定比例计算的。该比率可参照同类行业的经验数据加以确定。

(六) 维简费估算

维简费是指采掘、采伐工业按生产产品数量(采矿按每吨原矿产量,林区按每

表6-4 固定资产折旧费估算表　　　　　单位：万元

序号	项目＼年份	折旧年限	投产期		达到设计能力生产期			
			3	4	5	6	…	n
1	固定资产合计							
	原值							
	折旧费							
	净值							
	房屋及建筑物							
	原值							
	折旧费							
	净值							
2	××设备							
	原值							
	折旧费							
	净值							
3	××设备							
	原值							
	折旧费							
	净值							

注：1. 本表自生产年份起开始计算，各类固定资产按《工业企业财务制度》规定的年限分列。
　　2. 生产期内发生的更新改造投资列入其投入年份。

立方米原木产量）提取的固定资产更新和技术改造资金，即维持简单再生产的资金，简称"维简费"。企业发生的维简费直接计入成本，其计算方法和折旧费相同。这类采掘、采伐企业不计提固定资产折旧。

采煤工业（全国统配和重点煤矿）从1985年起，改变按吨煤从成本中提取维简费和国家拨款的办法，恢复计提固定资产折旧费。

（七）摊销费估算

摊销费是指无形资产和递延资产在一定期限内分期摊销的费用，无形资产和递延资产的原始价值也要在规定的年限内，按年度或产量转移到产品的成本之中，这一部分被转移的无形资产和递延资产的原始价值，称为摊销。企业通过计提摊销费，回收无形资产及递延资产的资本支出。

摊销方法：不留残值，采用直线法计算。

无形资产的摊销关键是确定摊销期限。无形资产应按规定期限分期摊销,即法律和合同或者企业申请书分别规定有法定有效期和受益年限的。按照法定有效期与合同或者企业申请书规定的受益年限孰短的原则确定;没有规定期限的,按不少于10年的期限分期摊销。

递延资产按照财务制度的规定在投产当年一次摊销。若各项无形资产摊销年限相同,可根据全部无形资产的原值和摊销年限计算出各年的摊销费;若各项无形资产摊销年限不同,则要根据"无形及递延资产摊销估算表"(见表6-5)计算各项无形资产的摊销费,然后将其相加,即可得到生产期各年的无形资产摊销费。

表6-5 无形及递延资产摊销估算表　　　　　　　单位:万元

序号	年份 项目	折旧 年限	原值	投产期		达到设计能力生产期			
				3	4	5	6	…	n
1	无形资产小计								
1.1	土地使用权								
	摊销								
	净值								
1.2	专有技术和专利权								
	摊销								
	净值								
1.3	其他无形资产								
	摊销								
	净值								
2	递延资产(开办费)								
	摊销								
	净值								
3	无形及递延资产合计 (1+2)								
	摊销								
	净值								

(八)利息支出估算

利息支出是指筹集资金而发生的各项费用,包括生产经营期间发生的利息净支出,即在生产期所发生的建设投资借款利息和流动资金借款利息之和。

建设投资借款在生产期发生的利息计算公式为

$$\text{每年支付利息} = \text{年初本金累计额} \times \text{年利率}$$

为简化计算,还款当年按年末偿还,全年计息。

流动资金借款利息计算公式为

$$\text{流动资金利息} = \text{流动资金借款累计金额} \times \text{年利率}$$

（九）其他费用估算

如前所述,其他费用处指在制造费用、管理费用、财务费用和销售费用中扣除工资及福利费、折旧费、修理费、摊销费、利息支出后的费用。

在可行性研究与项目评估中,其他费用一般是根据总成本费用中前七项（外购原材料成本、外购燃料动力成本、工资及福利费、折旧费、修理费、维简费及摊销费）之和的一定比率计算的,其比率应按照同类企业的经验数据加以确定。

将上述各项合计,即得出生产期各年的总成本费用。

（十）经营成本估算

经营成本是指项目总成本费用扣除折旧费、维简费、摊销费和利息支出以后的成本费用,即

$$\text{经营成本} = \text{总成本费用} - \text{折旧费} - \text{维简费} - \text{摊销费} - \text{利息支出}$$

经营成本是工程经济学特有的概念,它涉及产品生产及销售、企业管理过程中的物料、人力和能源的投入费用,它反映企业的生产和管理水平。同类企业的经营成本具有可比性。在可行性研究与项目评估的经济评价中,它被应用于现金流量的分析中。

计算经营成本之所以要从总成本费用中剔除折旧费、维简费、摊销费和利息支出,主要原因是：

（1）现金流量表反映项目在计算期内逐年发生的现金流入和流出。与常规会计方法不同,现金收支何时发生,就在何时计算,不作分摊。由于投资已按其发生的时间作为一次性支出被计入现金流出,所以,不能再以折旧、提取维简费和摊销的方式计为现金流出,否则会发生重复计算。因此,作为经常性支出的经营成本中不包括折旧费和摊销费,同理也不包括维简费。

（2）因为全部投资现金流量表以全部投资作为计算基础,不分投资资金来源,利息支出不作为现金流出,而只有资金现金流量表中已将利息支出单列,因此,经营成本中也不包括利息支出。

(十一)固定成本与变动成本的估算

从理论上讲,成本按其性态分类可分为固定成本、变动成本和混合成本三大类。

(1)固定成本是指在一定的产量范围内不随着产量变化而变化的成本费用,如按直线法计提的固定资产折旧费、计时工资及修理费等。

(2)变动成本是指随着产量的变化而变化的成本费用,如原材料费用、燃料动力费用等。

(3)混合成本是指介于固定成本和变动成本之间,既随产量变化又不成正比例变化的成本费用,又被称为半固定成本或半变动成本,即同时具有固定成本和变动成本的特征。在线性盈亏平衡分析时,要求对混合成本进行分解,以区分出其中的固定成本和变动成本,并分别计入固定成本和变动成本总额之中。在可行性研究和项目评估中,将总成本费用中的前两项(即外购原材料费用和外购燃料动力费用)视为变动成本,而其余各项均视为固定成本。划分的主要目的就是为盈亏平衡分析提供前提条件。经营成本、固定成本和变动成本根据"总成本费用估算表"(见表6-3)直接计算。

6.4 销售收入与销售税金及附加估算

6.4.1 销售收入估算

(一)销售收入估算

工程项目的销售收入是指项目在一定时期内(通常是一年)销售产品或者提供劳务等所取得的收入。

销售收入是项目建成投产后补偿总成本费用、上缴税金、偿还债务、保证企业再生产正常进行的前提。它是进行利润总额和销售税金估算的基础数据。销售收入的估算公式为

$$销售收入 = 产品销售单价 \times 产品年销售量$$

式中,产品销售单价一般采用出厂价格,也可根据需要采用送达用户的价格或离岸价格。产品年销售量等于年产量,这样年销售收入等于年产值。在现实经济生活中,产值不一定等于销售收入,这主要是因市场波动而存在库存变化引起的产量与销售量的差别。但在可行性研究和项目评估中,难以准确地估算出由于市场波动引起的库存量变化,因此做了这样的假设,即不考虑项目的库存情况,假设当年生产出来的产品当年全部售出,从而使项目的销售量等于项目的产量,项目的销售收入也就等于项目的产值。这样就可以根据投产后各年的生产负荷确定销售量。如

果项目的产品比较单一,用产品单价乘以产量即可得到每年的销售收入;如果项目的产品种类比较多,要根据"销售收入和销售税金及附加估算表"(表6-6)进行估算,即应首先计算每一种产品的年销售收入,然后再汇总在一起,求出项目生产期的各年销售收入。如果产品部分销往国外,应计算外汇收入,并按外汇牌价折算成人民币,然后再计入项目的年销售收入总额中。

表6-6 销售收入和销售税金及附加估算表　　　　单位:万元

序号	项目	单位	单价	生产负荷/%		生产负荷/%		生产负荷/%	
				销售量	销售收入	销售量	销售收入	销售量	销售收入
1	产品销售								
	(营业)收入								
	⋮								
2	销售税金及附加								
2.1	营业税								
2.2	消费税								
2.3	资源税								
2.4	城市维护建设税								
2.5	教育费附加								
3	增值税								

(二)销售价格的选择

在可行性研究和项目评估中,产品销售价格是一个很重要的因素,它对项目的经济效益变化一般是最敏感的,要审慎选择。一般可有四个方面的选择。

1. 选择口岸价格

如果项目产品是出口产品,或替代进口产品,或间接出口产品,可以口岸价格为基础确定销售价格。出口产品和间接出口产品可选择离岸价格,替代进口产品可选择到岸价格。或者直接以口岸价格定价,或者以口岸价格为基础,参考其他有关因素确定销售价格。

2. 选择计划价格

如果项目产品属于有关国计民生的产品或者其他国家控制的产品,可选择国家的计划价格。国家计划价格分指令性计划价格和指导性计划价格。如果项目产品属于指令性的计划控制,则选择指令性价格作为销售价格;若属于指导性计划控制的范畴,可根据市场供求情况,以标准价格为基础,上下浮动后作为销售价格。

3. 选择市场价格

如果同类产品或类似产品已在市场上销售,并且这种产品既与外贸无关,也不是计划控制的范围,可选择现行市场价格作为项目产品的销售价格。当然,也可以以现行市场价格为基础,根据市场供求关系上下浮动作为项目产品的销售价格。

4. 根据预计成本、利润和税金确定价格

如果拟建项目的产品属于新产品,则可根据下列公式估算其出厂价格

$$出厂价格 = 产品计划成本 + 产品计划利润 + 产品计划税金$$

其中

$$产品计划利润 = 产品计划成本 \times 产品成本利润率$$

$$产品计划税金 = \frac{产品计划成本 + 产品计划利润}{1 - 税率} \times 税率$$

式中,产品计划成本可根据预计的产品成本加以估算;产品成本利润率是根据项目所在行业的平均产品成本利润率加以确定的。

以上几种情况,当难以确定采用哪一种价格时,对考虑选择可供选择方案中价格最低的一种作为项目产品的销售价格。

6.4.2 销售税金及附加估算

销售税金是根据商品买卖或劳务服务的流转额征收的税金,是属于流转税的范畴。销售税金包括消费税、营业税、城市维护建设税、资源税。在建设项目经济评价中,一般将教育费附加并入销售税金项内,视同销售税金处理。

(一) 消费税估算

消费税是对工业企业生产、委托加工和进口的部分应税消费品按差别税率或税额征收的一种税。消费税是在普遍征收增值税的基础上,根据消费政策、产业政策的要求,有选择地对部分消费品征税。

目前,我国的消费税共设 14 个税目。消费税的税率有从价定率和从量定额两种。

消费税采用从价定率和从量定额两种计税方法计算应纳税额,一般以应税消费品的生产者为纳税人,于销售时纳税。应纳税额计算公式为

$$\begin{aligned}实行从价定率办法\\计算的应纳税额\end{aligned} = 应税消费品销售额 \times 适用税率 =$$

$$\frac{销售收入(含增值税)}{1 + 增值税率} \times 消费税率 =$$

$$组成计税价格 \times 消费税率$$

$$\begin{aligned}实行从量定额办法\\计算的应纳税额\end{aligned} = 应税消费品销售数量 \times 单位税额$$

应税消费品的销售额是指纳税人销售应税消费品向买方收取的全部价款和价外费用,不包括向买方收取的增值税税款。销售数量是指应税消费品数量。

(二)营业税估算

营业税是对在中华人民共和国境内从事交道运输业、建筑业.金融保险业、邮电通信业、文化体育业、娱乐业、服务业或有偿转让无形资产、销售不动产行为的单位和个人,就其营业额所征收的一种税。营业税税率在 3% ~20% 范围内。应纳税额的计算公式为

$$应纳税额 = 营业额 \times 适用税率$$

在一般情况下,营业额为纳税人提供应税劳务、转让无形资产、销售不动产向对方收取的全部价款和价外费用。

(三)城市维护建设税估算

城市维护建设税是以纳税人实际缴纳的流转税额为计税依据征收的一种税。城市维护建设税按纳税人所在地区实行差别税率:

(1)项目所在地为市区的,税率为 7%。
(2)项目所在地为县城、镇的,税率为 5%。
(3)项目所在地为乡村的,税率为 1%。

城市维护建设税以纳税人实际缴纳的增值税、消费税、营业税税额为计税依据,分别与上述 3 种税同时缴纳。其应纳税额计算公式为

$$应纳税额 = (增值税 + 消费税 + 营业税)实纳税额 \times 适用税率$$

(四)资源税估算

资源税是国家对在我国境内开采应税矿产品或者生产盐的单位和个人征收的一种税,是对因资源生成和开发条件的差异而客观形成的级差收入征收的。资源税的征收范围包括:

(1)矿产品。包括原油、天然气、煤炭、金属矿产品和其他非金属矿产品。
(2)盐。包括固体盐、液体盐。

资源税的应纳税额,按照应税产品的课税数量和规定的单位税额计算。应纳税额的计算公式为

$$应纳税额 = 应税产品课税数量 \times 单位税额$$

课税数量是指:

(1)纳税人开采或者生产应税产品用于销售的,以销售数量为课税数量;
(2)纳税人开采或者生产应税产品自用的,以自用数量为课税数量。

(五)教育费附加估算

教育费附加是为了加快地方教育事业的发展,扩大地方教育经费的资金来源而开征的。教育费附加收入纳入预算管理,作为教育专项基金,主要用于各地改善教学设施和办学条件。

教育费附加是 1986 年起在全国计征的,1990 年又经修改而进一步完善合理。

凡缴纳消费税、增值税、营业税的单位和个人,都是教育费附加的缴纳人。教育费附加消费税、增值税、营业税同时缴纳,由税务机关负责征收。

教育费附加的计征依据是各缴纳人实际缴纳的消费税、增值税、营业税的税额,征收率为3%。其计算公式为

应纳教育费附加额 = 实际缴纳的(消费税 + 增值税 + 营业税)税额 × 3%

按照现行税法的规定,增值税作为价外税不包括在销售税金及附加中,产出物的价格不含有增值税中的销项税,投入物的价格中也不含有增值税中的进项税。但在财务效益分析中,为了计算城建税和教育费附加,有时还需要单独计算增值税额,作为城市维护建设税和教育费附加的计算基数。增值税是按增值额计税的,可按下列公式计算为

增值税应纳税额 = 销项税额 − 进项税额

销项税额 = 销售额 × 增值税税率 = 销售收入(含税销售额) ÷ (1 + 增值税税率) × 增值税税率

进项税额 = 外购原材料、燃料及动力费 ÷ (1 + 增值税税率) × 增值税税率

6.5 利润总额及其分配估算

6.5.1 利润总额的估算

利润总额是企业在一定时期内生产经营活动的最终财务成果。它集中反映了企业生产经营各方面的效益。

利润总额的计算公式为

利润总额 = 产品销售(营业)收入 − 销售税金及附加 − 总成本费用

根据利润总额可计算所得税及税后利润的分配。在财务效益分析中,利润总额还是计算投资利润率、投资利税率的基础数据。

6.5.2 所得税及税后利润的分配估算

根据税法的规定,企业取得利润后,先向国家缴纳所得税,剩余部分在企业、投资者、职工之间分配。

(一)所得税估算

凡在我国境内实行独立经营核算的各类企业或者组织者,来源于我国境内、境外的生产、经营所得和其他所得,均应依法缴纳企业所得税。

企业所得税以应纳税所得额为计税依据。

纳税人每一纳税年度的收入总额减去准予扣除项目的余额,为应纳所得额。

纳税人发生年度亏损的,可以用下一纳税年度的所得弥补;下一纳税年度的所得不足弥补的,可以逐年延续弥补,但是延续弥补期最长不得超过5年。

企业所得税的应纳税额按照应纳税所得额和25%的税率计算,应纳税额计算公式为

$$应纳税额 = 应纳税所得额 \times 25\%$$

在可行性研究和项目评估中,一般按照利润总额和25%的税率计算。

(二)税后利润的分配顺序

销售收入、成本、税金和利润的关系如图6-3所示。

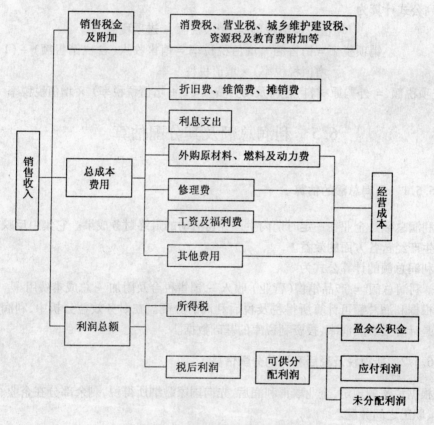

图6-3 销售收入、成本、税金和利润图

在可行性研究和项目评估中,税后利润一般即为可供分配利润,可按照下列顺序分配:

(1)提取法定盈余公积金。法定盈余公积金,按照可供分配利润的10%提取。

(2)应付利润,即向投资者分配利润。企业以前年度未分配利润,可以并入本年度向投资者分配。

(3)未分配利润,即未作分配的净利润。可供分配利润减去盈余公积和应付利润后的余额,即为未分配利润。

第7章 资金来源与融资方案评估

本章提要：融资方案与投资估算、财务分析密切相关。一方面，融资方案必须满足投资估算确定的投资额及其使用计划对投资数额、时间和币种的要求；另一方面，不同方案的融资后财务分析结论，也是比选、确定融资方案的依据，而融资方案确定的项目资本金和项目债务资金的数额及相关融资条件又为筹集资本必需的基础数据。本章包括项目融资主体、资金来源、资金结构、资金成本及分析方法、融资方案优化方法等。项目的融资方式和成本与项目的效益高度相关，在投资主体多元化和资本市场逐步形成的条件下，资金来源多样化，融资与借贷的风险都明显增加，因此，本章研究了项目融资风险分析方法。学习本章内容，将掌握项目融资方案分析与评估方法，为寻求最佳的融资渠道、最低的融资成本、最小的融资风险、最佳的融资结构提供依据。

7.1 融资主体

7.1.1 融资主体的确定

分析、研究项目的融资渠道和方式，提出项目的融资方案，应首先确定项目的融资主体。项目的融资主体是指进行融资活动，并承担融资责任和风险的项目法人单位。融资主体分为新设项目法人及既有项目法人。

确定项目的融资主体应考虑项目投资的规模和行业特点，考虑项目与既有法人资产、经营活动的联系，既有法人财务状况，还要兼顾项目自身的盈利能力等因素。恰当地确定项目的融资主体，有助于顺利筹措资金和降低债务偿还风险。

（一）在下列情况下，一般应以既有法人为融资主体

(1) 既有法人具有为项目进行融资和承担全部融资责任的经济实力。

(2) 项目与既有法人的资产以及经营活动联系密切。

(3) 项目的盈利能力较差，但项目对整个企业的持续发展具有重要作用，需要利用既有法人的整体资信获得债务资金。

(二)在下列情况下,一般应以新设法人为融资主体

(1)拟建项目的投资规模较大,既有法人不具有为项目进行融资和承担全部融资责任的经济实力。

(2)既有法人财务状况较差,难以获得债务资金;而且项目与既有法人的经营活动联系不密切。

(3)项目自身具有较强的盈利能力,依靠项目自身未来的现金流量可以按期偿还债务。

7.1.2 既有法人融资与新设法人融资

按照融资主体不同,项目的融资可分为既有法人融资和新设法人融资两种融资方式。

(一)既有法人融资方式

既有法人融资方式是以既有法人为融资主体的融资方式。采用既有法人融资方式的建设项目,既可以是改扩建项目,也可以是非独立法人的新建项目。

既有法人融资方式的基本特点是:由既有法人发起项目、组织融资活动并承担融资责任和风险;假设项目所需的资金,来源于既有法人内部融资、新增资本金和新增债务资金;新增债务资金依靠既有法人整体(包括拟建项目)的盈利能力来偿还,并以既有法人整体的资产和信用承担债务担保。

以既有法人融资方式筹集的债务资金虽然用于项目投资,但是债务人是既有法人。债权人可对既有法人的全部资产(包括拟建项目的资产)进行债务追索,因而债权人的风险较低。在这种融资方式下,不论项目未来的盈利能力如何,只要既有法人能够保证按期还本付息,银行就愿意提供信贷资金。因此,采用这种融资方式,必须充分考虑既有法人整体的盈利能力和信用状况,分析可用于偿还债务的既有法人整体(包括拟建项目)的未来的净现金流量。

(二)新设法人融资方式

新设法人融资方式是以新组建的具有独立法人资格的项目公司为融资主体的融资方式。采用新设法人融资方式的建设项目,项目法人大多是企业法人。社会公益性项目和某些基础设施项目也可能组建新的使用法人实施。采用新设法人融资方式的建设项目,一般是新建项目,但也可以是将既有法人的一部分子资产剥离出去后重新组建新的项目法人的改扩建项目。

新设法人融资方式的基本特点是:由项目发起人(企业或政府)发起组建新的具有独立法人资格的项目公司,由新组建的项目公司承担融资责任和风险;建设项目所需资金的来源,可包括项目公司股东投入的资本金和项目承担的债务资金;依靠项目自身的盈利能力来偿还债务;一般以项目投资形成的资产、未来收益或权益

作为融资担保的基础。

采用新设法人融资方式,项目发起人与新组建的项目公司分属不同的实体,项目的债务风险由新组建的项目公司承担。项目能否还贷,取决于项目自身的盈利能力,因此必须认真分析项目自身的现金流量和盈利能力。

项目公司股东对项目公司借款提供多大程度的担保,也是融资方案研究的内容之一。实力雄厚的股东,为项目公司借款提供完全的担保,可以使项目公司取得低成本资金,降低项目的融资风险;但担保额过高会使资信下降,同时股东担保也可能需要支付担保费,从而增加项目公司的费用支出。在项目本身的财务效益好、投资风险可以有效控制的条件下,可以减少项目公司股东的担保额度。

7.2 资金渠道及筹措

7.2.1 项目资本金的来源渠道与筹措方式

(一)项目资本金的特点

项目资本金(外商投资项目为注册资本),是指在建设项目总投资(外商投资项目为投资总额)中,由投资者认缴的出资额,对建设项目来说是非债务性资金,项目法人不承担这部分资金的任何利息和债务;投资者可按其出资的比例依法享有所有者权益,也可转让其出资,但一般不得以任何方式抽回。

资本金是确定项目产权关系的依据,也是项目获得债务资金的信用基础,资本金没有固定按期还本付息压力。股利是否支付和支付多少,根据项目投产运营后的实际经营效果而定,因此,项目法人的财务负担小。

(二)项目资本金的出资方式

投资者可以用货币出资,也可以用实物、工业产权、非专利技术、土地使用权、资源开采权等作价出资。作价出资的实物、工业产权、非专利技术、土地使用权和资源开采权,必须经过有资格的资产评估机构评估作价。

为使建设项目保持合理的资产结构,应根据投资各方及建设项目的具体情况选择项目资本金的出资方式,以保证项目能顺利建设并在建成后能正常运营。

(三)项目资本金的来源渠道和筹措方式

1. 股东直接投资

股东直接投资包括政府授权投资机构入股资金、国内外企业入股资金、社会团体和个人入股的资金以及基金投资公司入股的资金,分别构成国家资本金、法人资本金、个人资本金和外商资本金。

既有法人融资项目,股东直接投资表现为扩充既有企业的资本金,包括原有股东增资扩股和吸收新股东投资。

新设法人融资项目,股东直接投资表现为项目投资者为项目提供资本金。合资经营公司的资本金由企业的股东按股东比例认缴,合作经营公司的资本金由合作投资方按预先约定的金额投入。

2. 股票融资

无论是既有法人融资项目还是新设法人融资项目,凡符合规定条件的,均可以通过发行股票在资本市场募集股本资金。

股票融资可以采取公募与私募两种形式。公募又称公开发行,是在证券市场上向不特定的社会公众公开发行股票。为了保障广大投资者的利益,国家对公开发行股票有严格的要求,发行股票的企业要有较高的信用,符合证券监管部门规定的各项发行条件,并获得证券监管部门批准后方可发行。私募又称不公开发行或内部发行,是指将股票直接出售给少数特定的投资者。

股票融资具有下列特点:

(1) 股票融资所筹集资金是项目的股本资金,可作为其他方式筹集的基础,可增强融资主体的举债能力。

(2) 股票融资所筹集资金没有到期偿还的问题,投资者一旦购买股票便不得退股。

(3) 普通股股票的股票支付,可视融资主体的经营好坏和经营需要而定,因而融资风险较小。

(4) 股票融资的资本成本较高,因为股利需从税后利润中支付,不具有抵税作用,而且发行费用也较高。

(5) 上市公开发行股票,必须公开披露信息,接受投资者和社会公众的监督。

3. 政府投资

政府投资资金,包括各级政府的财政预算内资金、国家批准的各种专项建设资金、统借国外贷款、土地批租收入、地方政府按规定收取的各种费用及其他预算外资金等。

政府投资主要用于关系国家安全和市场不能有效配置资源的经济和社会领域,包括加强公益性和公共基础设施建设,保护和改善生态环境,促进欠发达地区的经济和社会发展,推进科技进步和高新技术产业化。中央政府投资除本级政权建设外,主要安排跨地区、跨流域以及对经济和社会发展全局有重大影响的项目(如三峡工程、青藏公路)。

对政府投资资金,国家根据资金来源、项目性质和调控需要,分别采取直接投资、资本金注入、投资补助、转贷和贷款贴息等方式,并按项目安排使用。

在项目评价中,对投入的政府投资资金,应根据资金投入的不同情况进行不同的处理：

(1) 全部使用政府直接投资的项目一般为非经营性项目，不需要进行融资方案分析。

(2) 以资本金注入方式投入的政府投资资金，在项目评价中应视为权益资金。

(3) 以投资补贴、贷款贴息等方式投入的政府投资资金，在项目评价中应视为现金流入，根据具体情况分别处理。

(4) 以转贷方式投入的政府投资资金（统借国外借款），在项目评价中应视为债务资金。

7.2.2 项目债务资金的来源渠道与筹措方式

（一）项目债务资金的特点

债务资金是指投资中以负债方式从金融机构、证券市场等资本市场取得的资金。债务资金具有以下特点：

(1) 资金在使用上具有时间性限制，到期必须偿还。

(2) 无论项目的融资主体今后经营效果好坏，均需按期还本付息，从而形成企业的财务负担。

(3) 资金成本一般比权益资金低，且不会分散投资者对企业的控制权。

（二）项目债务资金的来源渠道和筹措方式

1. 商业银行贷款

商业银行贷款是以经营存、贷款为主要业务，并以盈利性、安全性和流动性为主要经营原则的信用机构。商业银行贷款是我国建设项目获得的短期、中长期贷款的重要渠道。国内商业银行贷款手续简单、成本较低，适用于有偿债能力的建设项目。

2. 政策性银行贷款

政策性银行是按照国家的产业政策或政府的相关决策进行投融资活动的金融机构，不以利润最大化为经营目标。一般来说，政策性银行贷款利率较低、期限较长，有特定的服务对象，其放贷支持的主要是商业性银行在初始阶段不愿意进入或涉及不到的领域。中国国家开发银行、中国进出口银行、中国农业发展银行是我国三大政策性银行。

3. 外国政府贷款

外国政府贷款是一国政府向另一国政府提供的具有一定的援助或部分赠与性质的低息优惠贷款。目前我国可利用的外国政府贷款主要有：日本国际协力银行贷款、日本能源贷款、美国国际开发署贷款、加拿大国际开发署贷款以及德国、法国等国家的政府贷款。

外国政府贷款有以下特点：

(1)在经济上带有援助性质,期限长,利率低,有的甚至无息。一般年利率为2%~4%,还款平均期限为20~30年,最长可达50年。

(2)贷款一般以混合贷款方式提供,即在贷款总额中,政府贷款一般占三分之一,其余三分之二为出口信贷。

(3)贷款一般都限定用途,如用于支付从贷款国进口设备,或用于某类项目建设。

我国各级财政可以为外国政府贷款提供担保,按照财政担保方式分为三类:国家财政担保、地方财政厅(局)担保、无财政担保。

4. 国际金融组织贷款

国际金融组织贷款是国际金融组织按照章程向其成员国提供的各种贷款。目前与我国关系最为密切的国际金融组织是国际货币基金组织、世界银行和亚洲开发银行。国际金融组织一般都有自己的贷款政策,只有这些组织认为应当支持的项目才能得到贷款。使用国际金融组织的贷款需要按照这些组织的要求提供资料,并且需要按照规定的程序和方法来实施项目。

(1)国际货币基金组织贷款。国际货币基金组织的贷款只限于成员国财政和金融当局,不与任何企业发生业务,贷款用途限于弥补国际收支逆差或用于经常项目的国际支付,期限为1~5年。

(2)世界银行贷款。世界银行贷款具以下特点:第一,贷款期限较长。一般为20年左右,最长可达30年,宽限期为5年。第二,贷款利率实行浮动利率,随金融市场利率的变化定期调整,但一般低于市场利率。对已订立贷款契约而未使用的部分,要按年征收0.75%的承诺费。第三,世界银行通常对其资助的项目只提供货物和服务所需要的外汇部分,约占项目总额的30%~40%,个别项目可达50%。但是在某些特殊情况下,世界银行也提供建设项目所需要的部分国内费用。第四,贷款程序严密,审批时间较长。借款国从提出项目到最终同世界银行签订贷款协定获得资金,一般要一年半到两年时间。

(3)亚洲开发银行贷款。亚洲开发银行贷款分为硬贷款、软贷款和赠款。硬贷款是由亚行普通资金提供的贷款,贷款的期限为10~30年,含2~7年的宽限期,贷款的利率为浮动利率,每年调整一次;软贷款又称优惠利率贷款,是由亚行开发基金提供的贷款,贷款的期限为40年,含10年的宽限期,不收利息,仅收1%的手续费,此种贷款只提供还款能力有限的发展中国家;赠款资金由技术援助特别基金提供。

5. 出口信贷

出口信贷是设备出口国政府为促进本国设备出口,鼓励本国银行向本国出口商或外国出口商(或进口方银行)提供的贷款,贷给本国出口商的称卖方信贷,贷给外国出口商(或进口方银行)的称"买方信贷"。贷款的信用条件是购买贷款国的设备。出口信贷利率通常要低于国际上商业银行的贷款利率,但需要支付一定的附加费用(管理费、承诺费、信贷保险费等)。

6. 银团贷款

银团贷款是指多家银行组成一个集团,由一家或几家银行牵头,采用统一贷款协议,按照共同约定的贷款计划,向借款人提供贷款的贷款方式。

银团贷款除具有一般银行贷款的特点和要求外,由于参加银行较多,需要多方协商,贷款过程周期长。使用银团贷款,除支付利息之外,按照国际惯例,通常还要支付承诺费、管理费、代理费等。银团贷款主要适用于资金需求量大、偿债能力较强的建设项目。

7. 企业证券

企业证券是企业以自身的财务状况和信用条件为基础,依照《中华人民共和国证券法》、《中华人民共和国公司法》等法律法规规定的条件和程序发行的、约定在一定期限内还本付息的债权,如三峡债权、铁路债权等。

企业债券代表着发债企业和债券投资者之间的一种债权债务关系。债券投资者是企业的债权人,不是所有者,无权参与或干涉企业经营管理,但有权按期收回本息。

企业债券融资的特点:筹资对象广,市场大,但发债条件严格、手续复杂。其利率虽低于银行贷款利率,但发行费用较高,需要支付承销费、发行手续费、兑付手续费及担保费等费用。适用于资金需求大,偿债能力较强的建设项目。目前,我国企业债券的发行总量需纳入国家信贷计划,申请发行企业债券必须经过严格的审核,只有实力强、自信好的企业才有可能被批准发行企业债券,还必须有实力很强的第三方提供担保。

8. 国际债券

国际债券是一国政府、金融机构、工商企业或国际组织为筹措和融通资金,在国际金融市场上发行的、以外国货币为面值的债券。国际债券的重要特征是债券发行者和债券投资者属于不同的国家,筹集的资金来源于国际金融市场。

按照发行债券所用货币与发行地点的不同,国际债券主要有外国债券和欧洲债券两种。

外国债券是一国政府、金融机构、工商企业或国际组织在另一国发行的以当地国货币计值的债券。如1982年1月,中国国际信托投资公司在日本东京发行的**100亿日元债券就是外国债券**。

欧洲债券是一国政府、金融机构、工商企业或国际组织在国外债券市场上以第三国货币为面值发行的债券。例如，法国一家机构在英国债券市场上发行的以美元面值的债券即是欧洲债券。欧洲债券的发行人、发行地以及面值货币分别属于三个不同的国家。

在国际债券市场上，欧洲债券所占的比重远远超过了外国债券。欧洲债券之所以对投资者和发行者有如此大的魅力，主要基于以下几方面：第一，欧洲债券市场是一个完全自由的市场，债券发行较为自由灵活，既不需要向任何监督机关登记注册，又无利率管制和发行数额限制，还可以选择多种计值货币。第二，发行欧洲债券筹集的资金数额大、期限长，而且对财务公开的要求不高，方便筹资者筹集资金。第三，欧洲债券通常有几家大的跨国金融机构办理发行，发行面广，手续简便，发行费用较低。第四，欧洲债券的利息收入通常免交所得税。第五，欧洲债券以不记名方式发行，并可以保存在国外，适合一些希望保密的投资者需要。第六，欧洲债券安全性和收益率高。欧洲债券发行者多为大公司、各国政府和国际组织，它们一般都有很高的信誉，对投资者来说是比较可靠的。同时，欧洲债券的收益率也较高。

总之，发行国际债券的优点是资金规模巨大、稳定、借款时间较长，可以获得外汇资金，缺点是发债条件严格、信用要求高、筹资成本高、手续复杂。适用于资金总需求大，能吸引外资的建设项目。

因国际债券的发行涉及国际收支管理，国家对企业发行国际债券进行严格的管理。

9. 融资租赁

融资租赁是资产拥有者在一定期限内将资产租给承租人使用，由承租人分期付给一定的租赁费的融资方式。融资租赁是一种以租赁物品的所有权与使用权相分离为特征的信贷方式。

融资租赁，一般由出租人按承租人选定的设备，购置后出租给承租人长期使用。在租赁期内，出租人以收取租金的形式收回投资，并取得收益；承租人支付租金租用设备进行生产经营活动。租赁期满后，出租人一般将设备作价转让给承租人。

融资租赁的优点是企业可不必须预先筹集一笔相当于资产买价的资金就可以获得需要资产的使用权。这种融资方式适用于以购买设备为主的建设项目。

7.2.3 既有法人内部融资

（一）既有法人的资产也是项目建设资金的来源之一

建设项目采用既有法人融资方式，既有法人的资产也是项目建设资金的来源之一。既有法人资产在企业资产负债表中表现为企业的现金资产和非现金资产，它可能由企业的所有权益形成,也可能由企业的负债形成、企业现有资产的形成,主要来源于三个方面:企业股东过去投入的资本金;企业对外负债的债务资金;企业经营所形成的净现金流量。

对于企业的某一项具体资产来说,我们无法确定它是资本金形成的,还是债务资金形成的。当企业采用既有法人融资方式,以企业的资产或资产变现获得的资金,投资于本企业的改扩建项目时,我们同样不能确定其属性是资本金,还是债务资金。但当A企业以现有资产投资于另一个独立法人资格的B项目(企业)时,对B项目(企业)来说,A企业投入的资产,应视为资本金。

(二)既有法人内部融资的渠道和方式

(1)可用于项目建设的货币资金。可用于项目建设的货币现金包括既有法人现有的货币资金和未来经营活动中可能获得的盈余现金。

现有的货币资金是指现有的库存现金及银行存款,扣除必要的日常经营所需的货币资金额,多余的货币资金可应用于项目建设。

未来经营活动中可能获得的盈余现金,是指在拟建项目的建设期内,企业在经营活动中获得的净现金节余,可以抽出一部分用于项目建设。

企业现有的库存现金及银行存款可以通过企业的资产负债表了解。企业未来经营活动可能获得的盈余现金,需要通过对企业未来现金流量的预测来估算。

(2)资产变现的资金。资产变现的资金是指既有法人流动资产、长期投资和固定资产变现为现金的资金。

企业可以通过加强财务管理,提高流动资金周转率,减少存货、应收账款等流动资产占用而取得现金,也可以出让有价证券取得现金。

企业的长期投资包括长期股权投资和长期债权投资,一般都可以通过转让而变现。企业的固定资产中,有些由于产品方案改变而被闲置,有些由于技术更新而被替换,都可以出售变现。

(3)资产经营权变现的资金。资产经营权变现的资金是指既有法人可以将其所属资产经营权的一部分或全部转让,取得现金用于项目建设。如某公司将其已经建成的一座大桥45%的经营权转让给另一家公司,转让价格为未来15年这些大桥收益的45%,然后将这笔资金用于建设另一座大桥。

(4)直接使用非现金资产。既有法人的非现金资产(包括实物、工业产权、非专利技术、土地使用权等)适用于拟建项目的,经资产评估可直接用于项目建设。当既有法人在改扩建项目中直接使用本单位的非现金资产时,其资产价值应计入"有项目"的项目总投资中,但不能计作新增投资。

7.2.4 准股本资金

准股本资金是一种既具有资本金性质,又具有债务资金性质的资金。准股本资金主要包括优先股股票和可转换债券。

（一）优先股股票

优先股股票是一种兼具资本金和债务资金特点的有价证券。从普通股股东的立场看，优先股可视同一种负债；但从债权人的立场看，优先股可视同为资本金。

如同债权一样，优先股股息有一个固定的数额或比率，通常大大高于银行的贷款利息，该股息不随公司业绩的好坏而波动，并且可以先于普通股股东领取股息；如果公司破产清算，优先股股东对公司剩余财产优先于普通股股东的要求权。优先股一般不参加公司的红利分配，持股人没有表决权，也不能参与公司的经营管理。

优先股股票相对于其他债务融资，通常处于较后的受偿顺序，且股息在税后利润中支付。在项目评价中优先股股息应视为项目资本金。

（二）可转换债券

可转换债券，是一种可以在特定时间、按特定条件转换为普通股股票的特殊企业债券，兼有债券和股票的特性。

可转换债券有以下三个特点：

(1)债券性。与其他债券一样，可转换债券也有规定的利率和期限，债券持有人可以选择持有债券到期，收取本金和利息。

(2)股权性。可转换债券在转换成股票之前是纯粹的债权，但在转换成股票之后，原债券持有人就由债权人变成了公司的股东，可参与企业的经营决策和红利分配。

(3)可转换性。债券持有人有权按照决定的条件将债券转换成股票。转股权是投资者享有的、普通企业债券所没有的选择权。可转换债券在发行时就明确约定，债券持有人可按照发行时决定的价格将债券转换成公司的普通股股票。如果债券持有人不想转换，则可继续持有债券，直到偿还期满时收取本金和利息，或者在流通市场出售变现。

由于可转换债券附有普通企业债券所没有的转股权，因此可转换债券利率一般低于普通企业债券利率，企业发行可转换债券有助于降低资金成本。但可转换债券在一定条件下可转换为公司股票，因而可能会造成股权的分散。

在项目评价中，可转换债券应视为项目债务资金。

7.3 融资方案分析

在初步确定项目的资金筹措方式和资金来源后，应进一步对融资成本、融资结构和融资风险进行分析，选择资金结构合理、资金成本低、融资风险小的方案。

7.3.1 资金来源可靠性分析

资金来源可靠性分析是对项目资本金和债务资金以及资产投入等各类资本在币种、数量和时间要求上是否能满足项目需要。

(一)项目资本金的来源可靠性分析

(1)采用既有法人融资方式的项目,应分析原有股东增资扩股和吸收新股东投资的数额及其可靠性,对原有股东的增资主要分析企业近期的经营和财务状况,预测未来经营和财务状况。

(2)采用新设法人融资方式的项目,应分析各投资者认缴的股本金数额及其可靠性。

(3)采用上述两种融资方式,如通过发行股票筹集资本金,应分析其发行的成功度和价格预期,分析获得批准的可能性和时间。如使用政府拨款、贴息等补贴性资金或赠款等,要分析政策的连续性和可靠性。

(二)项目债务资金来源的可靠性分析

项目债务资金的可靠性分析主要应分析以下内容:

采用债务融资的项目,应分析其能否获得国家有关部门的批准,分析获得批准的时间和可能性。

采用银行贷款的项目,应分析其能否取得拟提供贷款机构出具的贷款意向或贷款承诺。

采用外国政府贷款或国际金融组织贷款的项目,应核实项目是否列入利用外资备选项目。

(三)既有法人内部融资的可靠性分析

既有法人内部融资的可靠性分析具体包括:

(1)分析既有企业资产负债结构、现金流量状况和盈利能力,根据企业的财务状况和所处市场环境以及政策环境等,分析判断既有法人可能筹集到并用于拟建项目的现金数额及其可靠性。

(2)通过调查了解既有企业资产结构现状及其与拟建项目的关联性,分析判断既有企业可能用于拟建项目的非现金资产数额及其可靠性。

(3)调查分析既有企业在行业中的所处位置、技术装备水平、市场竞争能力,分析判断既有企业资产投入到拟建项目的可能性。

7.3.2 资金结构分析

资金结构是指融资方案中各种资金的比例关系。融资方案分析中,资金结构是一项重要内容。资金结构包括项目资本金与项目债务资金的比例、项目资本金内部的比例和项目资金内部结构的比例。

(一)项目资本金与项目债务资金的比例

第一,项目资本金与项目债务资金的比例是项目资金结构中最重要的比例关系。项目投资者希望投入较少的资本金,获得较多的债务资金,尽可能降低债权人对股东的追索。而提供债务资金的债权人则希望项目能够有较高的资本金比例,以降低债权的风险。

项目资本金与项目债务资金的比例与债务人的信誉、经营状况、市场形势、行业状况等有关有。当资本金比例降低到银行不能接受的水平时,银行将会拒绝贷款。资本金与债务资金的合理比例需要由各个参与方的利益平衡来决定。

资本金所占比例越高,企业的财务风险和债权人的风险越小,可能获得较低利率的债务资金。债务资金的利息是所得税前列支的,可以起到合理减税的效果。

在项目的收益不变、项目投资财务内部收益率高于负债利率的条件下,由于财务归纳杠杆的作用,资本金所占比例越低,资本金财务内部收益率越高,同时企业的财务风险和债权人的风险也越大。

因此,一般认为,在符合国家有关资本金(注册资本)比例规定,符合金融机构信贷法规即债权人有关资产负债比例的要求的前提下,既能满足权益投资者获得期望投资回报的要求,又能较好地防范财务风险的比例是较理想的资本金与债务资金的比例。

第二,按照我国有关法规规定,从1996年开始,对各种经营性国内投资项目试行资本金制度,投资项目资本金占总投资的比例根据不同行业和项目的经济效益等因素确定,做了具体规定。作为计算资本金基数的总投资,是指投资项目的固定资产投资(即建设投资和建设利息之和)与铺底流动资金之和。

根据国民经济发展的实际情况,政府有关部门可能调整建设项目的资本金比例。2004年4月国务院决定,钢铁行业资本金比例由25%及以上提高到40%及以上,水泥、电解铝、房地产开发项目(避寒经济适用房项目)资本金比例由20%及以上提高到35%及以上。2005年11月国务院又决定将铜冶炼项目资本金比例由20%及以上提高到35%及以上。经过上述调整后项目资本金比例具体规定见表7-1。

表7-1 项目资本金占项目总投资的比例

行业	项目资本金占项目总投资的比例
交通运输、煤炭项目	35%及以上
邮电、化肥项目	25%及以上
钢铁项目	40%及以上
水泥、电解铝、房地产开发项目(不含经济适用房)	35%及以上
铜冶炼项目	35%及以上
电力、机电、建材、化工、石油加工、有色、轻工、纺织、商贸及其他行业项目	20%及以上

投资项目资本金的具体比例,由项目审批单位根据投资项目的经济效益以及银行贷款意愿和评估意见等情况,在审批可行性研究报告时核定。经国务院批准,对个别情况特殊的国家重点建设项目,可以适当降低资本金比例。

第三,外商投资项目(包括外商独资、中外合资、中外合作经营项目)的注册资本与投资总额的比例,按照现行法规确定,具体规定见表7-2。投资总额是指建设投资、建设期利息和流动资金之和。

表7-2　注册资本占投资总额的最低比例

投资总额	注册资本比例	附加条件
300 万美元及以下	≥70%	
300 万美元以上至 1 000 万美元	≥50%	其中投资总额在 420 万美元以下的,注册资金不得低于 210 美元
1 000 万美元以上至 3000 万美元	40%	其中投资总额在 1 250 万美元以下的,注册资金不得低于 5 000 万美元
3 000 万美元以上	1/3	其中投资总额在 3 600 万美元以下的,注册资金不得低于 1 200 万美元

(二)项目资本金内部结构比例

项目资本金内部结构比例是指投资各方的比例。不同的出资比例决定各投资方对项目建设和经营的决策权和承担的责任,以及项目收益的分配。

(1)采用新设法人融资方式的项目,应根据投资各方在资金、技术和市场开发方面的优势,通过协商确定各方的比例、出资形式和出资时间。

(2)采用既有法人融资方式的项目,项目的资金结构要考虑从既有法人的财务状况和筹资能力,合理确定既有法人内部融资与新增资本金在项目融资总额中所占的比例,分析既有法人内部融资与新增增资本金的可能性与合理性。既有法人将现金资产和非现金资产投资于拟建项目长期占用,将使企业的财务流动性降低,其投资额的受到企业自身财务资源的限制。

(3)按照我国现行规定,有些项目不允许国外资本控股,有些项目要求国有资本控股。如2005年1月1日起实施的《外商投资产业指导目录(2004年修订)》中明确规定,核电站、铁路干线路网、城市地铁及轻轨等项目,必须由中方控制。

根据投资体制改革的精神,国家放宽社会资本的投资领域,允许社会资本进入法律法规未禁入的基础设施、公用事业及其他行业和领域。按照促进和引导民间投资(指个体、私营经济以及它们之间的联营、合股等经济实体的投资)的精神,除国家有特殊规定的以外,凡是鼓励和允许外商投资进入的领域,均鼓励和允许民间投资进入。因此,在进行融资方案分析时,应关注出资人出资比例的合法性。

(三)项目债务资金结构比例

项目债务资金结构比例反映债权各方为项目提供债务资金的数额比例、债务期限比例、内债和外债的比例以及外债中各币种债务的比例等。在确定项目债务资金结构比例时,可借鉴下列经验。

(1)根据债权人提供债务资金的条件(包括利率、宽限期、偿还期及担保方式等)合理确定各类借款和债务比例,可以降低融资成本和融资风险。

(2)合理搭配短期、中长期债务比例。适当安排一些短期负债可以降低总的融资成本,但过多的采用短期负债,会产生财务风险。大型基础设施项目的负债融资应以长期债务为主。

(3)合理安排债务资金的偿还顺序。尽可能先偿还利率较高的债务,后偿还利率低的债务。对于有外债的项目,由于有汇率风险,通常应先偿还硬货币(是指货币汇率比较稳定,且有上浮趋势的货币)的债务,后偿还软货币(是指汇率不稳定,且有下浮趋势的货币)的债务。应使债务本息的偿还不至影响企业正常生产所需的现金量。

(4)合理确定内债和外债的比例。内债和外债的比例主要取决于项目用汇量。从项目本身的资金平衡考虑,产品内销的项目尽量不要借用外债,可以采用投资方注入外汇或者以人民币购汇。

(5)合理选择外汇币种。选择外汇币种应遵循以下原则。

①选择可自由兑换货币。可自由兑换货币是指试行浮动汇率制且有人民币报价的货币,如美元、英镑、日元等,它有助于外汇风险的防范和外汇资金得到调拨。

②付汇用软货币,收汇用硬货币。对于建设项目的外汇贷款,在选择还款币种时,尽可能选择软货币。当然,软货币的外汇贷款利率通常较高,这就需要在汇率变化与利率差异之间做出预测和抉择。

(6)合理确定利率结构。当资本市场利率水平相对较低,且有上升趋势时,尽量借固定利率贷款;当资本市场利率水平相对较高,且有下降趋势时,尽量借浮动利率贷款。

7.3.3 资金成本分析

资金成本是指项目为筹集和使用资金而支付的费用,包括资金筹集费和资金占用费。

资金筹集费是指资金筹集过程中支付的一次性费用,如发行股票、债券支付的印刷费、发行手续费、担保费、广告费等;资金占用费是指占用资金支付的费用,是融资企业经常发生的,如股息、银行借款和债券利息。资金成本的高低是判断项目融资方案是否合理的重要因素之一。

为了便于分析比较,资金成本通常以相对数表示。项目使用资金所负担的费用同筹集资金净额的比率,称为资金成本率(一般亦通称为资金成本)。其公式为

$$资金成本率 = \frac{资金占用费}{筹集资金总额 - 资金筹集费} \times 100\%$$

由于资金筹措费一般与筹集资金总额成正比,所以一般用筹措费用率表示资金筹集费,因此资金成本率公式也可以表示为

$$资本成本率 = \frac{资金占用费}{筹集资金总额(1 - 筹措费用率)} \times 100\%$$

资金成本是选择资金来源,确定融资方案的重要依据,是评价投资项目、决定投资取舍的重要标准,也是衡量企业经营成果的重要尺度。

(一)债务资金成本分析

债务资金成本由债务筹资费和债务资金占用费组成。债务资金筹资费是指债务资金筹集过程中支付的费用,如承诺费、发行手续费、担保费、代理费以及债券兑换手续费等;债务资金占用费是指使用债务资金过程中发生的经常性费用,如贷款利息和债券利息。

含筹集费用的税后债务资金成本的表达式为

$$P_0(1 - F) = \sum_{i=1}^{n} \frac{P_i + I_i(1 - T)}{(1 + K_d)^i}$$

式中:P_0——债券发行额或长期借款金额,即债务现值;

F——债务资金筹资费用率;

I_i——约定的第 t 期末支付的债务利息;

P_t——约定的第 t 期末偿还债务本金;

K_d——所得税后债务资金成本;

T——所得税税率;

n——债务期限,通常以年表示。

上述公式中等式左边是债务人的实际现金流入;等号右边为债务引起的未来现金流出的现值总额。本公式中未计入债券兑付手续费(可忽略不计)。使用该公式时应根据项目具体情况确定债务期限内各年的利息是否乘以 $(1 - T)$,在项目运营期内的所得税免征年份也不应乘以 $(1 - T)$。

(二)权益资金成本分析

权益资金成本的估算比较困难,因为很难对项目未来的收益以及股东对未来风险所要求的风险溢价做出准确的测定。可采用的计算方法主要有:资本资产定价模型法、税前债务成本加风险溢价法和股利增长模型法。

1. 资本资产定价模型法

采用资本资产定价模型法,权益资金成本的计算公式为

$$K_s = R_f + \beta(R_m - R_f)$$

式中:K_s——权益资金成本;

R_f——社会无风险投资收益率;

β——项目的投资风险系数;

R_m——市场投资组合预期收益率。

2. 税前债务成本加风险溢价法

采用税前债务成本加风险溢价法,权益资金成本的计算公式为

$$K_s = K_b + RP_c$$

式中:K_s——权益资金成本;

K_d——所得税前债务资金成本;

RP_c——投资比债权人承担更大的风险所要求的风险溢价。

3. 股利增长模型法

采用股利增长模型法,权益资金成本的计算公式为

$$K_s = \frac{D_1}{P_0} + G$$

式中:K_s——权益资金成本;

D_1——预期年股利额;

P_0——普通股市价;

G——普通股利年增长率。

(三)加权平均资金成本分析

为了比较不同融资方案的资金成本,需要计算加权平均资金成本。加权平均资金成本一般是以各种资金占全部资金的比重为权数,对个别资金成本进行加权平均确定,其计算公式为

$$K_w = \sum_{j=1}^{n} K_j \times W_j$$

式中:K_w——加权平均资金成本;

K_j——第j种个别资金成本;

W_j——第j种个别资金成本占全部资金的比重(权数)。

7.3.4 融资风险分析

融资风险是指融资活动存在的各种风险。融资风险有可能使投资者、项目法人、债权人等各方蒙受损失。在融资方案分析中应对各种融资方案的融资风险进行识别、比较,并对最终推荐的融资方案提出防范风险的对策。融资风险分析中应

重点考虑下列风险因素。

（一）资金供应风险

资金供应风险是指在项目实施过程中由于资金不落实，导致建设工期延长，工程造价上升，使原定投资效益目标难以实现的可能性。导致资金不落实的原因很多，主要有：已承诺出资的股本投资者由于出资能力有限（或者由于拟建项目的投资效益缺乏足够的吸引力）而不能（或不再）兑现承诺；原定发行股票、债券计划不能实现；既有企业法人由于经营状况恶化，无力按原定计划出资；由于经济金融等政策变化，导致出资人或贷款人无力实现出资承诺；投资估算不准确或由于工程方案变化等原因，出现资金缺口。

为防范资金供应风险，必须认真做好资金来源可靠性分析。在选择项目的股本投资人和贷款人时，应当选择资金实力强、既往信用好、风险承受能力强的出资人。同时，还要做好项目前期工作和投资决策，在可行性研究中，坚持多方案比较，选择最佳方案，增强项目吸引力，使出资人对项目充满信心，从而降低资金供应风险。

（二）利率风险

利率风险是指由于利率变动导致资金成本上升，投资增加，资金出现缺口，进而给项目造成损失的可能性。

利率水平随金融市场情况而变动，未来市场利率的变动会引起项目资金成本发生变动。采用浮动利率，项目的资金成本随利率的上升而上升，随利率的下降而下降。采用固定利率，如果未来利率下降，项目的资金成本不能相应下降，相对资金成本将升高，因此，无论采用浮动利率还是固定利率都存在利率风险。未来防范利率风险，应对未来利率的走势进行分析，以确定采用何种利率。

（三）汇率风险

汇率风险是指利用外资或需要外汇的投资项目，由于汇率变动导致项目投资增加，给项目造成损失的可能性。

国际金融市场上各国货币的比价在时刻变动，使用外汇的项目，尤其是使用外汇贷款的项目，未来汇率的变动引起项目资金成本发生变动以及未来还本付息费用支出的变动。某些硬货币贷款利率较低，但汇率风险较高；软货币则相反，汇率风险较低，但贷款利率较高。为了防范利率风险，使用外汇数额较大的项目应对人民币的汇率走势、所借外汇币种的汇率走势进行分析，以确定借用何种外汇币种以及采用何种外汇币种结算。一般情况下应尽量借用软货币。

第8章 财务效益评估

本章提要：在项目财务效益与费用估算的基础上,要进一步对项目的财务可行性进行评估,项目类型的不同会影响财务评估内容的选择,对于经营性项目,应考察和分析项目的盈利能力、偿债能力和财务生存能力,判断项目的财务可接受性,明确项目对投资主体及投资者的价值贡献,为项目决策提供依据。对于非经营性项目,主要分析项目的财务生存能力。

本章包括了财务效益评估的基本问题,从静态分析和动态分析两个角度叙述了财务效益评估的指标;对项目偿债能力、财务生存能力分析的内容、报表编制和指标计算方法进行分析。同时,对于非经营项目的财务效益评估要求予以说明。学习本章将系统掌握财务效益评估的内容与方法,为项目经济评价奠定基础。

8.1 财务效益评估概述

财务效益评估,是在基础财务数据测算的基础上,根据国家现行财税制度和财务价格,从经营者和银行的角度出发来测算分析项目的效益和费用,从而考察项目的获利能力、清偿能力及外汇效果等财务状况,以判断建设项目的财务可行性。由于财务效益评估主要是站在企业角度分析拟建项目经济效益大小,所以也可将财务效益评估称为企业经济效益评估

8.1.1 财务效益评估的基本目标

评估某一拟建项目在财务上的可行性,主要有以下几项基本目标。

(一)考察拟建项目的获利能力

全面了解拟建项目的获利能力,这是评估的关键所在。企业利润的多少基本上能够反映出投资的盈利水平,也是项目财务效益好坏的根本标志。因此,考察拟建项目的获利能力,主要是为了弄清项目本身有无自我生存和自我发展的能力。

反映拟建项目获利能力大小的指标既有绝对数指标,又有相对数指标;既有静

态指标,又有动态指标。因此,评估拟建项目获利能力的过程实际上就是指标的计算和分析过程。

(二)评估拟建项目的投资贷款偿还能力

项目建成投产后,需要多长时间才能回收全部投资,这是投资者关心的主要问题之一,也是项目财务效益好坏的标志。另外,随着投资体制和金融体制改革的深入,商业银行面临的贷款任务日趋繁重,承担的风险越来越大。拟建项目建成投产后,其贷款偿还能力的大小就成为贷款银行和企业十分关注的重要问题。只有按期如数归还全部贷款本息,企业才能尽早卸掉利息包袱,增强竞争力。银行只有按期如数收回贷款本息,才能实现经营资金的良性循环。因此,项目投资贷款偿还能力乃是衡量企业财务效益大小的又一重要标志。

8.1.2 财务效益评估的意义

站在企业的角度进行拟建项目财务效益评估,在投资贷款决策中具有重要的意义。

(一)财务效益评估是项目决策和管理的基础

通过财务效益评估,可以使企业经营者对项目未来的发展情况做到心中有数。对其获利能力、偿债能力等财务状况有较为全面的了解,同时对项目财务上可能存在的问题也有一个客观的认识,这就为投资决策提供了科学的依据,也为项目实施后不断加强经营管理、提高经济效益打下了良好的基础。

(二)财务效益评估是银行进行贷款决策的主要依据

通过财务效益评估,可以使贷款银行了解拟建项目财务上的盈利能力和偿还能力,从而正确做出贷款决策,保证银行资金的安全周转与增值。同时,也可促使贷款银行逐步积累贷款项目管理的经验,不断提高贷款决策科学化水平,提高贷款资金的使用效益。

8.1.3 财务效益评估是国民经济效益的基础

财务效益评估与国民经济效益评估作为拟建项目经济评价的两个方面,在项目评估中互相补充,缺一不可。从某种意义上说,财务效益评估是国民经济效益评估的基础。如果一个项目财务效益不佳,企业就缺乏投资的兴趣,国民经济效益评估也无从谈起。当然,国家可通过减免税收等优惠措施对那些国民经济效益显著而财务效益不佳的项目进行扶持,则扶持后的项目财务效益评价由不可行转为可行,企业就有了投资的积极性。

总之,财务效益评估对企业、对银行、对国家都有非常重要的意义

8.1.4 财务效益评估的原则和方法

财务效益评估要进行一系列指标的计算分析。为了准确评价拟建项目财务效益的大小,需要遵循一定的原则,采用科学的方法。

(一) 财务效益评估的原则

1. 坚持效益与费用计算价值尺度一致的原则

财务效益评估只计算项目本身的直接效益和直接费用,即只考虑内部效果,对于因项目存在而产生的间接效益和间接费用则不予考虑。为此,在财务效益评估中计算费用和效益时,就应注意计算价值尺度的一致性,避免人为扩大费用和效益的计算范围,使得费用和效益缺乏可比的基础,造成财务效益评估失误。

2. 坚持以动态分析为主、静态分析为辅的原则

静态分析是一种不考虑货币时间价值,只根据项目某一年或某几年的盈利状况进行盈利能力和偿还能力分析的方法。它具有计算简便、指标直观、容易理解掌握等优点,但也存在计算结果不够准确、不能正确全面地反映拟建项目财务可行性等缺点。而动态分析正好弥补了静态分析之缺点,它是一种充分考虑了资金时间价值因素,根据项目整个寿命期各年的现金流入和现金流出情况进行效益分析的方法,尽管动态分析的计算过程复杂,但计算出的指标能够较为准确地反映拟建项目财务效益;因此,在财务效益评估中,应坚持以动态分析为主、静态分析为辅的原则。

3. 坚持采用预测价格的原则

由于项目计算期一般较长,受市场供求关系变化等因素的影响,投入物与产出物的价格在项目计算期内肯定会发生某些变化;若仅以现行价格作为衡量项目投入物与产出物的价值尺度,显然是不科学的。这是由于物价总水平上涨乃是客观趋势,不考虑市场供求关系变化,不考虑物价上涨因素,则计算出的费用和效益难免失真。为此,在财务效益评估中应采用以现行价格体系为基础的预测价格,从而正确计算项目的费用和效益,对拟建项目的财务可行性做出客观评价。

(二) 财务效益评估的方法

根据工业项目评估的特点和实际需要,对拟建项目进行财务效益评估时,可采用动态法,也可采用静态法。实际工作中,通常是将两种方法结合运用,以期全面准确地考察拟建项目的财务可行性。

1. 静态法

如前所述,静态法是一种简便易行的分析评价方法。运用这种方法对项目进行财务效益评估时,没有考虑项目寿命期内各年的获利能力状况,也没有考虑资金的时间价值因素对其盈利能力和偿还能力的影响。因而具有计算简便,但不够准确的特点。在财务效益评估中,运用静态法计算的主要指标有投资利润率、投资利税率、资金利润率、投资回收期、贷款偿还期、资产负债率、流动比率、速动比率等。

2. 动态法

动态法是一种较之静态法更为复杂、准确的经济评价方法,其主要特点是考虑了项目整个寿命期内现金流量的变化情况及其经济效益,考虑了资本金的时间价值,因而可以避免静态法所存在的缺点,比较精确、可靠。

在财务效益评估中,运用动态法计算的主要指标有财务内部收益率、财务净现值等。

以上两种方法各有利弊,在具体评估时,两种方法要互相结合取长补短,在评估中可根据工作阶段和深度要求不同,先用静态分析法进行初步评估,作辅助分析,然后再以动态分析为主进行精确评估,最后综合评估项目财务收益。

8.1.5 财务效益评估指标

在对拟建项目进行财务效益评估时,首先应确定评估的依据和标准,这些依据和标准称为财务效益指标。这些指标从不同侧面反映了拟建项目的经济效益。正确地选择评估指标是项目评估成功的关键因素之一。

将各种评估指标从不同角度分类,就形成了不同的财务效益指标体系。

(一)按反映拟建项目的经济性质分类

1. 时间性指标

时间性指标反映拟建项目对资金的回收或清偿速度,如投资回收期、贷款偿还期等。

2. 价值性指标

价值性指标反映拟建项目的资金使用效率单位资金的获利能力,有财务内部收益率、投资利润率、投资利税率、资本金利润率。

(二)按是否考虑货币时间价值分类

1. 静态指标

静态指标不考虑货币的时间价值,有投资利润、投资利税率、贷期偿还期、投资回收期等。

2. 动态指标

动态指标考虑货币的时间价值,有净现值、财务内部收益率等。当前评估中,要以动态指标为主,静态指标作参考标准。

3. 国务院技术中心推荐指标

(1)主要指标:内部收益率、投资回收期、贷款偿还期。

(2)辅助指标:净现值、投资收益率、投资利税率。

8.1.6 财务效益评估的内容

财务效益评估的内容包括两个方面：

（一）盈利能力分析

主要是考察投资项目的盈利水平，即弄清兴建该项目所花费的这一笔投资能否获利，有多大效益。企业是一个自负盈亏的独立经济实体，银行对投资项目的盈利情况是非常关注的。盈利水平能否达到设定的目标值或国家规定的收益率是项目成立的最基本的条件。

（二）清偿能力分析

主要是考察计算期内各年的财务状况及偿债能力。除资本金外，建设项目一般都要借入相当数量的资金，对这部分负值进行偿还，不仅投资者关心偿债能力，债权人更为关心，偿债能力是债权人提供贷款的决策依据。因此，清偿能力分析也是财务评估中的主要内容之一。

此外，对于涉外项目，尚须进行外汇效果计算分析，衡量项目实施后对国家外汇状况的影响，以及产品出口能力和竞争能力的分析。

8.1.7 财务效益分析的程序

财务效益分析的程序是指进行财务效益分析所经过的步骤，具体如下。

（一）分析和估算项目的财务数据

财务效益分析首先要求对可行性研究报告提出的数据进行分析审查，然后与评估人员所掌握的信息资料进行对比分析，若有必要可重新进行估算。具体财务数据包括项目总投资、资金筹措方案、产品成本费用、销售收入、税金和利润等。

（二）评价或编制财务效益分析基本报表

在项目评估中，财务效益分析基本报表是在辅助评价报表基础上分析填列的，集中反映项目盈利能力、清偿能力和财务外汇平衡的主要报表的统称，主要包括利润表、现金流量表、资金来源与运用表、资产负债表及外汇平衡表等。

在项目评估时，不仅要审查基本报表的格式是否符合规范要求，而且还要审查所填列的数据是否准确。如果格式不符合要求或者数据不准确，则要根据评估人员所估算的财务数据重新编制表格。

（三）计算与分析财务效益指标

财务效益指标包括反映项目盈利能力的指标和反映项目清偿能力的指标。反映项目盈利能力的指标包括静态指标（如投资利润率、投资利税率、资本金利润率、资本金净利润率和投资回收期等）和动态指标（如财务内部收益率、财务净现值和动态投资回收期等）；反映项目清偿能力的指标包括借款偿还期、资产负债率、流动比率和速动比率。

对财务效益指标进行分析和评估,一是要审查计算方法是否正确;二是要审查计算结果是否准确。如果计算方法不正确或者计算结果有误差,则需要重新计算。

(四)提出财务效益分析结论

将计算出的有关指标值与国家有关部门公布的基准值,或与经验标堆、历史标准、目标标准等加以比较,并从财务的角度提出项目可行与否的结论。

(五)进行不确定性分析

不确定性分析包括盈亏平衡分析、敏感性分析和概率分析两种方法,主要分析项目适应市场变化的能力和抗风险能力(不确定性分析将在第十一章中专门讨论)。

8.2 财务效益分析基本报表

8.2.1 利润表

(一)利润表的概念与作用

在项目评估中,利润表是指反映项目计算期内各年的利润总额、所得税及净利润的分配情况,用以计算投资利润率、投资利税率、资本金利润率和资本金净利润率等指标的一种报表,又叫损益表。

(二)利润表的结构与填列

1. 利润表的结构

利润表的格式见表 8-1。

利润表的结构可用下列三个公式表示,即

利润总额 = 产品销售(营业)收入 - 销售税金及附加 - 总费成本用

税后利润 = 利润总额 - 所得税

税后利润 = 可供分配利润 = 盈余公积金 + 应付利润 + 未分配利润

2. 利润表的填列

"产品销售(营业)收入"和"销售税金及附加"项目应依据销售收入和销售税金及附加估算表的有关数据填列。

"所得税"项目按照利润总额的一定比率(税率)计算,但要考虑减免所得税和弥补上年度亏损等因素。

税后利润等于利润总额减所得税,亦即项目投产后的可供分配利润。可供分配利润分为盈余公积金(包括法定盈余公积和法定公益金)、应付利润和未分配利润。

第8章 财务效益评估

表8-1 利润表　　　　　　　　　　　　单位：万元

序号	年份 项目	投产期		达到设计能力生产期			合计
		3	4	5	6	... n	
	生产负荷(%)						
1	产品销售(营业)收入						
2	销售税金及附加						
3	总成本费用						
4	利润总额(1-2-3)						
5	所得税						
6	税后利润(4-5)						
7	可供分配利润(6)						
7.1	盈余公积金						
7.2	应付利润						
7.3	未分配利润						
	累计未分配利润						

注：利润总额应根据国家规定先调整为应纳税所得额（如减免所得税，弥补上年度亏损等），再计算所得税。

应付利润是按规定应付给投资者的利润，包括对国家投资分配利润、对其他单位投资分配利润、对个人投资分配利润等。分配比例往往依据投资者签订的协议或公司的章程等有关资料来确定。

未分配利润即为可供分配利润减盈余公积金和应付利润后的余额。

8.2.2 现金流量表

（一）现金流量和现金流量表的概念与作用

现金流量是现金流入量与现金流出量的统称，又叫现金流动。它是以项目作为一个独立系统，反映项目在计算期内实际发生的现金流入和现金流出的活动情况及其流动数量。项目的现金流出量是指在某一时间内发生的能够导致现金存量减少的现金流动，简称现金流出；现金流入量是指能够导致现金存量增加的现金流动，简称现金；在项目计算期内，某期的净现金流量是指同期现金流入与现金流出之差。现金流量只反映项目在计算期内各年实际发生的现金收支，不包括非现金收支（如折旧费、应收及应付款等）。

在项目评估中，按照用途不同，现金流量表分为财务现金流量表和国民经济现金流量表。

财务现金流量表是指在财务测算信息的基础上填列的、反映项目在计算期内各年现金流入量、现金流出量和净现金流量水平的一种表格，它是计算财务内部收益率、财务净现值和投资回收期等经济评价指标的主要信息来源。如果不加特殊说明,本章的现金流量表就是指财务现金流量表。

根据投资计算基础不同,现金流量表可分为全部投资角度的现金流量表和自由资金角度的现金流量表。

(二)现金流量表的结构与填列

1. 现金流量表(全部投资)

现金流量表(全部投资)是指以全部投资作为计算基础,不分投资资金来源,用以计算全部投资所得税前及所得税后的财务内部收益率、财务净现值及投资回收期等技术经济指标的一种现金流量表。编制该表的目的是考察项目全部投资的盈利能力,为各个投资方案(不论其资金来源构成情况如何以及利息多少)进行比较建立共同基础。

现金流量表(全部投资)的现金流入包括主营业务(销售)收入、回收固定资产余值(可用净残值代替)和回收流动资金等内容。

现金流出包括建设投资、流动资金、经营成本、主营业务(销售)税金及附加、所得税等。

现金流入和现金流出的有关数据可依据"销售收入和税金及附加估算表"及"建设投资估算表"、"流动资金估算表"、"投资总额与资金筹措表"、"总成本费用估算表"和"利润表"等有关报表填列。

"现金流量表(全部投资)"的格式见表 8-2。

2. 现金流量表(自有资金)

现金流量表(自有资金)是指以投资者的出资额作为计算基础,从自有资金的投资者角度出发,把借款本金偿还和利息支付作为现金流出,用以计算自有资金的财务内部收益率、财务净现值等技术经济指标的一种现金流量表。编制该表的目的是考察项目自有资金的盈利能力。"现金流量表(自有资金)"的格式见表 8-3。

现金流量表(自有资金)与现金流量表(全部投资)的现金流入项目相同,现金流出项目则包括自有资金(建设投资和流动资金)、借款本金偿还、借款利息支付、经营成本、销售税金及附加和所得税等。

现金流入和现金流出的有关数据除了可依据"销售收入和税金及附加估算表"、"投资总额与资金筹措表"、"总成本费用估算表"和"利润表"等有关报表填列外,还需要参考"借款还本付息计算表"的数据。

编制上述两种现金流量表各有其特定的目的。现金流量表(全部投资)在计算现金流量时,假定全部投资均为自有资金,因而不必考虑借款本金的偿还和利息的支付,为各个投资项目或投资方案(不论其资金来源如何)进行比较建立了共同的基础。现金流量表(自有资金)主要考察自有资金的盈利能力和向外部借款对项目

表 8-2 现金流量表(全部投资)　　　　　　　　单位:万元

序号	年份\项目	建设期		投产期		达到设计能力生产期				合计
		1	2	3	4	5	6	…	n	
	生产负荷(%)									
1	现金流入									
1.2	回收固定资产余值									
1.3	回收流动资金									
1.4	其他现金流入									
2	现金流出									
2.1	建设投资									
2.2	流动资金									
2.3	经营成本									
2.4	主营业务(销售)税金及附加									
2.5	所得税									
2.6	其他现金流出									
3	净现金流量(1-2)									
4	累计净现金流量									
5	所得税前净现金流量(3+2.5)									
6	所得税前累计净现金流量									

所得税后　　　　　所得税前

计算指标:
　　财务内部收益率:
　　财务净现值:
　　投资回收期:　　　　　　　　($ic=$　　%)　　　($ic=$　　%)

注:1. 根据需要可在现金流入和现金流出栏里增减项目;
　　2. 生产期内发生的更新投资作为现金流出可单独列项或列入建设投资项中。

是否有利。在对拟建项目进行评估时,要分别对两种现金流量表进行审查和分析,并根据评估人员所估算的基础数据编制两种现金流量表,并计算相应的技术经济指标。

必须指出的是,项目评估中使用的现金流量表与财务会计中使用的现金流量表无论在格式、内容上,还是在作用上都存在较大的差别,不能将它们混为一谈。

表 8-3　现金流量表(自由资金)　　　　　　　　　　单位:万元

序号	年份 项目	建设期		投产期		达到设计能力生产期			合计
		1	2	3	4	5	6	… n	
	生产负荷(%)								
1	现金流入								
1.1	主营业务(销售)收入								
1.2	回收固定资产余值								
1.3	回收流动资金								
1.4	其他现金流入								
2	现金流出								
2.1	自有资金								
2.2	借款本金偿还								
2.3	借款利息支付								
2.4	经营成本								
2.5	主营业务(销售)税金及附加								
2.6	所得税								
2.7	其他现金流出								
3	净现金流量(1-2)								

计算指标:
　　财务内部收益率:
　　财务净现值:($ic=$　　%)

注:1. 根据需要可在现金流入和现金流出栏里增减项目;
　　2. 自有资金是指项目投资者的出资额。

8.2.3　资金来源与运用表

(一)资金来源与运用表的概念与作用

资金来源与运用表是指专门反映项目计算期内各年资金来源、运用,以及资金盈余或短缺情况的一种报表。它可以用于资金筹措方案的选择,指导借款及偿还计划的编制,并为编制资产负债表提供依据。

(二)资金来源与运用表的结构与填列

1. 资金来源与运用表的结构

"资金来源与运用表"的格式见表 8-4。

资金来源与运用表分三大项,即资金来源、资金运用和盈余资金。资金来源减资金运用为盈余资金("+"表示当年有资金盈余,"-"表示当年资金短缺)。

2. 资金来源与运用表的填列

表中的"利润总额"、"所得税"和"应付利润"依据"利润表"填列,"折旧费"、"摊销费"依据"总成本费用估算表"填列;各种"借款"、"自有资金"、"建设期利息"和"流动资金"等依据"投资总额与资金筹措表"填列;各种"借款本金偿还"依据"借款还本付息计算表"填列,"回收固定资产余值"、"回收流动资金"依据"现金流量表(全部投资)"填列。

表8-4 资金来源与运用表　　　　　　　　　　单位:万元

序号	年份 项目	建设期		投产期		达到设计能力生产期			合计
		1	2	3	4	5	6	… n	
	生产负荷(%)								
1	资金来源								
1.1	利润总额								
1.2	折旧费								
1.3	摊销费								
1.4	长期借款								
1.5	流动资金借款								
1.6	其他短期借款								
1.7	自有资金								
1.8	其他								
1.9	回收固定资产余值								
1.10	回收流动资金								
2	资金运用								
2.1	建设投资								
2.2	建设期利息								
2.3	流动资金								
2.4	所得税								
2.5	应付利润								
2.6	长期借款本金偿还								
2.7	流动资金借款本金偿还								
2.8	其他短期借款本金偿还								
3	盈余资金								
4	累计盈余资金								

8.2.4 资产负债表

(一)资产负债表的概念与作用

项目评估中的资产负债表,是指综合反映项目计算期内各年年末资产、负债和所有者权益的增减变化及对应关系的一种报表,通过分析该表可以考察项目资产、负债、所有者权益的结构是否合理,并能够据以计算资产负债率、流动比率及速动比率等指标,进行清偿能力分析。

(二)资产负债表的结构与填列

1. 资产负债表的结构

项目评估使用的"资产负债表"的格式见表8-5。

资产负债表主体结构包括三大部分,即资产、负债及所有者权益总额等于负债与所有者权益的总和,其平衡关系用会计等式表示,即为

$$资产 = 负债 + 所有者权益$$

2. 资产负债表的填列

资产负债表中的项目,有些可依据财务基础数据估算表中的数据直接填列,有些则要经过分析整理综合后才能填列。

表8-5 资产负债表   单位:万元

序号	年份 项目	建设期		投产期		达到设计能力生产期			合计
		1	2	3	4	5	6	… n	
1	资产								
1.1	流动资产总额								
1.1.1	应收账款								
1.1.2	存货								
1.1.3	现金								
1.1.4	累计盈余资金								
1.2	在建工程								
1.3	固定资产净值								
1.4	无形资产净值及开办费								
2	负债及所有者权益								
2.1	流动负债总额								
2.1.1	应付账款								
2.1.2	流动资金借款								
2.1.3	其他短期借款								
2.2	长期借款								
	负债小计								
2.3	所有者权益								
2.3.1	资本金								
2.3.2	资本公积								
2.3.3	累计盈余公积金								
2.3.4	累计未分配利润								

计算指标:1. 资产负债率(%)
2. 流动比率(%)
3. 速动比率(%)

可直接填列的项目:"应收账款"、"存货"和"现金"可依据"流动资金估算表"填列;"累计盈余资金"可依据"资金来源与运用表"填列;各项"借款"可依据"投资总额与资金筹措表"填列;"累计盈余公积金"和"累计未分配利润"可依据"利润表"填列;"固定资产净值"、"无形资产净值及开办费"可依据"固定资产折旧费估算表"、"无形资产摊销估算表"和"建设投资估算表"填列。

需要经过分析整理综合填列的项目:"在建工程"和"资本金"可依据"投资总额与资金筹措表"分析整理综合后填列;"资本公积"要经过分析综合后填列。资本公积包括资本溢价和赠款两大项,具体有四个来源,即①投资者实际缴付的出资额超过资本金的差额;②法定财产重估增值,即重估价值与账面净值的差额;③资本汇率折算差额,即资本账户与实收资本账户采用的折合汇率不同而产生的折合记账本位币差额;④接受捐赠的财产。

8.2.5 财务外汇平衡表

(一)外汇平衡表的概念与作用

在项目评估中,外汇平衡表是指专门反映项目计算期内各年外汇收支及余缺的一种报表。该表可用于外汇平衡分析,适用于有外汇收支的项目财务效益分析。

(二)外汇平衡表的结构与填列

1. 外汇平衡表的结构

"外汇平衡表"的格式见表8-6。

表8-6 外汇平衡表 单位:万元

序号	年份　　项目	建设期		投产期		达到设计能力生产期				合计
		1	2	3	4	5	6	…	n	
	生产负荷(%)									
1	外汇来源									
1.1	产品销售外汇收入									
1.2	外汇借款									
1.3	其他外汇收入									
2	外汇运用									
2.1	建设投资中外汇支出									
2.2	进口原材料									
2.3	进口零部件									
2.4	技术转让费									
2.5	偿付外汇借款本息									
2.6	其他外汇支出									
2.7	外汇余缺									

注:1. 其他外汇收入包括自筹外汇等。
　　2. 技术转让费是指生产期支付的技术转让费。

外汇平衡表主体结构包括两大部分,即外汇来源和外汇运用,表现形式是:外汇来源等于外汇运用,恒等式为

$$外汇来源 = 外汇运用$$

2. 外汇平衡表的填列

在外汇平衡表中,外汇来源包括产品销售外汇收入、外汇贷款和自筹外汇等,自筹外汇包括在"其他外汇收入"项目中。外汇运用包括建设投资中的外汇支出、进口原材料和零部件的外汇支出、在生产期用外汇支付的技术转让费、偿付外汇借款本息和其他外汇支出。各项内容需按项目收支中与外汇有关的数据填列。

8.2.6 借款还本付息计算表

(一)借款还本付息计算表的概念与作用

借款还本付息表是反应项目借款偿还期内借款支用、还本付息和可用于偿还借款的资金来源情况,用以计算借款偿还期指标,进行清偿能力分析的一种报表。

按现行财务制度规定,归还建设投资借款的资金来源主要是项目投产后的折旧费和未分配利润等。

(二)借款还本付息计算表的结构与填列

1. 借款还本付息计算表的结构

"借款还本付息计算表"的格式见表8-7。

表8-7 借款还本付息计算表　　　　　　　　单位:万元

序号	年份 项目	利率 %	建设期		投产期		达到设计能力生产期			
			1	2	3	4	5	6	…	n
1	借款及还本付息									
1.1	年初借款本息累计									
1.1.1	本金									
1.1.2	建设期利息									
1.2	本年借款									
1.3	本年应计利息									
1.4	本年还本									
1.5	本年付息									
2	偿还借款本金的资金来源									
2.1	利润									
2.2	折旧									
2.3	摊销									
2.4	其他资金									
	合计(2.1+2.2+2.3+2.4)									

该表从结构上看,包括借款及还本付息和偿还借款本金的资金来源两大部分。在借款尚未还清的年份,当年偿还本金的资金来源等于本年还本的数额;在借款还清的年份,当年偿还本金的资金来源等于或大于本年还本的数额。

2. 借款还本付息计算表的填列

在项目的建设期,"年初借款本息累计"等于上年借款本金和建设期利息之和;在项目的生产期,"年初借款本息累计"等于上年尚未还清的借款本金。

"本年借款"、"本年应计利息(建设期利息)"按照"投资总额与资金筹措表"列;"本年应计利息(生产期利息)"可以根据当年的年初借款本息累计与贷款年利率的乘积求得;"本年还本"可以根据当年偿还借款本金的资金来源填列;"利润"可根据"利润表"填列,"折旧"和"摊销"可根据"总成本估算表"填列。

8.2.7 基本报表之间的相互关系

上面介绍的几种基本报表是财务效益分析体系中重要的组成部分。它们之间存在着密不可分的内在联系。

"利润表"和"现金流量表"都是为进行项目盈利能力分析提供基础数据的报表,所不同的是"利润表"是为计算反映项目盈利能力的静态指标提供数据,而"现金流量表"是为计算反映项目盈利能力的动态指标提供数据。同时"利润表"也为"现金流量表"的填列提供了某些基础数据。

"借款还本付息计算表"、"资金来源与运用表"和"资产负债表",都是为进行项目清偿能力分析提供基础数据的报表。根据"借款还本付息计算表"或"资金来源与运用表"可以计算借款偿还期指标,根据"资产负债表"可以计算资产负债率、流动比率和速动比率等指标。

8.3 财务盈利能力分析

拟建项目财务效益评估的盈利能力分析,一般先计算投资利润率、投资利税率、资本金利润率等简单直观的静态指标,作为财务效益评估的参考,然后在现金流量分析的基础上,计算财务内部收益率、财务净现值、投资回收期等主要评价指标,作为评价拟建项目财务可行性的主要依据。

8.3.1 现金流量分析

在财务效益评价中,为了准确地评估拟建项目的财务盈利能力,首先必须计算项目的现金流量。因为现金流量是项目全部经济活动的货币反映,是项目一切经济核算的基础。在现金流量计算的基础上,就可以计算财务净现值、财务内部收益率、投资回收期等主要评价指标。

(一)现金流量的概念

现金流量是把拟建项目作为一个独立系统,反映项目在其整个寿命期内实际发生的流入和流出系统的现金活动及其流动数量。它是项目评价和投资决策的专用术语,与常规会计方法不同,现金流量的计算要点是只计算现金收支,不计算非现金收支(如折旧费、推销费、应收及应付账款等),并要如实记录现金收支实际发生的时间。投资项目的现金流量有现金流出、现金流入和净现金流量。

1. 现金流出

现金流出是指投资项目在建设和生产服务年限内各年实际发生的现金支出数额。就工业投资项目而言,其现金流出主要包括固定资产投资、流动资金、经营成本、销售税金及附加、技术转让费(生产期分年支付)、资源税、所得税等。

2. 现金流入

现金流入是指投资项目在建设和生产服务年限内各年实际发生的现金收入数额。就工业投资项目而言,其现金流入主要包括项目建设过程中发生的基建收入、项目建成投产后各年的销售(营业)收入,以及项目寿命期最后一年回收的固定资产余值和流动资金。

3. 净现金流量

净现金流量是指投资项目在寿命期内各年度的现金流入量与现金流出量之差额。其计算式为

$$净现金流量 = 现金流入量 - 现金流出量$$

4. 累计净现金流量

累计净现金流量是指项目寿命期内各年的净现金流量逐年累计相加所得的数额,是计算项目投资回收期指标的基础数据。

(二)现金流量的计算

由于投资项目寿命期一般较长,所以现金流量通常需要列表进行计算。这样,现金流量的计算过程,实际上就是现金流量表的编制过程。

财务现金流量表是反映项目寿命期内各年的现金流入和现金流出,用以计算财务内部收益率、财务净现值和投资回收期等评价指标,进行财务盈利性分析的基本表格。其优点在于能一目了然地看出项目寿命期内各年的现金收入、现金支出以及总的现金盈余或短缺情况,是进行财务效益评估的重要工具,也是投资决策部门审查项目财务效益的重要依据。

根据投资计算基础的不同,财务现金流量表可分为两种类型。

1. 全部投资财务现金流量表

全部投资财务现金流量表是在不考虑拟建项目资金来源及其构成的情况,把

全部投资均视为自有资金,以全部投资作为计算基础,用以计算全部投资所得税前及所得税后的财务内部收益率、财务净现值及投资回收期等评价指标,考察项目全部投资的盈利能力。这样的计算为各个投资方案(不论其资金来源及利息多少)进行比较建立共同基础,可以判断本同投资方案本身的优劣,而且全部投资的收益率可与金融市场当时的利率相比较。基于这种考虑,在编制全部投资财务现金流量表时,不再细分借入和自筹资金,且不考虑还本付息问题。全部投资财务现金流量表的基本格式如表8-2所示。

其具体的编制如下:

生产负荷(%):根据投资项目生产期各年预计的达产能力填列。

产品销售(营业)收入:根据产品销售(营业)收入和销售税金及附加估算表的相应栏目填列。

回收固定资产余值:是指固定资产报废时的残值扣除清理费用后的净残值。一般发生在项目寿命期最后一年。为简化计算,通常规定出各类固定资产的净残值率。一般项目的净残值率为3%~5%;合资项目净残值率一般在10%以上。计算公式为

$$回收固定资产余值 = 固定资产原值 \times 净残值率$$

回收流动资金:项目寿命期终了,投入的流动资金应如数收回。可根据流动资金估算表中的流动资金总额填入项目寿命期最后一年栏内。

上述三项数据填列结束,即可计算填列项目寿命期(主要是生产期)内各年的现金流入。

固定资产投资:可根据投资计划与资金筹措表中有关数据分析填列,但应从固定资产投资总额中扣除建设期利息。这是因为全部投资财务现金流量表的建立,是把全部投资视为自有资金,因此建设期各年的固定资产投资额中不应包括投资利息。

流动资金:亦可根据投资计划与资金筹措表中有关数据填列。

经营成本:是现金流量计算中的专用名词,在我国现行成本管理中不使用这一概念,因而它只有理论意义而无实际意义。经营成本是指不包括固定资产折旧费、无形及递延资产摊销费、借款利息和"维简费"的总成本费用。之所以在总成本费用中扣除有关费用项目,是因为现金流量计算是把项目作为一个独立系统,反映项目寿命期内各年的现金收支。现金收支在何时发生,就在何时计算现金流入或流出,不作分摊。由于投资已按其发生的时间作为一次性支出计入现金流出,所以不能再以折旧和摊销的方式分摊计入现金流出,否则会发生重复计算。因此,作为生产期经常性支出的经营成本不应包括折旧费和摊销费。同样道理,矿山项目计提"维简费"只是项目系统内部的现金转移,而非现金支出,故计算现金流出时应从总

成本中予以剔除。另外,全部投资财务现金流量表把全部投资作为自有资金,因此不考虑还本付息问题,经营成本中不包括借款利息支出。其计算公式为

经营成本 = 总成本费用 - 折旧费 - 摊销费 - 维简费 - 利息支出

销售税金及附加:根据产品销售收入和销售税金及附加估算表中有关数据填列。

所得税:根据损益表中有关数据填列。

净现金流量:根据上述填列的现金流入、现金流出数据,即可计算出项目寿命期各年的净现金流量。它是计算财务净现值、财务内部收益率等评价指标的重要基础数据。

累计净现金流量:上年累计净现金流量与本年净现金流量之和,即为本年累计净现金流量。根据项目寿命期各年的累计净现金流量可计算投资回收期指标。

需要说明的是,由于现金流出中包括了所得税,所以上述净现金流量与累计净现金流量是指所得税后的数据,在此基础上计算的有关评价指标也是所得税后的指标。若要考察所得税前获利能力大小,可在上述各年净现金流量与累计净现金流量的基础上分别加上各年所得税,求出所得税前的净现金流量与累计净现金流量,并据以计算所得税前的评价指标。

2. 自有资金财务现金流量表

自有资金财务现金流量表是从投资者角度出发,以投资者的出资额作为计算基础,把借款本金偿还和利息支付作为现金流出,用以计算自有资金财务内部收益率、财务净现值等评价指标,考察项目自有资金的获利能力和向外部借款对拟建项目是否有利。自有资金财务现金流量表的基本格式如表 8 - 3。

(三)几个需要说明的问题

1. 项目寿命期的确定

项目寿命期也称项目计算期,它包括建设期和生产期。现金流量计算涉及项目整个寿命期,所以,合理确定项目寿命期是正确计算现金流量的基础。一般情况下,项目建设期比较容易确定,在编制可行性研究报告或下达项目建议书时,就已对建设期有较明确的规定。而项目有效生产期,由于在时间上延伸较长,则不容易确定。实际工作中,确定项目有效生产期主要考虑以下三个因素。

第一,项目建成投产后,主要生产设备的物理磨损因素。设备磨损到一定程度,不能继续运转,就应该报废退役,企业生产也不得不中止。这样,项目有效生产期也就到此终结。

第二,主要生产设备的无形损耗因素。在科学技术不断进步的条件下,尽管很多企业原有的生产设备物理磨损程度不大,但由于出现了技术水平更高、性能更好的先进设备,为了增强竞争能力,企业不得不淘汰旧设备,追加投资更新设备。

第三,企业生产产品的寿命期。产品寿命期又称为产品的市场需求期。当市场对企业生产的产品没有需求或需求量很小时,企业也不得不停止生产,而转产畅销产品。

根据上述三个因素,在确定项目生产期时,对某些折旧寿命很长甚至是"永久性"的工程项目(如水坝),其生产(使用)期可低于折旧寿命期。对一般项目来说,除建设期应根据实际需要确定外,计算生产期有20年就足够了。因为20年后将发生什么情况很难预测,时间越长,误差越大。同时,按折现法计算,20年后的收益额折现后为数较小,对评估结果不会产生举足轻重的影响。

2. 现金流量中年序的确定

在编制财务现金流量表时,年序的确定有两种方法:

第一,假定现金流量均发生在年初,第二年的流量不折现,它本身就是现值。若项目寿命期为 n 年,则年序为 $0,1,2,\cdots,n-1$。这种年序确定方法适用于以下两种情况:一个是技术改造项目利用企业原有固定资产价值,这种价值处于项目寿命期起始点,它不是在年中或年末投入的,而是在年初一次投入的,故这类项目的年序应从0开始;另一个是个别新建项目在建设前期的准备工作中,逐年地有资金投入,若对这部分前期投资按实际发生时间计算,则项目寿命期势必太长。对于这种情况,一般将建设前期的分年投入采用终值的价值量,一次计入建设期初,即0年。

第二,假定现金流量均发生在年末,若项目寿命期为 n 年,则年序为 $1,2,3,\cdots n$。这种方法与现值计算中的年末习惯法正好吻合,因而在实际工作中应用较多。

需要说明的是,项目寿命期每年的现金流入与现金流出是从年初至年末逐次陆续发生的,计算现值时准确的方法是只计半年的折现。但为了方便计算,实际工作中都是把每年分次发生的现金流入和现金流出视为年终一次发生,而采用年终的折现系数,这已成为通例。

8.3.2 静态分析指标

静态分析指标包括4项指标。

(一)全部投资回收期(P_t)

全部投资回收期是指以项目的净收益抵偿全部投资所需要的时间。它是考察项目在财务上的投资回收能力的主要静态评价指标。投资回收期(以年表示)一般从建设开始年算起,如果从投产年算起的,应予说明。其表达式为

$$\sum_{t=1}^{n}(C_I - C_O)_t = 0$$

式中:C_I——现金流入量;

C_0——现金流出量;

$(C_I - C_0)_t$——第 t 年的净现金流量。

全部投资回收期可根据财务现金流量表(全部投资)中累计净现金流量计算求得。详细计算公式为

$$\text{全部投资回收期}(I_t) = \left[\begin{array}{c}\text{累计净现金流量开}\\ \text{始出现正值年份数}\end{array}\right] - 1 + \left[\frac{\text{上年累计净现金流量的绝对值}}{\text{当年净现金流量}}\right]$$

在财务效益评估中,求出的全部投资回收期(P_t)与行业的基准全部投资回收期(P_c)比较,当 $P_t < P_c$ 时,表明项目投资能在规定的时间内收回。

(二)投资利润率

它是指项目达到设计生产能力后一个正常生产年份的年利润总额与项目总投资的比率。其计算公式为

$$\text{投资利润率} = \frac{\text{年利润总额或平均利润总额}}{\text{项目总资产}} \times 100\%$$

式中:年利润总额 = 年产品销售(营业)收入 - 年产品销售税金及附加 - 年总成本费用;

年销售税金及附加 = 年消费税 + 年增值税 + 年营业税 + 年资源税 + 年城市维护建设税 + 教育费附加;

项目总投资 = 固定资产投资 + 投资方向调节税 + 建设期利息 + 流动资金。

在计算中,对生产期内各年的利润总额变化幅度较大的项目,应计算生产期平均利润总额与项目总投资的比率。

投资利润率可根据损益表中的有关数据计算求得。投资利润率这一指标表明项目全部投资的获利能力。投资利润率高,意味着投资效果好而风险小,债务清偿能力强,企业的利益有保障;投资利润率低则正好相反。在财务效益评估中,投资利润率指标的比较标准是行业平均投资利润率,即将投资利润率与行业平均投资利润率对比,以判别项目单位投资盈利能力是否达到本行业的平均水平。

投资利润率指标计算简便,易于理解,其缺点是由于不同年份的选择,项目达产期与未达产期的投资利润率数值将会不同。以达产期的利润额作为计算投资利润率的依据,掩盖了未达产年份的利润差额。另外,该指标也没有考虑现金流入与现金流出的时间因素。

(三)投资利税率

它是指项目达到设计生产能力后一个正常生产年份的年利税总额或项目生产期内的平均利税总额与项目总投资的比率。其计算公式为

$$\text{投资利税率} = \frac{\text{年利税总额或年平均利税总额}}{\text{项目总投资}} \times 100\%$$

式中:年利税总额 = 年利润总额 + 年销售税金及附加。

投资利税率可根据损益表中的有关数据计算求得。投资利税率是衡量项目占用投资资金后,为社会所提供的剩余产品的多少;对国家财政贡献大小的静态指标。拟建项目投资利税率高,表明项目提供的"剩余产品"多,对国家财政的贡献大;同投资利润率指标的比较标准类似,投资利税率的比较标准是行业平均投资利税率,即在财务评估中,将投资利税率与行业平均投资利税率对比,以判别单位投资对国家积累的贡献水平是否达到本行业的平均水平。商业银行在项目评估中,该指标仅作参考。

(四) 资本金利润率

它是指项目达到设计生产能力后的一个正常年份的年利润总额或项目生产期内的年平均利润总额与资本金的比率。它反映投入项目的资金的盈利能力。商业银行在项目评估中,该指标仅作参考。其计算公式为

$$资本金利润率 = \frac{年利润总额或年平均利润总额}{资本金} \times 100\%$$

此指标仅适用于有注册资本的企业。该指标目前尚无统一的行业财务评价参数作判据。但总的来讲,资本金利润率越高,表明投入项目的资本金的盈利能力越强,投资效益越好。

8.3.3 动态分析指标

动态分析指标包括以下 2 项指标:

(一) 财务内部收益率(FIRR),亦称内部报酬率

它是指项目在整个计算期内各年净现金流量现值累计等于零时的折现率。它反映项目所占用资金的盈利率,是考察项目盈利能力的主要动态评价指标,其表达式为

$$\sum_{t=1}^{n}(C_I - C_O)_t (1 + FIRR)^{-t} = 0$$

式中:n——计算期。

其他符号同前。

财务内部收益率可根据财务现金流量表中净现金流量用插入法计算求得,其计算公式为

$$财务内部收益率 = 偏低折现率 + \frac{偏低折现率计算的净现值 \times 两个折现率之差}{两个折现率计算出的净现值绝对值之和} \times 100\%$$

其计算分两步:

第一步:试算出偏高和偏低两个折现率。即利用高于基准收益率(或项目长期借款年均成本)的折现率计算净现值,如果净现值大于零,可继续选一个更高的折

现率,直到折现值出现负数,这就是偏高折现率;再按国家规定在不大于5%范围内,选择一个偏低折现率.并计算出净现值。

第二步:按计算公式测算出财务内部收益率。

在财务评估中,将求出的财务内部收益率与行业的基准收益率或项目长期借款平均成本比较,当前者大于等于后者时,即认为其盈利能力已满足最低要求,在财务上是可以考虑接受的。反之,则在财务上是不可接受的。

(二)财务净现值(FNPV)

它是指按行业的基准收益率或项目长期借款平均成本,将项目计算期内净现金流量折现到建设期初的现值之和。其表达式为:

$$FNPV = \sum_{t=1}^{n}(C_I - C_O)_t \cdot (1 + ic)^{-t}$$

财务净现值可根据财务现金流量表计算求得。财务净现值大于或等于零的项目是可以考虑接受的。

8.3.4 基准参数的确定

财务评价参数是用于计算、衡量建设项目效益与费用以及判断项目经济合理性的一系列数值。它是由国家计委、建设部组织测定的(详见表8-8)。这些财务评价参数是按照各行业现行财税条例测定的,使用时应注意财税、价格等条件,当财税条例发生较大变化时,应作相应调整。

表8-8 财务参数表

行业代码	行业名称	基准收益率/%	基准投资回收期/年	平均投资利润率/%	平均投资利税率/%	备 注
部门	冶金					
1010	铁矿采选业(大中型)	2	22.0	4	5	按现行价格
1010	铁矿采选业(大中型)	12	11.0	14	15	按进口矿石价格
48201	大型钢铁联合企业	9	14.3	9	14	包括矿山
48201	大型钢铁联合企业	11	12.6	11	16	不包括矿山
48201	中型钢铁联合企业	9	13.3	9	13	包括矿山
48201	中型钢铁联合企业	11	11.5	10	15	不包括矿山
48202	特殊钢厂	10	12.0	9	15	
48203	普通钢厂	11	11.0	10	16	
4830	钢压延加工业	15	8.8	13	21	
4880	铁合金冶炼业	11	11.0	10	16	
45701	大中型耐火制品行业	11	13.0	10	17	
3510	炼焦制气	7	15.0	5	6	

续表 8-8

行业代码	行业名称	基准收益率/%	基准投资回收期/年	平均投资利润率/%	平均投资利税率/%	备注
部门	煤炭					
0810A	露天采矿	17	9.0	14	15	
0810B	矿井(井工)开采	15	8.0	18	19	
08	矿区采洗	10	13.0	10	11	
	矿井采洗	14	9.0	16	18	
部门	有色金属					
1111	铜矿山	5	15.0	6	7	
4911	铜冶炼	13	10.0	14	30	
	铜联合企业	8	13.0	9	12	
1112	铜锌矿山	6	13.8	6	7	
4912	铜锌冶炼	11	11.5	13	21	
1115	锡矿山	6	14.0	12	13	
4913	锡冶炼	14	10.0	15	25	
	锡联合企业	9	13.0	8	12	
1161	钨矿山	3	6.9	3	4	
1131	铝矿山及氧化铝	9	12.0	12	15	
4931	铝电解	13	9.0	15	24	
49801	铜加工	15	9.0	14	24	
49802	铝加工	14	19.0	18	22	
	有色金属工业部门	10	11.0	11	15	
部门	石油天然气开采					
0910	天然原油开采业	12	6.0	17	20	仅用于高价油项目
0920	天然气开采业	12	8.0	10	12	公用于高价气项目
部门	邮电					
7410	邮政业	2	19.0	3	4	
74201	市内电话业	6	13.0	7	7	
74202	长途电信业	10	11.0	11	13	
部门	机械					
5421	大中型拖拉机	8	13.0	5	7	
5421	小型拖拉机	13	10.0	9	11	
5312	内燃机	17	8.0	15	19	
5422	收获机械	5	16.0	1	3	
5315	拖内配件	9	13.0	7	8	
6311	自动化仪表	17	8.0	14	18	
6313	电工仪器仪表	17	9.0	15	18	

续表 8-8

行业代码	行业名称	基准收益率/%	基准投资回收期/年	平均投资利润率/%	平均投资利税率/%	备注
6321	成分分析仪器	16	9.0	13	15	
6315	光学仪器	14	9.0	12	15	
5471	电影机械	13	11.0	12	15	
5484	照相机械	14	9.0	12	13	
5474	科研办公机械	24	7.0	22	26	
6334	仪表元件	15	9.0	13	17	
6339	仪表材料	20	8.0	20	29	
5392	石油化工机械	13	9.0	10	13	
5389	印刷机械	15	9.0	13	16	
5341	冷冻机械	25	8.0	24	30	
5335	工业泵	13	10.0	10	13	
5337	风机	10	2.0	7	10	
5339	气体压缩机	14	10.0	11	14	
5352	高中压阀门	10	11.0	7	11	
5352	低压阀门	16	9.0	13	17	
5399	重型机械	4	17.0	2	3	
5381	矿山机械	5	16.0	3	5	
5331	起重运输机械	15	9.0	11	15	
5449	工程机械	15	9.0	12	16	
5321	机床	9	12.0	6	9	
5323	锻压设备	9	12.0	6	9	
5325	铸造设备	7	15.0	4	6	
5326	机床附件	11	10.0	9	12	
6360	量具刃具	14	9.0	11	14	
4640	磨料磨具	11	10.0	9	12	
5311	工业锅炉	23	7.0	20	24	
5812	电机	12	10.0	9	13	
5813	微电机、分电机	20	8.0	17	21	
5343	电动工具	18	8.0	16	20	
5821	变压器	18	9.0	15	19	
5824	高压电器	20	8.0	17	22	
5824	低压电器	14	10.0	11	14	
5823	电力电容器	25	7.0	24	29	
5891	电焊机	25	7.0	24	30	
5841	电线、电缆	21	8.0	18	35	

续表 8-8

行业代码	行业名称	基准收益率/%	基准投资回收期/年	平均投资利润率/%	平均投资利税率/%	备注
4563	电瓷	12	10.0	10	16	
5843	绝缘材料	21	8.0	19	28	
5845	蓄电池	19	8.0	17	25	
5853	液压、液力件	13	9.0	11	14	
5355	气动元件	24	7.0	23	28	
5356	密封件	16	8.0	14	22	
5361	链条	16	9.0	13	18	
5357	粉末冶金及制品	14	9.0	12	15	
5351	轴承	11	10.0	9	12	
5519	包装机械	13	11.0	10	14	
5371	铸造行业	9	12.0	7	9	
5372	锻造行业	9	12.0	7	8	
5183	表面处理行业	19	8.0	19	22	
5134	工模具行业	11	11.0	9	11	
5621	汽车	16	9.0	15	19	
5626	改装汽车	18	7.0	17	21	
5627	汽车配件	13	8.0	10	14	
	机械工业其他行业	12	10.0	9	12	
部门	化工					
36111	硫酸	10	10.0	12	20	
3622	磷肥	10	11.0	14	16	
36132	纯碱	10	11.0	9	14	
36131	烧碱	12	10.0	15	23	
3621	氮肥	9	11.0	8	11	
3631	农药	14	9.0	22	28	
部门	石化					
3420	原油加工	12	10.0	4	10	
3651	有机化工原料制造	14	10.0	15	24	
3721	塑料制造	15	9.0	15	30	
3725	合成纤维单体（聚合物）制造	12	10.0	12	20	
	石油化工联合企业	10	12.0	6	15	
部门	纺织					
222	棉纺织	14	10.1	10	17	
224	毛纺织	14	10.1	10	17	

续表 8-8

行业代码	行业名称	基准收益率/%	基准投资回收期/年	平均投资利润率/%	平均投资利税率/%	备 注
226	麻纺织	14	10.1	10	17	
40	化学纤维行业					
401	人造纤维					
	粘胶长丝	12	10.3	8	13	
	粘胶短纤维	8	13.1	7	10	
402	合成纤维	12	10.6	11	15	不包含普通长丝
部门	轻工					
28	制浆造纸	15	9.0	13	19	
	其中:重点支持的产品	11	10.5			
548	日用机械	25	7.1	24	36	
	日用硅酸盐	12	10.3	10	14	
587	电光源及照明器具	13	10.2	11	16	
377/378	日用化学制品	19	8.7	17	26	
	其中:洗涤剂原料	12	12.6	12	17	
13	制盐	12	10.5	11	16	
	其中:海盐	8	12.6	7	10	
17/18/19	食品	16	8.3	16	21	
1741/1742	其中:制糖	10	11.0	7	19	
43/44	塑料制品	19	7.8	14	20	
586	家用电器	26	6.8	19	30	
6370	衡器	14	9.1	11	15	
20	烟草	17	9.7	14	223	
538/541	轻工设备	12	10.0	9	12	
部门	建材					
4510	水泥	8	13.0	8	12	
4541	平板玻璃	10	11.0	14	22	

注:

1. 表中各参数适用于计算所得税前财务评价指标;
2. 表中行业分类是按中华人民共和国国家标准:"国民经济行业分类和代码"(GB4754—84)进行分类的;
3. 表中各参数均不含通货膨胀因素;
4. 表中各参数适用于大中型项目,可供小型项目参考;
5. 同行业基准收益率等参数主要适用于由国家供应原材料和统一计划分配产品的中央所属大中型铜矿山、铜冶炼厂及铜采选冶炼联合企业项目,地方中小型建设项目可参考使用;

6. 铝矿山及氧化铝行业基准收益率等参数主要适用于由国家供应原材料和统一计划分配产品的包括矿山在内的大中型氧化铝厂建设项目和独立建设的大中型氧化铝厂项目;

7. 炼焦制气参数适用于钢铁联合企业的大中型焦化厂,对独立炼焦制气厂仅作参考;

8. 煤炭行业的财务基准收益率等参数只在以15年还贷反推煤价条件下使用。

8.4 项目清偿能力与外汇平衡分析

8.4.1 项目偿债能力分析

(一)清偿能力的含义

清偿能力有广义与狭义之分。广义的清偿能力包括项目回收全部投资的能力和偿还投资贷款的能力;狭义的清偿能力仅指项目偿还贷款的能力。项目回收全部投资的能力已通过投资回收期指标反映出来,所以这里我们只讨论项目狭义的清偿能力,在西方国家又称为偿债能力。

项目清偿能力分析主要是考察项目计算期内各年的财务状况及偿债能力。它对企业和银行都具有十分重要的意义。对企业来说,通过项目清偿能力分析,可以对项目未来的财务状况做到心中有数,对银行来说,项目清偿能力的强弱是银行贷款与否的重要决策依据。

具体地讲,项目清偿能力分析就是通过编制资金来源与运用表、借款还本付息计算表和资产负债表,并在此基础上计算固定资产投资国内贷款偿还期、资产负债率、流动比率和速动比率等一系列指标,从而对拟建项目未来的财务状况和偿债能力作出全面的分析评价。

(二)清偿能力考察的主要指标

项目清偿能力分析,主要是考察项目计算期内各年的财务状况及偿债能力,其主要指标如下。

1. 资产负债比率

它是反映项目各年所面临的财务风险程度及偿债能力的指标,也是反映项目偿债能力的最主要的指标,其计算公式为

$$资产负债比率 = \frac{负债合计}{资产合计} \times 100\%$$

2. 流动比率

它是反映项目各年偿付流动负债能力的指标,其计算公式为

$$流动比率 = \frac{流动资产总额}{流动负债总额} \times 100\%$$

3. 速动比率

它是反映项目快速偿付流动负债能力的指标,其计算公式为

$$速动比率 = \frac{流动资产总额 - 存货}{流动负载总额} 100\%$$

4. 贷款偿还期

它是指在国家财政规定及项目具体财务条件下,项目投产后用可作为还款的资金偿还固定资产投资贷款本息所需的时间。贷款偿还期是反映投资项目债务清偿能力和经济效益好坏的一个综合性指标,其表达式为

$$I_d = \sum_{t=1}^{P_d} R_t$$

式中:I_d——固定资产投资贷款本息和;

P_d——贷款偿还期;

R_t——第 t 年可用于还款的资金,包括利润、折旧、摊销及其他还款资金。

贷款偿还期的计算,一般可采用公式法与列表法进行,项目评估中更多的是采用列表法,现分述如下。

(1)公式法。运用公式法测算贷款偿还期的关键在于正确测算投资借款的利息。按照惯例,对固定资产投资贷款应计利息分以下三种情况加以测算,即

建设期每年应计利息额 =(年初贷款本息累计额 + 本年贷款支用额/2)× 年利率

还款期每年应计利息额 =(年初贷款本息累计额 - 本年贷款支用额/2)× 年利率

$$还清年份应计利息 = \frac{年初贷款本息累计额}{2} \times 年利率$$

在求得各年应计利息后,即可代入贷款偿还期计算公式求取贷款偿还期,其计算公式为

$$贷款偿还期 = 项目建设期 + \frac{贷款本息和}{年平均还款能力}$$

按公式法进行计算,因还款能力的确定是取平均额,计算结果不够准确,故评估中多采取列表法计算贷款偿还期。

(2)列表法。在项目评估中,贷款偿还期的计算应通过编制贷款还本付息计算表进行,其格式如表 8-9 所示。

表8-9 贷款还本付息计算表 单位:万元

序号	年份 项目	利率	建设期		投产期		达到设计能力生产期		
			1	2	3	4	5	…	n
1	借款及还本付息								
1.1	年初贷款本息累计额								
1.2	本年贷款支用								
1.3	本年应计利息								
1.4	本年还本								
1.5	本年付息								
2	偿还贷款本息的资金来源								
2.1	利润								
2.2	折旧								
2.3	摊销								
2.4	其他资金								
	合计(2.1+2.2+2.3+2.4)								

根据计算表,采用以下公式计算贷款偿还期,即

贷款偿还期 = 贷款偿还后开始出现盈利的年份数 − 开始贷款年份 + $\dfrac{当年偿还的贷款额}{当年可用于还款的资金}$

贷款偿还期是银行决定贷与不贷、贷多贷少的主要依据之一,如果测算的结果超过银行规定的期限,就不能给予贷款;当贷款偿还期满足银行的要求期限时,即认为项目是有偿还能力的。

8.4.2 财务外汇平衡分析

涉及外汇收支的项目,应进行外汇平衡分析,考察各年外汇余缺程度,编制财务外汇平衡表,关键是正确计算项目计算期各年的外汇来源和外汇运用,在此基础上分析项目计算期各年的外汇盈余或短缺情况。对外汇有不平衡的项目,应提出具体的解决办法。

财务外汇平衡分析使用的基本报表是"外汇平衡表",其基本格式见表8-6。

对于涉及产品出口创汇及替代进口节汇的项目,在上述财务效益评估的基础上,还应进行项目的财务外汇效益分析。财务外汇效益分析就是分析和评价涉外项目建成投产后可能给国家外汇平衡情况带来的影响,计算项目外汇净现值、换汇成本及节汇成本等指标,用以衡量项目对国家外汇的净贡献或净消耗。

第9章 国民经济效益评估

本章提要：项目经济效益评估内容的选择,应根据项目性质、项目目标、项目投资者、项目财务主体以及项目对经济与社会的影响程度等具体情况确定。对于关系公共利益、国家安全和市场不能有效配置资源的经济和社会发展的项目,除应进行财务效益评估外,还应进行国民经济效益评估;对于特别重大的建设项目还应辅以区域经济与宏观经济影响分析方法进行国民经济效益评估。

本章分析了国民经济效益评估的意义、内容及方法,明确了需要进行经济分析的项目类型,确定了经济费用与经济效益计算的原则;详细叙述了国民经济效益与费用的识别原则,计算原则和国民经济效益与费用识别的特殊问题;对影子价格的选取、测算与调整原则进行详细说明;对国民经济效益评估的报表编制和指标计算进行了阐述。通过学习本章,将掌握国民经济效益评估的基本原理和方法。

9.1 国民经济效益评估概述

(一)国民经济效益评估的意义

1. 项目评估的层次

项目评估包括微观评估和宏观评估两个方面。微观评估指企业经济效益评估和银行经济效益评估,这种评估研究的范围比较狭小。一般不考虑盈利以外的问题。它仅从企业和银行的角度来评价项目的可行性,在市场价格不够合理的情况下,很容易造成资源的不合理利用,甚至诱发重复建设、盲目投资等痼疾。宏观经济效益评估通常指国民经济效益评估,它要求将建设项目置于整个国民经济系统,并对可能扭曲的市场价格加以校正,以研究建设项目对国家和社会所作的贡献和有关影响。国民经济效益评估,是在企业经济效益评估的基础上,以影子价格为工具,以国家参数为标准,重点考虑项目投资所引起的投入产出边际变化对国民经济的影响,为更好地促进资源合理配置和提高国民经济效益,对建设项目所作的分析评价。

对一些事关重大的建设项目,应当同时进行这两方面的评估,这时,会出现以下四类情况:一是两种评估都认为项目可行,则项目可取;二是两种评估都认为项目不可行,则项目应当舍弃;三是微观评估认为可行,而宏观评估认为不可行,在这种情况下,无疑应否认该项目;四是微观评估认为不可行,而宏观评估认为可行,则说明需要对经济政策和有关经济管理体制进行调整,使微观经济效益评估也变得可行,促进项目的开发与建成。

实际上,宏观经济效益评估还应该包括社会经济效益评估。有些经济学家认为,国家经济发展的目标是增长和公平,增长目标又称为效率目标,即要求增加国民收入;公平目标则要求对国民收入在时间上和空间上进行合理分配。时间上的分配指在消费与积累之间的分配,空间上的分配指在不同的阶层和地区间的分配。一个项目的收益若过多地倾斜于消费或积累,或者过多地分配于原来就富有的阶层或地区,那么可以认为这个项目对社会福利或社会效益的贡献是不大的。社会经济效益评估以增长目标和公平目标结合在一起作为评价项目的标准,因此,评估时使用的影子价格就必须考虑收入分配的影响。为了区别,一般将国民经济效益评估所用的影子价格称为效率价格,而将社会经济效益评估所用的影子价格称为社会价格。在社会价格中,收入分配影响是通过对消费、积累、不同地区和不同阶层的加权平均影响来确定的。可以看出,社会经济效益评估是一种更高层次的评估。

除此以外,还可以从政治影响、国防军事、生态环境、资源利用、充分就业和其他社会变化来对项目进行综合效益评价分析,这种评估往往较多地利用定性分析方法,但由于涉及面广,不确定因素多,对许多问题的看法难以取得一致,故而在实践中较少运用。

2. 国民经济评估的意义

不言而喻,对一些重大的建设项目,企业经济效益评估不能构成项目决策的依据;综合经济效益评估运用较少,且对某些问题的看法容易发生分歧,同样不能作为项目评估的主要内容;而社会经济效益评估只是国民经济效益评估的补充与完善,在评估中也不能据此作出结论;只有国民经济效益评估才能提供项目决策的依据,因此,国民经济效益评估在项目评估中举足轻重,对于重大建设项目的投资决策更是具有决定性的意义。

国民经济效益评估应以影子价格为工具,影子价格不仅校正了由于市场失灵所导致的市场价格扭曲,而且反映了商品或生产要素可用量的边际变化对国民经济的价值,因此,国民经济效益评估对于如何利用和分配稀缺资源,可以说是一种最为科学和完善的工具。

同时,国民经济效益评估要用全局观点、长远观点来分析项目的盈利,要把国民经济效益和社会效益放在首位。有的拟建项目，如果对国民经济和社会不利，企业或地区的经济效益再好也不能兴建，反之，则要在兴建的同时调整有关经济政策，使国家和企业均能受益。因此，搞好国民经济效益评估，不仅有利于处理好企业和国家、地方和中央、近期和长远的关系，也可以通过项目规划、地区规划、行业规划和国民经济发展规划的衔接，促进国民经济的健康发展。

在我国，由于商业化经营管理理论的影响，也由于国民经济评估的繁杂性，某些国有商业银行目前对影响重大的投资项目也不进行国民经济评估。但是，这样做存在不少弊端：

其一，商业化经营固然是商业银行的必由之路，但国民经济效益评估并不排斥企业经济效益评估，更不会伤害商业银行的经济利益，尤其在政府行为不够规范、各种行政干预还难以摆脱的时候，商业银行放弃国民经济效益评估，就等于放弃了一件自我保护的工具。

其二，我国虽然成功地进行了价格改革，理顺了大量的价格关系，但我国的价格和国际市场价格存在着较大的差异，加之我国正处在向市场经济转轨的时期，某些重要物资价格信息失真仍然在所难免，如果商业银行放弃国民经济效益评估，可能会加剧我国重复建设、盲目投资的趋势。

其三，国有商业银行和政策性银行虽已分离，但不能否认商业银行的长期贷款具有强烈政策性的特点，而且，为了实现国家宏观调控目标，国有商业银行有时也不得不牺牲当前的某些利益，国有商业银行放弃国民经济效益评估，无异于将自己贬低为一般的私人商业银行。

其四，在经济结构调整过程中，商业银行发挥着重要作用，调整经济结构的时候，商业银行的信贷资金在当前无疑要向交通运输部门、邮电通信部门、水利建设部门、能源建设部门和公共事业部门倾斜，但具体投入哪一个项目，则必须进行评估分析才能决策，而在以上这些部门的项目评估中，国民经济评估占有绝对重要的地位。商业银行尤其是国有商业银行如果放弃国民经济效益评估，在项目选择比较时必然陷入茫然的状态，或者使商业银行自身简单地变成了有关决策机构的附庸，甚至变成有关设计部门的附和者，既贬低了商业银行的地位，也不利于发挥商业银行调节经济的作用。

（二）国民经济效益评估和企业经济效益评估的比较

企业经济效益评估是国民经济效益评估的基础与前提，国民经济效益评估是企业经济效益评估的完善与深化，二者的主要联系表现为都是对项目成本效益的分析评价，企业经济效益评估所用的数据，加工整理后便构成国民经济效益评估的数据，评估的方法也大致相同，而它们之间的主要区别如下：

1. 评估角度的差异

企业经济效益评估是从企业角度分析项目对企业产生的财务效果，偏重于项目盈利水平及贷款偿还能力的评价，故而通常称为"财务分析"或"财务评价"；国民经济效益评估从国家角度评价拟建项目对国民经济所产生的效应，偏重于对净效益和纯收入的分析，它不但要评估项目对国民经济的贡献，还应分析国民经济为项目所付出的代价。所以，有时将国民经济评估简称为"经济分析"或"经济评价"，而一般情况下，经济分析或经济评价则泛指企业经济效益评估和国民经济效益评估。

2. 评估任务的差异

企业经济效益评估可为项目选定和生产规模方案的选择提供财务数据，但不能为重大项目的决策服务；而国民经济效益评估可用于拟建项目的择优及拟建项目生产规模的选择，是重大项目决策的主要依据。另外，企业经济效益评估主要关心项目的筹资来源和还本付息能力，而国民经济效益评估则主要关心项目是否应当兴建，以及拟建项目应有多大的生产规模。

3. 评估范围的差异

企业经济效益评估范围较为狭窄，一般只限于项目和企业本身，而且只考虑项目直接的可用货币度量的财务效益；国民经济效益评估的面较宽，不仅要考虑项目对国民经济和整个社会可用货币度量的直接影响，还要考虑间接的、外部的、相关的，以及不能用货币度量的影响。所以，国民经济效益评估在"定量分析"之外，还应进行一些"定性分析"，以便对项目作出全面评价。

4. 费用内容的差异

企业经济效益评估将项目的全部支出都作为费用，列为项目的成本或项目的资金流出；而国民经济效益评估则将其中的转移支付如税金、利息从中扣除，同时，国民经济效益评估不考虑过去已经发生的"沉没成本"。因此，在进行国民经济效益评估时，首先应对成本效益的内容进行鉴别，使它们评估的内容能体现各自的角度。

5. 计价基础的差异

在企业经济效益评估中，投入产出物应以市场价格为基础计价，这种价格一般称为财务价格；在国民经济效益评估中，要用既能反映投入产出物的价值，又能反映其稀缺程度的影子价格进行评估。影子价格的运用可以使有限的资源得到最优利用，从而带来效益最好的经济增长，因此，影子价格又称为"效率价格"，有时也称为"经济价格"、"计算价格"或"修正价格"。一般，采用国际价格作为影子价格的计算基础，国际价格常以口岸价格表示，故有时也将影子价格称为"口岸价格"或"边境价格"。鉴于影子价格是对资源进行最优配置的一种价格，因此在国民经济效益评估中对一般的通货膨胀不予考虑,而企业经济效益评估则必须考虑通货膨胀的影响。

6. 依据资料的差异

在企业经济效益评估中,一般采用国家统一颁发的各行业的基准内部收益率作为计算和评价项目经济效益的依据;在国民经济效益评估中,则使用统一规定的理论利率作评估依据,这种理论利率一般又称为社会折现率或经济折现率,也可以称为影子折现率或资本边际回收率。对于涉及进出口的物品,企业经济效益评估要运用法定汇率或挂牌汇率,国民经济效益评估则要运用影子汇率或市场汇率。企业经济效益评估中,其基本资料是根据财务数据编制的财务现金流量表,而在国民经济效益评估中,基本资料是根据影子价格和国民经济原则编制的国民经济效益费用流量表。

7. 评估对象的差异

在一般情况下,对于没有财务收入的项目,不进行企业经济效益评估,如防洪工程、环保工程、水土保持工程等无需进行企业经济效益评估;但是,不管有无直接财务收入,一些重大的有关国计民生的项目,投入产出物财务价格明显不合理的项目,特别是对能源、交通基础设施和农、林、水利项目,以及某些国际金融组织(如世界银行、亚洲开发银行)的贷款项目和某些政府贷款项目(如日元政府贷款项目),应按要求进行国民经济效益评估。

8. 人员要求的差异

企业经济效益评估的指标比较容易计算,评估标准比较容易掌握,一般的评估人员即可胜任;国民经济效益评估的有关计算比较复杂,尤其关于影子价格的理论和计算方法不容易把握,要求评估人员具有较高的理论水平和较为丰富的工作经验。

(三) 国民经济效益评估的内容

国民经济效益评估涉及的内容比较广泛,一般包括以下内容。

1. 投资净产值分析

净产值是社会物质生产部门在一定时期内为社会创造的新的价值,它由劳动者所得的报酬和纯收入两部分构成,实际是社会物质生产部门创造的国民收入。净产值的提高,既反映了人民物质文化生活水平的改善,也反映了一定时期内社会进行扩大再生产能力的增长,而且,净产值的增长速度也体现了一个国家经济实力的增强情况。投资净产值的分析主要是对投资净产值率的分析。

2. 投资纯收入分析

项目投资所带来的纯收入主要包括税金和利润,它是社会消费与社会积累的来源,是国民经济发展的决定性因素,因而也是拟建项目对国民经济贡献大小的标志。对投资纯收入的分析,主要是投资利税率和投资回收期的分析。

3. 投资净效益分析

投资净产值和投资纯收入分析,并不能概括建设项目对社会所作的全部贡献,如果同时考虑项目的,可以在更大范围、更高层次对拟建项目进行评估。净效益是与项目有关的全部效益扣除全部费用的剩余,因此,净效益实际是一种扩大了的纯收入指标。

4. 经济净现值和经济内部收益率分析

为了从动态角度反映项目的国民经济盈利能力,应计算项目的经济净现值和经济内部收益率,为此,首先应在对基础数据调整的基础上编制国民经济效益费用流量表,并利用社会折现率计算经济净现值和经济内部收益率,经济净现值必须为正,经济内部收益率必须大于社会折现率,这样,就能基本保证建设项目对国民经济有一定贡献。

5. 外汇效益分析

随着我国对外开放程度的提高,合资项目、引进项目会越来越多,涉及的外汇流转相应变得日益复杂。在世界经济发展中,外汇收支对经济发展起着不容忽视的作用。所以对涉外项目的外汇流入、外汇流出进行比较作出外汇效益分析,也是国民经济效益评估中的一个主要内容。外汇效益分析,主要是经济外汇净现值和经济换汇成本的分析。

6. 社会效益分析

建设项目的效益,除直接的、可定量分析的经济效益外,还存在着间接的、辅助的、不可计量的效益即社会效益。对拟建项目进行社会效益分析,是对国民经济效益评估的补充与完善。建设项目的社会效益分析,主要有相关投资效益分析,就业效果分析,能源效果分析,环境保护分析及分配效果分析等。

9.2 国民经济效益评估的方法及流派

(一)国民经济效益评估的步骤与方法

1. 作好国民经济效益评估准备

为了做好国民经济效益评估,体现宏观评估的特点,满足项目决策的要求,必须事先做好有关评估的准备工作。这主要包括正确地区分成本与效益,将不合理的价格调整为影子价格,同时选定经济折现率、影子汇率等国家参数。

2. 进行基本国民经济效益评估

基本国民经济效益评估包括对项目的投资净产值分析、投资纯收入分析、投资净效益分析、国民经济盈利能力分析和外汇效益分析。评估的方法同样可以分为

两类:

(1)静态分析。静态分析是一种简单分析,它不仅不考虑货币的时间价值,有时甚至对有关价格都不进行调整,而只是根据"增量原则"确定项目的净效益。由于它不对价格进行调整,所以可以将这种静态分析归纳为企业经济效益评估。

(2)动态分析。动态分析又称为现值分析,它既要考虑项目寿命期的长短,还要考虑货币时间价值的高低,而且,对投入产出物的国内市场价格必须进行调整,是一种比较科学和规范的评估方法。

3. 进行辅助国民经济效益评估

将拟建项目置于国民经济的大系统中,其效益和影响不是国民经济效益评估所能包揽无余的,为了揭示项目对国民经济的贡献与影响,有必要将社会经济效益评估的某些主要内容作为国民经济效益评估的补充,这主要是对项目的能源效果、就业效果、分配效果、相关效果,以及项目的内外部效果的分析。

(二)国民经济效益评估的主要流派

国民经济效益评估,从评价思想体系的形成和初步运用至今已有多年历史,世界各国的有关专家对评估方法和评估指标还在进行探索。从联合国工业发展组织出版的文献来看,国民经济效益评估主要有以下一些流派。

1. UNIDO 法

UNIDO 法是《项目评价准则》一书中所使用的方法,该书是伦敦经济学院的教授等人为联合国工业发展组织编写的,并由联合国工业发展组织出版。该书将土地、劳动力以外的投入产出物划为对外贸易品和对外非贸易品两类,以国内市场价格为基础算出它们的影子价格,凡是用外币表示的价格都需要通过影子汇率折算,在价格调整后进行项目的评价比选,其评价指标主要是"净总消费效益"。这种方法理论性强,需要参数多,计算方法复杂,由于该书提供了项目评估必须遵循的准则,在项目评估中具有一定的权威性,所以往往将它称为"准则法"或"传统法"。

这种方法的主要优点是:以国内价格水平作为影子价格的计算基础,易于被人们接受,也直接和国内价格政策相联系,适合于对外贸易不发达的国家。这种方法的主要缺点是:由于贸易品必须通过影子汇率来确定其影子价格,使人容易产生误解认为影子汇率是对法定汇率或挂牌汇率的否定;同时,影子汇率仅仅反映了贸易品和非贸易品之间的合理比价关系,如果一个国家的汇率水平和关税政策长期不变时就不能反映这个国家外汇的稀缺性。

2. L-M 法

这是英国牛津大学著名的福利经济学家 M. D. Little 以及经济学教授 J. A. Mirrless,在他们共同编写的《发展中国家工业项目分析手册》(1968 年出版)和《发展中国家的项目评价和规划》(1974 年出版)中提出的方法。这种方法同样把项目的投入产划出物划分为外贸品、非外贸品、劳动力和土地四类,但以边境价格为基础来计算影子价格。所谓边境价格,是用法定汇率或挂牌汇率计算的口岸价格,对于进口品而言为到岸价格,对于出口品而言为离岸价格。

L-M法基本是UNIDO法的翻版,但在计算方法上有所改进,L-M法的主要优点是:影子价格的计算方法比较简单,特别是对外贸易发达的国家,只需要对少数几种非贸易品的国内价格进行修正就可以利用,为项目评估提供了极大的方便;同时,L-M法使用法定汇率而不用影子汇率,容易被各国政府接受。这种方法的主要缺点是:精确计算影子价格需要各种商品的价格弹性资料,如果忽略价格弹性系数的影响可能引起较大的误差;其次,L-M法以边境价格作为计算各类商品和劳务影子价格的基础,不与国内的价格政策相联系,特别是各类商品比价关系不甚合理的情况下,会给实际工作带来许多不便。

3. S-T法

S-T法又称S-V-T法,是当时还很年轻的在世界银行工作的研究人员L. Squire和H. Vander Tak在1975年出版的《工业项目经济分析》中提出的方法。该书的内容、方法和基本观点与L-M法基本一致,但这种方法通过给每个指标赋予一定的权数,将多目标项目决策转变为简单的单目标项目决策,解决了多目标评估工作中的一个难题。

4. Hansen法

这是世界银行的工作人员John. R. Hahsen在1978年出版的《项目估价实用指南》中提出的方法,它简化了UNIDO法,同时也吸收了其他方法的优点。其评价步骤、价格计算虽然和准则法相似,但创造性地提出了一整套计算表格和图解的方法,具有很高的实用价值。

5. Weiss法

这是JohnWeiss在《工业项目实际评价》一书提出的方法,这种方法和Hansen法基本一样,只是在某些方面作了一些修改,因此,它实际是Hansen法的补充。

6. Arab法

Arab法是联合国工业发展组织和阿拉伯国家工业发展中心联合编写的,1977年在阿拉伯首次出版的《工业项目评价手册》中提出的方法,也常常称为"手册法"。这种方法与其他方法的主要区别是:以上各种方法都以净总消费效益为主要目标,即把项目能为国家、社会提供多少净积累消费效益作为主要指标,把收入的再分配、国民收入增长、就业效果作为附加指标法则。而以国民收入及纯收入增长作为主要目标,把就业效果、收入分配、相关投资效果作为辅助指标。

Arab法在经济分析中要运用绝对经济效率检验和相对经济效率检验来选择项目。当备选项目的国民收入现值大于或等于工资现值的时候,即通过了绝对经济效率检验;当按国民收入现值与稀缺资源现值的比值大小对项目进行排序,以决定项目的取舍或上马顺序时,即是进行相对经济效率检验。

Arab 法以国内市场价格为基础,利用修正汇率或旅游汇率将贸易品的口岸价格换算为国内价格。修正汇率的计算公式为

$$AER = OER \times M/X$$

式中,AER 为修正汇率,OER 为法定汇率,M 为一个国家在一定时期内的外汇支出,X 为外汇收入,当外汇收支为顺差时,修正汇率小于法定汇率;当外汇收支为逆差时,修正汇率大于法定汇率;如果收支平衡则两种汇率相同。可见,修正汇率反映了外汇的稀缺程度。

Arab 法的优点是:以国民收入与纯收入作为主要评估指标,容易理解,运用方便,适合于评估工作比较薄弱的国家;其次,修正汇率可以反映外汇的稀缺性,能将外汇资源和其他资源结合在一起来考虑资源的利用问题;最后,这种方法可反映社会效益的有关情况,具有较广的适用性。但是,其缺点也比较明显:第一,某一项目可能耗用多种稀缺资源,用相对经济效率检验指标对项目方案排序,可能出现互相矛盾的情况;第二,绝对经济效率检验与相对经济效率检验无固定顺序,有时可能要根据绝对经济效率检验来筛选项目;第三,这种方法对非贸易品采用市场价格,不能消除它们之间的不合理因素,同时,修正汇率虽然反映了外汇的稀缺性,但一个国家外汇收支平衡并不意味着贸易品和非贸易品之间的比价合理;第四,当修正汇率不便计算时,要用旅游汇率代替,但旅游汇率只反映旅游地外汇的价值。

可以看出,项目评估法的主要流派以 UNIDO 法、L-M 法、Arab 法为代表。L-M 法与 UNIDO 法的主要区别是价格计算基础不同,因此对同一项目用两种方法计算的净现值不相等,但不会影响对项目评价选择的结论;Arab 法除了指标体系不同于前两者外,其价格以国内市场价格为依据,这实际也是对 UNIDO 法的极大简化。但 UNIDO 法所用的影子汇率和 Arab 法所用的修正汇率其意义有不同之处,修正汇率主要从外汇的稀缺性考虑问题,而利用影子汇率则是为了确定贸易品和非贸易品之间的真实的比价关系。

(三)我国国民经济效益评估的特点与项目规划

我国国民经济效益评估的方法,是综合以上各个流派的优点和我国的实际情况来确定的。

在评价指标上,1987 年 9 月以前主要采用 Arab 法,即以国民收入和纯收入分析为主,结合分析投资回收期及直接外汇效益。1987 年 9 月以后以净效益分析为主,而净效益基本由项目的内部效益和外部效益构成,这样便能在更高的层次、更大的范围对国民经济效益作出科学的评价。但由于净效益计算的困难,1994 年以后主要运用国民经济盈利指标进行国民经济效益评估。

在价格调整上,1987年9月以前由于国家没有公布统一的影子汇率,有的项目使用 L-M 法,即利用法定汇率并通过对口岸价格调整来确定影子价格;有的项目使用 UNIDO 法,即利用旅游汇率或根据项目本身确定的影子汇率来计算国内价格,并加以适当调整来确定年影子价格。1987年9月国家计委颁发出版了《建设项目经济评价方法与参数》(第一版),明文规定外币与人民币之间的换算采用影子汇率,因而也就确定了要用 UNIDO 法进行调价。对于国内资源,UNIDO 法直接用国内市场价格作影子价格,我国由于比价关系有的仍不够合理,市场价格失真使其不能代表影子价格,故而需要通过转换系数或成本分解进行计算,这一点和 L-M 法又比较相似。1994年,国家计委和建设部又联合发布和了《建设项目经济评价方法与参数》(第二版),进一步总结了我国在项目评估方面的经验和科研成果,完善补充了大量的参数,使它具有更为明显的中国特色。

应当看到,无论采用什么方法进行国民经济评估,都不能协调好项目本身与整个国民经济之间的关系,这就要求理顺宏观规划与项目规划之间的关系,加强项目前期研究和项目规划工作。

我国基本建设程序规定,应根据国民经济发展的长远规划和布局的要求编写计划任务书,根据长远规划提出的项目,比在无政府状态盲目竞争中鉴别的项目更为合理。但是,我国基本建设却一再出现战线过长、规模失控、盲目投资、重复建设、效益低下的现象,原因之一是片面对待国家长远规划和项目的关系,仅仅根据长远规划来确定项目,而没有参考项目规划来编制长远规划。长远规划和项目规划之间不是简单的指导与被指导的关系,应当是辩证的相互反馈的关系,即长远规划应以项目规划为基础,项目规划应以长远规划为前提。

如果没有长远规划指导,没有长远规划所提供的宏观参数,项目评估指标不仅会发生较大的误差,而且不能掌握好投资方向。同时,局部优势并不一定有利于整体优势的发挥,这时从长远看项目不可能对国家宏观目标作出应有的贡献;但是,如果不以现有企业和拟建项目的数据为基础,长远规划也会脱离实际而成为空中楼阁。因此,一个出色的长远规划和许多优秀的项目规划只有经过多次相互反馈才能产生出来。只有这样,才能使项目评估工作做得更好所。

9.3 国民经济效益评估的项目范围

国民经济效益评估的理论基础是新古典经济学有关资源优化配置的理论。从经济学的角度看,经济活动的目的是通过配置稀缺经济资源用于生产产品和提供服务,尽可能地满足社会需要。当经济体系功能发挥正常,社会消费的价值达到最大时,就认为是取得了"经济效率",达到了帕累托最优。

在现实经济中,依靠两种基本机制来实现这种目的。一是市场定价机制,通过此种机制,厂商对由市场供求水平决定的价格做出反应,并据此从事自己的经济活动;二是政府部门通过税收补贴、政府采购、货币转移支付以及为企业运行指定法规等,进行资源配置的决策活动,从而影响社会资源的配置状况。

在完全竞争的完善的市场经济体系下,竞争市场机制能够对经济资源进行有效配置,产出品市场价格将以货币形态反映边际社会效益,而投入品的市场价格将反映边际社会机会成本。利润最大化自然会导致资源的有效配置,财务分析与经济费用效益分析的结论一致,不需单独进行经济费用效益分析。

在现实经济中,由于市场本身的原因及政府不恰当的干预,都可能导致市场配置资源的失灵,市场价格难以反映建设项目的真实经济价值,客观上需要用经济费用效益分析来反映建设项目的真实经济价值,判断投资的经济合理性,为投资决策提供依据。对于财务价格扭曲、不能真实反映项目产出经济价值,财务成本不能包含项目对资源的群补消耗,财务效益不能包含项目产出的全部经济效果的项目,需要进行国民经济效益评估。具体而言,需要进行国民经济效益评估的项目如下。

(一) 自然垄断项目

对于电力、电信、交通运输等行业的项目,存在着规模效益递增的产业特征,企业一般不会按照帕累托最优规则进行运作,从而导致市场配置资源失效。

(二) 公共产品项目

公共产品项目,即项目提供的产品或服务在同一时间内可以被共同消费,具有"消费的非排他性"(未花钱购买公共产品的人不能被排除在此产品或服务的消费之外)和"消费的非竞争性"特征(一人消费一种公共产品并不以牺牲其他人的消费为代价)。由于市场价格机制只有将那些不愿意付费的消费者排除在该物品的消费之外才能得以有效运作,因此市场机制对公共产品项目的资源配置失灵。

(三) 具有明显外部效果的项目

外部效果是指一个个体或厂商的行为对另一个个体或厂商产生了影响,而该影响的行为主体又没有负担相应的责任或没有获得应有报酬的现象。产生外部效果的行为主体不受预算约束,因此常常不考虑外部效果结果承受者的损益情况。这样,这类行为主体在其行为过程中常常会低效率甚至无效率地使用资源,造成消费者剩余与生产者剩余的损失及市场失灵。

(四) 具有公共性、外部效果等综合特征的项目

对于涉及国家控制的战略性资源开发涉及国家经济安全的项目,往往具有公共性、外部效果等综合特征,不能完全依靠市场配置资源。

此外,政府对经济活动的干预,如果干扰了正常的经济活动效率,也是导致市场失灵的重要因素。

如果从投资管理的角度,现阶段需要进行经济费用效益分析的项目可以分为以下几类。

(1)政府预算内投资的用于关系国家安全、国土开发和市场不能有效配置资源的公益性项目和公共基础设施建设项目、保护和改善生态环境项目、重大战略性资源开发项目。

(2)政府各类专项建设基金投资的用于交通运输、农林水利等基础设施、基础产业建设项目。

(3)利用国际金融组织和外国政府贷款,需要政府主权信用担保的建设项目。

(4)法律、法规规定的其他政府性资金投资的建设项目。

(5)企业投资建设的涉及国家经济安全、影响环境资源、公共利益、可能出现垄断、涉及整体布局等公共性问题,需要政府核准的建设项目。

对于上述无法完全依靠市场配置资源的项目,往往具有下列特征:①项目的产出物不具有市场价格。由于公共产品和外部效果等因素的影响,无法对其进行市场定价。②市场价格虽然存在,但无法确切地反映投入物和产出物的边际社会效益和成本,因而在竞争性市场上提供这些服务得到的收益将无法充分地反映这些供给所产生的社会净效益。

9.4 项目费用和效益的划分

9.4.1 费用和效益的识别原则

一般说来,凡是兴建一个项目所付出的代价或减少的收益就是成本,凡是兴建一个项目所增加的收益或减少的成本就是效益。因而在国民经济效益评估中,凡是国民收入的减少就是成本,凡是国民收入的增加就是效益。进行国民经济效益评估,其基本出发点是要分析项目兴建后能否为国民经济增加一定的净效益(即项目的内部效益、外部效益之和减去项目的内部费用、外部费用之和)。在识别成本、效益的时候,必须遵循以下原则。

(一)国家原则

对项目的一切收支活动,都应从国家或国民经济出发,看其是否花费了社会资源,是否真正产生了效益。凡是属于转移支付的部分,如果没有真正花费社会资源,其支出就不能列为项目的经济成本;如果没有真正增加国民收入,其收入就不能列为项目的经济效益。换言之,凡转账性质的收支项目,都应从效益费用流量中剔去。

(二) 边际原则

对项目成本和效益的分析,应观察成本增加额、效益增加额与产量增加额的增量比例。通常,边际含有极小的意义,在经济数学中,边际变化是用求微商的方法来计算的,但在实际运用中,要利用最小单位变化而带来的差异计算。例如,边际成本是每增加一个单位产量所引起的总成本的变动额,由于固定成本相对稳定,故单位变动成本就是项目的边际成本。根据定义,边际成本可按下式计算为

$$边际成本 = \frac{总成本的增量}{产量的微小增量}$$

而项目的边际效益是单位投资增量所带来的总效益的增量,即

$$边际效益 = \frac{总效益的增量}{投资的微小增量}$$

应当强调,国民经济效益评估中的成本与效益,理论上都是边际的概念,这一点,在"有无原则"中可进一步得到说明。

(三) 有无原则

所谓有无原则,就是根据兴建某个项目或不兴建某个项目对国民经济的影响来确定项目的成本与效益。在有项目时,不仅会发生投资的增量,也会发生效益和成本的增量,因此,从微小变动来看,国民经济效益评估中的效益和成本都是边际的。应当注意,有无比较和前后比较有所不同,前后比较有时不能说明在生产方面的有无比较差异,从而导致对项目投资净效益的错误分析。吉廷格在《农业项目的经济分析》中,曾用五个项目的普赖斯增量净效益的变化情况来说明这种有无对比与前后对比的差别。

在运用有无原则识别费用与效益时,对下列概念应特别注意。

1. 沉没成本

沉没成本是已经发生而无法改变和弥补的成本,在项目评估中指项目评估以前就已经花掉的费用。对于项目评估和项目决策,沉没成本不应当计入项目的成本。但是,对于建设施工的准备费用或建设施工的基础费用,如果金额较大按规定应作为"建设起点"不折现计算,金额较小则直接加在第一年的投资内,使之既有利于全面衡量项目的成本与效益,也能化简计算。

2. 机会成本

机会成本是某一方案或资源,因放弃另一方案或资源的其他用途所放弃的有关收益。在建设项目中,所需投资资源的代价是该资源在其他用途中获得的效益,这种代价就是项目的机会成本。运用机会成本这一概念,有助于将资源从利用效果较差的用途转入利用效果较好的用途,提高资源的利用效率。在西方经济学中,投资的机会成本用"资本的边际生产力"测定,边际生产力是当社会投资已近均衡时,增加一个单位投资所可能增加的生产。在实际运用中,投资的机会成本常指放

弃的银行利息或国债利息。如果是可以出口的原料,这种原料的机会成本即放弃原料出口所损失的外汇收入。

9.4.2 费用和效益的识别

项目的国民经济效益是指项目对国民经济所作的贡献,即项目的投资建设和投产为国民经济提供的所有的经济效益。一般包括直接效益和间接效益。

(一)直接效益和间接效益

直接效益是指由项目产出物产生,并在项目范围内用影子价格计算出的经济效益。一般表现为:增加该产出物数量,满足国内需求的效益;替代其他相同或类似企业的产出物,使该企业减产以致减少国家有用资源(或损失)的效益;增加出口(或减少进口)所增收(或节支)的国家外汇等。

间接效益是指由于项目引起而在直接效益中未得到反映的那部分效益。它是由于项目的投资兴建、经营,使配套项目和相关部门因增加产量和劳务量而获得的效益。例如,水利工程,除了发电外,还可以为当地农田灌溉、防洪、农产品加工等带来好处和收益。

(二)直接费用和间接费用

项目的费用是指国民经济为项目所付出的代价,分为直接费用和间接费用。直接费用是指项目使用投入物所产生的并在项目范围内用影子价格计算的经济费用。一般有:其他部门为供应本项目投入物而扩大生产规模所耗用的资源费用;减少对其他项目(或最终消费者)投入物的供应而放弃的效益;增加进口(或减少出口)所耗用(或减收)的外汇等。

间接费用是指由项目引起而在直接费用中未得到反映的那部分费用。例如,项目产生的环境污染及造成的生态平衡破坏所需治理的费用;为新建投资项目的服务配套、附属工程所需的投资支出和其他费用;为新建项目配套的邮政、水、电、气、道路、港口码头等公用基础设施的投资支出和费用,以及商业、教育、文化、卫生、住宅和公共建筑等生活福利设施的投资费用。如果这些设施是专门和全部为本项目服务的,则应作为项目的组成部分,其所有费用都应包括在项目总费用之内;如果这些设施不是全部为本项目服务(即同时为多个项目提供服务),则应根据本项目所享受的服务量的大小、程度来进行分摊,并把这部分费用计入项目的总费用中。

(三)项目外部效果的计算

项目的间接效益和间接费用统称为项目的外部效果。外部效果通常是难以计算和测算的,为减少计量上的困难,首先应力求明确项目范围的"边界"。一般情况下,是扩大项目的范围,把一些相互关联的项目合在一起作为"联合体"进行评价。

另外,采用影子价格来计算项目的效益和费用,在很大程度上已使项目的外部效果在项目内部得到了体现。因此,通过扩大计算范围和调整价格两步工作,实际上已将很多"外部效果"内部化了。这样处理后,在考虑某些外部效果时,还应注意如下问题。

一是对上、下游项目产生的效果。它是指由于拟建项目的投资使其上、下游项目原来闲置的生产能力得以发挥或达到经济规模所产生的效果。为防止外部效果扩大化,计算时需注意这样一种情况,即随着时间的推移,如果没有该拟建项目,上、下游项目生产能力的利用能力也可能发生变化。因此,应按照有无对比的原则计算增量效果,并需注意其他拟建项目是否也有类似的效果。如果有,就不应把上、下游项目闲置生产能力的利用都归功于该项目,以免引起外部效果的重复计算。

二是技术扩散的效果。建设先进技术的项目,由于技术培训、人才流动、技术推广和扩散,整个社会都将受益。但通常情况下,这种效果都未通过影子价格的调整计算得到反映,不过由于计量上的困难,一般只作定性说明。

三是造成的环境污染和对生态的破坏。项目建成后所造成的环境污染和对生态的破坏是一种间接费用,一般可参照现有同类企业所造成的损失进行计量。若难以计算的,应作定性描述。

四是拟建项目的产出增加了国内市场供应量,导致产品价格下降,可以使原用户或消费者从中得到产品降价的好处。这种好处一般不应作为项目的间接效益,这是因为产品降价将使原生产厂家的效益减少,即用户和消费者所得到的降价好处是通过原生产厂家的效益减少而转移的,从整个国民经济的角度来看,效益并未增加或减少。但如该拟建项目的产出增加了出口量,导致原出口产品价格下降,减少了创汇的效益,则应计为该项目的费用。

五是计算外部效果时,还应区别是否已经在项目投入物和产出物的影子价格中得到充分反映。由于项目使用投入物、提供产出物,引起上、下游企业效益或费用的变化,一般多在投入物、产出物的影子价格中得到反映,不必再计算间接效益或费用。

六是项目的外部效果一般只计算一次相关效果,不应连续扩展

9.4.3 对转移支付的处理

在国民经济评估的步骤中,考虑费用和效益时,要剔除转移支付。转移支付是指在国民经济内部各部门发生的、没有造成国内资源的真正增加或耗费的支付行为,即直接与项目有关的、支付的国内各种税金、国内借款利息、职工工资、补贴收入等。

（一）税金

项目为获得某种投入物,需缴纳一定的税金(如进口关税),企业要销售某种产品或提供某种劳务以获取经营所得也要缴纳一部分税金(如消费税、营业税、所得税等)。税收是由国家凭借政治权力,强制、无偿、固定地参与企业收益分配和再分配而取得一部分收入的行为,是一种财务上的"转移性"支出,即是由企业转移给国家的支付行为,没有造成国民经济上的损失。因此,在国民经济评估时,应将其从"成本费用"中剔除。

（二）工资

这也是一种财务上的转移支出。这是因为,工资是作为国民收入的一部分而由企业支付给职工以体现项目占用劳动力的财务代价。所以在国民经济评估中,工资不能作为费用,作为费用的应是影子工资(包括劳动力的机会成本和国家为安排劳动力而新增的资源耗费)。另外,项目的建设投资和其他物料投入中包含的工资,应看做是其他行业和项目对国民经济的贡献,在国民经济评价时可不予调整扣除。

（三）利息

项目在使用国内贷款时所支付的利息,是由企业转移给国家的一种转移性支出。因此在计算时,也应从"成本"中剔除,不应作为项目的费用。但项目使用国外借款支付的利息则不属于国内转移支付,应作为国民经济的代价,作为项目的费用。

（四）补贴

国家为了鼓励项目使用某些资源或某领域的投资建设,常以一定的价格补贴作为补偿。它是由国家转移给企业的,并未造成国民经济效益的增加。因此,在进行国民经济评价时,这部分补贴不能作为项目的收益。

（五）土地费用

为项目建设征用土地(主要是可耕地或已开垦土地)而支付的费用,是由项目转移给地方、集体或个人的一种支付行为,故在国民经济评价时也不列作费用,应列为费用的是被占用土地的机会成本和使国家新增的资源消耗,如拆迁费用等。

在国民经济评估时,应复核在可行性研究报告的国民经济评价中是否已从项目原效益和费用中剔除了这些转移支付、以影子费用形式作为项目费用的计算是否正确。

9.4.4 费用和效益识别应注意的问题

（一）考虑项目"有"或"没有"条件下投入和产出之间的差别

在有些时候,没有项目的情况并不就是现状的简单延续。因为可以预料,产出和投入的增加总会以某一种方式发生。因此说,项目的"有"、"没有"状况并不对应于项目的"前"、"后"状况。

(二)区分不同的投入物(或产出物)所带来的费用(或效益)状况

因为项目的费用是由投入物而引起的,投入物对国民经济的影响不同,费用的计量方法就有所不同。项目的效益是由它的产出物提供的,产出物对国民经济的影响不同,效益的计量方法也有所不同。

(三)对外部效果的鉴别作充分的论证,弄清是否真正为项目所产生的

有时,和所评估项目有关的企业所增加的效益或所遭受的损失可能不是来自所评估项目的,很有可能来自和所评估项目相同或相类似的其他项目。或者只是部分来自所评估项目。如果属于前一种情况,就不应该计算这部分外部效果;如果是后一种情况,则要根据项目投入物和产出物的实际情况与其他项目分摊外部效果。

(四)在鉴别时只考虑和所评估项目直接有关的外部效果

因为项目建设可能直接或间接地引起许多部门、企业的效益或费用增加,不能无限地连续计算这些增加的效益或费用,例如,拟建一个铝锭生产项目,项目投产后,将使生产铝材生产企业增加了效益。铝材是紧俏产品,市场上供不应求,铝锭项目投产后,铝材供应量增加又将使一些用铝材做原料的生产企业充分利用了生产能力,增加了效益。在这种情况下,可以把铝材厂和用铝材做原料的企业增加的效益都视作拟建项目的外部效益,但一般只计算铝材厂增加的效益。

9.5 影子价格

9.5.1 影子价格的概述

(一)影子价格的含义

影子价格又称"最优计划价格"。它是为实现一定的经济发展目标而人为确定的、比交换价格更能反映出合理利用资源效率的价格。从定价原则来看,它不仅能更合理地反映出产品价值,而且还能反映社会劳动消耗、市场的供求关系和资源的稀缺程度;从其产生的效果来看,它有利于资源的优化配置。因此,影子价格是人们对所利用的资源的一种评价,而不是一种真正意义上的商品价格。由于我国的市场经济是不完全和不充分的,一些商品的价格不能反映真正的社会价值,所以在项目的国民经济评估中必须采用影子价格。

(二) 国民经济评价采用影子价格的必要性

对拟建项目进行国民经济评价,主要目的是要考察它给国民经济做出多大贡献(效益)和使国民经济付出多少代价(费用)。这里的贡献和代价只能用价格来计量。如果价格是合理的,或者说对效益和费用的衡量是真实的,那么项目经济评价就能够正确指导投资决策,正确指导有限资源的合理配置,从而使国民经济获得高效率、高速度的增长。反之,如果价格扭曲,对效益和费用的衡量失实,就必然导致错误的投资决策,浪费国家有限资源,延误国民经济的发展。所以,价格是否失真,决定了国民经济评价的可信度,决定了资源配置是否能趋向优化。

一般来说,发展中国家的价格体系往往存在着扭曲现象,价格既不反映价值,也不反映供求状况。造成这种状态的原因是:通货膨胀,外汇短缺,劳动力过剩,过度保护本国工业,产业结构不合理,价格、工资和进出口管制,等等。我国也有类似情况。因此,依靠现有价格体系,就不可能正确衡量项目的费用和效益。

例如,劳动力一旦被某个项目占用,就不能在原来的工作岗位上继续为社会做贡献了。所减少的这部分贡献,就是项目因使用劳动力而给国民经济带来的损失。但实际上农村有大量的剩余劳动力,城市也存在着待业问题,如果项目占用的非熟练工人来自这两部分人口,是不会使社会的产出有任何减少的。所以,站在国民经济的角度来看,用现行工资衡量非熟练工人的劳务费用,是过高地估计了这些劳动力的边际贡献。

再如,经济的发展增加了对进口生产资料的需求,部分消费者或消费集团欲望增加了对进口生活资料的需求,但是要通过扩大出口来抵消增加进口的压力却比较困难。于是,必须采取外汇控制、提高关税、限制或禁止某些货物进口、提供出口补助等手段来平衡国际收支。在这种情况下,项目使用的进口货物如果按现行汇率作价,就往往低于进口货物的实际价值。

生产资料的价格扭曲就更加明显了。由于种种历史原因,许多初级工业品的价格严重偏低,而加工工业则价高利大。依据这样一种比价关系来计量项目的费用和效益,必然偏爱加工行业的建设项目,导致国民经济中长线更长、短线更短,进一步加剧供求的不平衡。为了把扭曲的价格校正过来,为了项目评价能够真正反映项目对国民经济造成的得失,就必须测算和应用影子价格。

(三) 影子价格的类型

项目的投入物和产出物按其类型,可分为外贸货物、特殊投入物、资金、外汇等。

1. 货物类型的划分

在确定某种货物的影子价格之前,首先要区分该货物的类型。一种货物的投入或产出,如果主要影响国家的进出口水平,应划为外贸货物;如果主要影响国内供求关系,则应划为非外贸货物。只有在明确了货物类型之后,才能针对货物的不同类型,采取不同的定价原则。

在区分外贸货物和非外贸货物时,应注意防止两种极端的做法:一种是把外贸货物划得过宽,凡是国家有进出口额的货物,都划为外贸货物;另一种是划得较严,认为只有项目本身直接进口的投入物或直接出口产出物,才算外贸货物。

根据我国具体情况,区分外贸货物和非外贸货物,宜采用以下原则。

(1)直接进口的投入物和直接出口的产出物,应视为外贸货物。

(2)符合下列情况,间接影响进出口的项目投入物,按外贸货物处理。

①国内生产的货物,原来确有出口机会,由于拟建项目的使用,丧失了出口机会。

②国内生产不足的货物,以前进口过,现在也大量进口,由于拟建项目的使用,导致进口量增加。

(3)符合下列情况,间接影响进出口的项目产出物,按外贸货物处理。

①虽然是供国内使用,但确实可以替代进口,项目产后,可以减少进口数量。

②虽然不直接出口,但确实能顶替其他产品,使这些产品增加出口。

(4)符合下列情况的货物,应视为非外贸货物。

①天然非外贸货物。如国内运输项目、大部分电力项目、国内电信项目等基础设施所提供的产品或服务。

②由于地理位置所限,国内运费过高,不能进行外贸的货物。

③受国内国际贸易政策的限制,不能进行外贸的货物。

在进行项目经济评价时,一般投入、产出物是外贸货物还是非外贸货物,必须依据具体情况进行分析,作出有根据的判断。按照我国现有的进出口结构,当项目投入或产出以下货物时,一般可按外贸货物处理:原油、尿素、纯碱、氰化纳、丙酮、丁醇、辛醇、苯乙烯、乙内酰胺、聚四氟乙烯、原形聚乙烯、原形聚丙烯、原形聚苯乙烯及其共聚物、ABS树脂、天然橡胶、粗铜和铜、锌、铝、镁、生铁和铸铁、钢材、新闻纸、本色木浆和漂白木浆、甘油、氯化钾、羊毛条、原木、锯材、胶合板。

2. 特殊投入物一般指劳务的投入和土地的投入(略)

3. 资金的影子价格——社会折现率(略)

4. 外汇的影子价格——影子汇率(略)

(四)影子价格的估算对象

为了正确进行国民经济效益评估,必须确定项目投入产出物的影子价格。在实际运用中,不可能也没有必要对评估项目所有的投入产出物将其国内市场价格调整为影子价格,而是选择主要的对象进行估算。在实践中,应根据以下两项标准有选择地确定影子价格。第一,在按市场价格计算项目的成本和收益中,数字最为

突出的货物;第二,项目所涉及的全部资源中,市场价格和影子价格出入最大的货物。实践中,确定影子价格的最主要的对象是:

(1)在项目的销售收入、经营成本、投资成本中,占有较大比重的投入产出物。

(2)可以进出口贸易的主要投入物和产出物。

(3)国内市场价格和国际市场价格有较大差异的投入产出物。

(4)国家或主管部门有影子价格规定或换算系数的投入产出物。

对于其他投入产出物则仍然使用国内市场价格不进行调整。这样一种以影子价格为主的价格体系,虽不能保证国民经济效益评估指标的绝对正确,但比单纯使用国内市场价格进行分析要科学准确得多

(五)影子价格的估算指南

项目的投入产出会对国民经济产生各种影响,有些影响着进出口贸易,有些影响国内的生产与消费,有些影响着投入物的生产与需求,有些则影响着产出物的供应和消费。由于项目的投入产出物对国民经济存在不同影响,影子价格确定的方法也会因此有所差异。就产出而言,如果增加了国内最终消费或中间产品,其影子价格要用消费者支付意愿来衡量;如果产出物只是取代了其他企业的产品,则要按被取代的国内生产者的变动后的生产成本,即调整后的边际成本来估价;如果其影响是增加或减少进出口贸易,则应按国际价格为基础确定。就投入来说,如果投入物来自其他部门增加的生产,影子价格要用调整后的边际成本进行衡量;如果投入物是由于减少其他企业生产的投入转移而来,其影子价格则要用投入物减少的企业的支付意愿表示;如果投入物来自进口增多,应利用到岸价格计算;来自出口减少,则应利用离岸价格计算。

实际上,外汇边际效益指项目产出物增加出口的离岸价格总额或减少进口的到岸价格总额;外汇边际费用指项目投入物使出口减少的离岸价格总额或使进口增多的到岸价格总额;边际效益指支付意愿;边际费用即边际成本。

同时应当指出,上述指南对劳务同样合适,此外,同种投入产出物可能同时存在几种影响类型,这时便要按其类型分别确定影子价格。

(六)国际价格的鉴别

用来确定影子价格的国际价格又称为边境价格或口岸价格,即进口货物的到岸价格(CIF)与出口货物的离岸价格(FOB)。初级产品的价格资料比较容易取得,工业制成品由于种类繁多,有时比较难以获取。若某种特定工业制成品的代表性价格无法取得时,可在初级产品价格上加一定加工成本进行估算。

对取得的现行国际价格资料应作以下鉴别:

1. 鉴别价格资料的代表性

有的报价不一定具有代表性,例如在工业周期性发展中处于高潮或低潮时的

特定报价,或为了争夺市场的临时性折扣报价。为了确定价格的代表性,应掌握其他国家的价格资料、历史价格资料,并对众多的报价单进行比较分析。如果发现价格不正常,应以比较正常年份的口岸价格为依据。

2. 鉴别价格水平的适应性

不同的商品种类(包括质量、规格、型号、有关费用因素)有不同的价格,有时某些价格只是一种加权平均价格,在国际市场上,质量差异对价格有很大的影响。如果发现项目投入产出物的价格与有关影响价格的因素不适应,应对国际价格进行调整。

3. 鉴别价格资料的类型

口岸价格包括离岸价格和到岸价格,为了正确计算建设项目投入产出物的口岸价格,应向外贸、运输部门索取有关运费等资料,并根据项目的情况作出调整。

在国民经济效益评估中,不仅要取得现行的口岸价格资料,而且应对主要的投入产出物在项目寿命周期内的价格趋势进行预测,预测时对一般性或国际性的通货膨胀可不考虑。进行国际价格预测比较困难,只有这些物品对项目显得比较重要,且预计会发生较大变动时才值得去做。否则,只在敏感性分析中假设国际价格发生一定的变化幅度,再确定由于价格变动对项目收益率可能产生的影响。

9.5.2 市场机制定价货物或服务的影子价格

随着我国市场经济发展和国际贸易的增长,大部分的产品已经主要由市场定价,政府不再进行管制和干预,市场价格由市场形成,价格可以近似反映价值。因此,市场机制定价货物或服务的影子价格可以以市场价格为基础来确定,具体应遵循以下原则。

(一) 外贸货物的影子价格

如果投入物或产出物是外贸货物,在完善的市场条件下,国内市场价格应等于口岸价格(假定市场就在口岸,进口货物为到岸价格,出口货物为离岸价格)。原因在于,如果市场价格高于到岸价格,消费者宁愿进口,而不愿购买国内货物;如果国内市场价格低离岸价格,生产者宁愿出口,而不愿以较低的国内市场价格销售。因此口岸价格就反映了外贸货物机会成本或消费者支付意愿。在实际的市场条件下,由于关税、限额、补贴或垄断等原因,存在供需偏差,国内市场价格可能会高于、低于口岸价格。因此,在国民经济评价中要以口岸价格为基础来确定外贸货物的影子价格。其计算公式为

出口产出的影子价格(出厂价) = 离岸价(FOB) × 影子汇率 − 出口费用

进口投入的影子价格(到厂价) = 到岸价(CIF) × 影子汇率 + 进口费用

式中:

离岸价（FOB）是指出口货物运抵我国出口口岸交货的价格；

到岸价（CIF）是指进口货物运抵我国进口口岸交货的价格，包括货物进口的货价、运抵我国口岸之前所发生的境外的运费和保险费；

进口或出口费用是指货物进出口环节在国内所发生的所有相关费用，包括运输费用、储运、装卸、运输保险等各种费用支出及物流环节的各种损失、损耗等。

如果可外贸货物以财务成本或价格为基础调整计算经济费用和效益，应注意：

（1）如果不存在关税、增值税、消费税、补贴等转移支付因素，则项目的投入物或产出物价值直接采用口岸价格进行调整计算。

（2）如果在货物的进出口环节存在转移支付因素，应区分不同情况处理。

（二）非外贸货物的影子价格

从理论上说，非外贸货物的影子价格主要应从供求关系出发，按机会成本或消费者支付意愿的原则确定。非外贸货物影子价格的一般确定方法如下。

1. 项目投入物影子价格的确定

（1）通过原有企业挖潜来增加供应。项目所需某种投入物，只要发挥原有生产能力即可满足供应，不必新增投资。这说明这种货物原有生产能力过剩，属于长线物资。此时，可对它的可变成本进行成本分解，得到货物出厂的影子价格，加上运输费用和贸易费用，就是货物厂（项目）的影子价格。

（2）通过新增生产能力来增加供应。项目所需的投入物必须通过投资扩大生产规模才能满足项目需求。这说明这种货物的生产能力已充分利用，不属于长线物资。此时，可对它的全部成本进行成本分解得到货物出厂的影子价格，加上运输费用和贸易费用，就是货物到厂（项目）的影子价格。

（3）无法通过扩大生产能力来供应。项目需要的某种投入物，原有生产能力无法满足，又不可能新增生产能力，只有去挤占其他用户的用量才能得到。这说明这种货物是极为紧缺的短线物资。此时，影子价格取计划价格加补贴、市场价格、协议价格这三者之中最高者，再加上贸易费用和运输费用。

2. 项目产出物影子价格的确定

（1）增加国内供应数量满足国内需求者，产出物影子价格从以下价格中选取：计划价格、计划价格加补贴、市场价格、协议价格、同类企业产品的平均分解成本。

选取的依据是供求状况。供求基本均衡，取上述价格中低者；供不应求，取上述价格中高者；无法判断供求关系，取低者。

（2）替代其他企业的产出。某种货物的国内市场原已饱和，项目产出这种货物并不能有效增加国内供给，只是在挤占其他生产同类产品企业的市场份额，使这些企业减产甚至停产。这说明这类产出物是长线产品，项目很可能是盲目投资、重复建设。在这种情况下，如果产出物在质量、花色、品种等方面并无特色，应该分解被替代企业相应产品的可变成本作为影子价格。如果质量确有提高,可取国内市场价格为影子价格;也可参照国际市场价格定价,但这时该产出物可能已转变成可实现进口替代的外贸货物了。其计算公式为

投入物的影子价格(投入物到厂价) = 市场价格 + 国内运杂费

产出物的影子价格(产出物出厂价) = 市场价格 – 国内运杂费

9.5.3 不具有市场价格的货物或服务的影子价格测算

当项目的产出效果不具有市场价格,或市场价格难以真实反映其经济价值时,对项目的产品或服务的影子价格需进行重新测算。具体应采用下述方法。

(一)按照消费者支付意愿的原则

消费者支付意愿是指消费者对一定数量的某种商品所愿意付出的最高价格或成本。按照消费者支付意愿的原则,通过其他相关市场价格信号,按照"显示偏好"的方法,寻找揭示这些影响的隐含价值,对其效果进行间接估算。如项目的外部效果导致关联对象产出水平或成本费用的变动,通过对这些变动进行客观量化分析,作为对项目外部效果进行量化的依据。

(二)根据意愿调查评估法

根据意愿调查评估法,按照"陈述偏好"的原则进行间接估算。一般通过对被评估者的直接调查,直接评价调查对象的支付意愿或接受补偿的意愿,从中推断出项目造成的有关外部影响的影子价格。应注意调查评估中可能出现的一下偏差:

(1)调查对象相信他们的回答能影响决策,从而使他们实际支付的私人成本低于正常条件下的预期值,调查结果可能产生的策略性偏倚;

(2)调查者对各种备选方案介绍得不完全或使人误解时,调查结果可能产生的资料性偏倚;

(3)问卷假设的收款或付款方式不当,调查结果可能产生的手段性偏倚;

(4)调查对象长期免费享受环境和生态资源等所形成的"免费搭车"心理,导致调查对象将这种享受看做是天赋权利而反对为此付款,从而导致调查结果的假想性偏倚。

9.5.4 特殊投入物影子价格的确定

(一)劳务的影子价格——影子工资

职工工资和提取的福利基金之和称为名义工资。在财务评价中,名义工资作为费用计入成本,在国民经济评价中,亦需按影子工资进行调整。

建设项目占用了劳动力,国民经济是要付出代价的。这一代价表现为劳动力的劳务费用,即影子工资,也可以说是劳务的影子价格。

影子工资主要应以劳动力的机会成本来度量,即由于劳动力投入到所评价项目而放弃的在原来所在部门的净贡献。此外,影子工资还包括少量的国家为安排劳动力就业或劳动力转移所发生的额外开支,如增加就业引起的生活资料运输和城市交通运输所增加的耗费等,而这些耗费并不提高就业人员的消费水平。

影子工资一般是以名义工资乘以一个系数来取得,这个系数称为工资换算系数。即

$$影子工资 = 名义工资 \times 工资换算系数$$

由于名义工资在财务评价中已经列入,在国民经济评价中需要确定的只是工资换算系数。

国外对于劳动力的机会成本做了不少研究。首先区别熟练劳动力和非熟练劳动力,熟练劳动力的工资换算系数常常大于1,非熟练劳动力的工资换算系数常常小于1,甚至等于零。这表明,项目占用熟练劳动力(包括管理人员和技术人员)时,国民经济付出的代价更大一些。还有的对富裕地区和贫穷地区加以区别,富裕地区的劳动力和贫穷地区的劳动力相比,工资换算系数要大一些。

尽管可以用不同的方法、不同的取值来估量劳动力的影子价格,但是有一个看法是比较一致的,在劳动力比较充足的发展中国家,影子工资不是一个敏感因素,也就是说,工资换算系数估得高一点或者低一点,对国民经济指标影响不大。

《建设项目经济评价方法与参数》把工资换算系数定为1,即影子工资在数值上等同于财务评价中的名义工资。对于中外合资企业,由于在人员聘用和解雇方面自主权较大,要求职工素质相对较高,所以影子工资取国内同行业职工名义工资的1.5倍。对于某些特殊项目,如果劳动力(熟练的或非熟练的)确实非常紧缺,或者非常充裕,允许根据具体情况适当提高或降低影子工资。但是一定要有充分的依据,并加以说明。

(二)土地的影子价格——土地费用

1. 土地费用的计算原则

项目占用土地,国民经济要付出代价,这一代价就是土地费用,也就是土地的影子价格。一般来说,土地的影子价格包括两部分:①土地用于建设项目而使社会放弃的原有效益;②土地用于建设项目而使社会增加的资源消耗。

项目所占用的土地,可以归纳为以下3种类型:

第一种是荒地或不毛之地,土地的影子价格为零。也就是说,项目占了这样的土地,国家不受任何损失。

第二种是经济用地,不管原来是用于农业、工业还是商业,项目占用之后都引起经济损失。这时,应该用机会成本的观点考察土地费用,计算社会被迫放弃的效益。对于农田,应计算项目占用土地导致的农业净收益的损失。北方的主要农作

物是小麦,我国是小麦进口国;南方的主要农作物是水稻,我国出口一部分大米。这样,从边际的观点来看,农作物应该以口岸价格而不是以国内收购价来计价。

有时仅仅考虑机会成本还不够。例如,项目占用了一处商业网点的用地,该商店每年都为国民经济提供一笔净营业额,同时还向附近居民提供方便。净营业额可以计量,"方便"就很难量化了。

第三种是居住用地或其他非生产性建筑、非盈利性单位的用地。项目占用之后要引起社会效益的损失,但又很难用价值量计量。这时主要应该考察:如果土地被项目占用,而原有的社会效益又必须保持,那么需要使国民经济增加多少资源消耗。假如原来有住户,首先要为原住户购置新的居住用地,其费用是新居住用地土地的机会成本,其次要使原住户获得不低于以前的居住条件,其代价是实际花费的搬迁费用。两项费用之和,就是项目所占居住用地的影子价格。

进行国民经济评价时,原财务评价中已列入固定资产投资的搬迁费用仍作为投资费用,记入固定资产投资总额。至于项目占用土地的机会成本,可以对其采取两种不同的处理方法:①分年支付,在项目计算期内将项目占用土地的机会成本逐年算出,在现金流量表中作为费用列入经营成本;②一次支付,将项目占用土地的各年机会成本用社会折现率折算为建设期初的现值,作为项目固定资产投资的一部分。

2. 土地机会成本的计算方法

项目占用土地之后,有时直接导致耕地的减少,有时通过原有用户的搬迁,间接导致耕地的减少。需要计算土地机会成本的,往往还是农田。所以,这里侧重介绍农田机会成本的计算方法。

(1)基本数据的准备。主要有:单位面积年产量、农作物影子价格、农作物生产成本等。其中单位面积年产量,可以项目占用前3年的年平均值为基数适当调整确定。根据具体情况,可以考虑在项目计算期内年产量每年递增某个百分率。确定农作物的影子价格,首先应从边际观点考虑该农作物是属于外贸货物,还是非外贸货物,然后按照货物定价原则确定其影子价格。至于农作物的生产成本,要根据调查研究的结果确定,还要视情况对生产成本作适当调整。

(2)农田机会成本的计算方法。根据年产量和影子价格计算出农作物的年产值,扣减生产成本后得到年净收益,即为各年的土地机会成本。然后,用常规的折现法折算到建设期初。

(三)自然资源

自然资源是指自然形成的,在一定的经济、技术条件下可以被开发利用,以提高人们生活福利水平的生存能力,并同时具有某种"稀缺性"的实物性资源的总称,包括土地资源、森林资源、矿产资源和水资源等。项目经济费用效益分析将自然资源分为资源资产和非资产性自然资源,在影子价格的计算中考虑资源资产。

资源资产是指所有权已经界定,或者随着项目的实施可以界定,所有者能够有效控制并能够在目前或可预见的将来产生预期经济效益的自然资源。资源资产属于经济资产范畴,包括土地资产、森林资产、矿产资产、水资产等。经济费用效益分析中,项目的建设和运营需要投入的自然资源,是项目投资所付出的代价,这些代价要用资源的经济价值而不是市场价格表示,可以用项目投入物的替代方案的成本、对这些资源资产用于其他用途的机会成本等进行分析测算。

9.6 国民经济效益评估报表

9.6.1 国民经济效益分析辅助报表

为了调整投资、销售收入、经营费用,计算经济换汇成本或经济节汇成本,在国民经济效益分析中需要编制4个辅助报表,即"出口(替代进口)产品国内资源流量表"、"国民经济效益分析投资调整计算表"、"国民经济效益分析销售收入调整计算表"和"国民经济效益分析经营费用调整计算表"。

(一)出口(替代进口)产品国内资源流量表

涉及产品出口创汇及替代进口节汇的项目,需要编制出口(替代进口)产品国内资源流量表,以便计算经济换汇成本或经济节汇成本指标,其格式见表9-1。

表9-1 出口(替代进口)产品国内资源流量表　　　　单位:万元

序号	年份 项目	建设期		投产期		达到设计能力生产期				合计
		1	2	3	4	5	6	…	n	
	生产负荷/%									
1	建设投资中国内投资									
2	流动资金中国内资金									
3	经营费用中国内费用									
4	其他国内投入									
5	国内资源流量合计 (1+2+3+4)									
国内资源流量现值($ic=$　　%)										
出口产品中国内投入现值:										

该表具有两个功能:一是汇总计算期内各年国内资源的消耗价值量,包括全部投资中的国内投资和经营费用中的国内费用和其他的国内投入价值。二是依据汇总的国内资源流量总额和设定的社会折现率计算国内资源流量现值和出口产品中国内投入现值。各项国内资源消耗价值量依据各对应的辅助报表填列,或直接填

列，或经过分析、综合整理后填列，如建设投资中的国内投资依据《建设投资估算表》填列。

（二）国民经济效益分析投资调整计算表

编制国民经济效益分析投资调整计算表，主要为了调整投资（包括建设投资和流动资金）中价格不合理的部分，以确定国民经济效益分析中的投资额。其格式见表9-2。

表9-2　国民经济效益分析投资调整计算表　　　　　　　　　　单位：万元

序号	项目	财务效益分析				国民经济效益分析				国民经济效益分析比财务效益分析增减(±)
		合计	其中			合计	其中			
			外币	折合人民币	人民币		外币	折合人民币	人民币	
1	建设投资									
1.1	固定资产投资									
1.1.1	建筑工程									
1.1.2	设备									
	其中：(1)进口设备									
	(2)国内设备									
1.1.3	安装工程									
	其中：(1)进口材料									
	(2)国内部分材料及费用									
1.1.4	其他费用									
	其中：(1)土地费用									
	(2)涨价预备费									
2	流动资金									
3	合计									

该表是用于与财务效益分析中投资各项金额的比较调整投资的，列出财务效益分析中投资各项的金额，再列出国民经济效益分析中调整以后的投资各项的金额，看国民经济效益分析比财务效益分析中的投资各项金额的增减情况。一般来讲，可能调整的建设投资项目中包括建筑工程、设备、安装工程和其他费用；可能调整的流动资金项目中主要是存货。该表财务效益分析中的金额依据"建设投资估算表"和"流动资金估算表"填列，国民经济效益分析中的金额通过调价计算得出，国民经济效益分析比财务效益分析增减(±)是国民经济效益分析中各项与财务效益分析中对应各项之差。差为正值表示该项投资调增，差为负值，表示该项投资调减。

（三）国民经济效益分析销售收入调整计算表

编制国民经济效益分析销售收入调整计算表，主要为了调整在效益中占较大比重的产出物的价格,以合理确定国民经济效益分析中的内部效益,其格式见表9-3。

表9-3 国民经济效益分析销售收入调整计算表　　单位:万元

销售收入单位:万元、万美元

序号	产品名称	年销售量					财务效益分析					国民经济效益分析						
		单位	内销	替代进口	外销	合计	内销		外销		合计	内销		替代进口		外销		合计
							单价	销售收入	单价	销售收入		单价	销售收入	单价	销售收入	单价	销售收入	
1	投产第一年负荷(××%)																	
	小计																	
2	投产第二年负荷(××%)																	
	小计																	
3	正常生产年份(100%)																	
	小计																	

在该表中,国民经济效益分析的数据与财务效益分析相对应。财务效益分析中的数据依据"产品销售(营业)收入和销售税金及附加估算表"填列。国民经济效益分析中的数据依据该表中所列的销售量和影子价格计算结果填列。若拟建项目的产品单一,可不编制该表。

(四)国民经济效益分析经营费用调整计算表

编制国民经济效益分析经营费用调整计算表,主要为了调整在费用中占较大比重的投入物的价格,以合理确定国民经济效益分析中的内部费用,其格式见表9-4。

在该表中、国民经济效益分析的数据与财务效益分析是对应的。财务效益分析中的数据依据"总成本费用估算表"填列。国民经济效益分析中的数据依据该表中所列的年耗量和影子价格计算结果填列。

表9-4　国民经济效益分析经营费用调整计算表　　　单位：万元

序号	项目	单位	年耗量	财务效益分析		国民经济效益分析	
				单价	年经营成本	单价（或调整系数）	年经营费用
1	外购原材料						
2	外购燃料和动力						
2.1	煤						
2.2	水						
2.3	电						
2.4	汽						
2.5	重油						
3	工资及福利费						
4	修理费						
5	其他费用						
6	合计						

9.6.2　国民经济效益分析基本报表

在国民经济效益分析中需要编制国民经济效益费用流量表和经济外汇流量表：

（一）国民经济效益费用流量表

编制国民经济效益费用流量表，主要用于计算经济内部收益率和经济净现值等评价指标，进行国民经济盈利能力分析。根据投资计算基础不同，需要编制两个国民经济效益费用流量表，即国民经济效益费用流量表（全部投资）和国民经济效益费用流量表（国内资金）。

1. 国民经济效益费用流量表（全部投资）

国民经济效益费用流量表（全部投资）不分投资资金来源，以全部投资作为计算基础，用以计算全部投资的经济内部收益率和经济净现值等评价指标，考察项目全部投资的国民经济盈利能力，为各个投资方案（不论其资金来源如何）进行比较建立共同基础，其格式见表9-5。

该表中的效益流量和费用流量中的内部效益和内部费用依据前述的辅助报表的各对应项填列。外部效益和外部费用则要依据所鉴别的外部效益和外部费用中可定量的部分填列。

2. 国民经济效益费用流量表(国内投资)

表9-5 国民经济效益费用流量表(全部投资)　　　　　单位:万元

序号	项目 \ 年份	建设期		投产期		达到设计能力生产期				合计
		1	2	3	4	5	6	...	n	
1	生产负荷(%) 效益流量									
1.1	产品销售(营业)收入									
1.2	回收固定资产余值									
1.3	回收流动资金									
1.4	项目间接效益									
2	费用流量									
2.1	建设投资									
2.2	流动资金									
2.3	经营费用									
2.4	项目间接费用									
3	净效益流量(1-2)									
计算指标:经济内部收益率: 　　　　经济净现值($ic=$　%);										

注:生产期发生的更新改造投资作为费用流量单独列项或列入建设投资项中。

3. 国民经济效益费用流量表(国内资金)

从国内投资角度出发,以国内投资额作为计算基础,把国外借款本金偿还和利息支付作为费用流量,用以计算国内投资的经济内部收益率和经济净现值等评价指标,考察国内资金的国民经济盈利能力,其格式见表9-6。

表9-6 国民经济效益费用流量表(国内投资)　　　　　单位:万元

序号	项目 \ 年份	建设期		投产期		达到设计能力生产期				合计
		1	2	3	4	5	6	...	n	
1	生产负荷(%) 效益流量									
1.1	产品销售(营业)收入									
1.2	回收固定资产余值									
1.3	回收流动资金									
1.4	项目间接效益									
2	费用流量									
2.1	建设投资中国内资金									
2.2	流动资金中国内资金									
2.3	经营费用									
2.4	流至国外的资金									
2.4.1	国外借款本金偿还									
2.4.2	国外借款利息支付									
2.4.3	其他									
2.5	项目间接费用									
3	净效益流量(1-2)									
计算指标:经济内部收益率: 　　　　经济净现值($ic=$　%);										

国民经济效益费用流量表(国内资金)与国民经济效益费用流量表(全部投资)的效益流量项目相同,金额也相同。费用流量的建设投资和流动资金中只包括国内投资,另外,增加了流至国外的资金、国外借款本金偿还和国外借款利息支付。效益流量和费用流量中的各项依据对应的辅助报表或依据分析、整理、综合后的数据填列。

(二)经济外汇流量表

涉及产品出口创汇及替代进口节汇的项目,还要编制经济外汇流量表,用以计算经济外汇净现值、经济换汇成本和经济节汇成本等指标,进行外汇效果分析,其格式见表9-7。

该表可在"财务外汇平衡表"的基础上进行分析、整理和综合后的数据填列。

表9-7 经济外汇流量表　　　　　　　　单位:万美元

序号	项目 \ 年份	建设期		投产期		达到设计能力生产期			合计
		1	2	3	4	5	6	... n	
	生产负荷(%)								
1	外汇流入								
1.1	产品销售外汇收入								
1.2	外汇借款								
1.3	其他外汇收入								
2	外汇流出								
2.1	建设投资中外汇支出								
2.2	进口原材料								
2.3	进口零部件								
2.4	技术转让费								
2.5	偿付外汇借款本息								
2.6	其他外汇支出								
3	净外汇流量(1-2)								
4	产品替代进口收入								
5	净外汇效果(3+4)								

计算指标:经济外汇净现值($ic=$　%):
　　　　　经济换汇成本或经济节汇成本:

注:技术转让费是指生产期支付的技术转让费。

9.7　国民经济效益评估指标

根据国民经济效益费用流量表计算经济内部收益率和经济净现值指标,进行国民经济效益分析。

(一)经济净现值

经济净现值(ENPV)是项目按照社会折现率将计算期内各年的经济净效益流量折现到建设期初的现值之和,是经济费用效益分析的主要评价指标。计算公式为

$$ENPV = \sum_{t=1}^{n}(B-C)_t(1+i_s)^{-t}$$

式中：B——经济效益流量；

C——经济费用流量；

$(B-C)_t$——第 t 期的经济净效益流量；

n——项目计算期；

i_s——社会折现率。

在经济费用效益分析中，如果经济净现值等于或大于 0，说明项目可以达到社会折现率要求的效率水平，认为该项目从经济资源配置的角度可以被接受。

经济费用效益分析以国家公布的社会折现率作为对未来经济费用效益流量进行折现的折现率，目前推荐的社会折现率为 8%。

项目的所有费用和效益，包括不能货币化的效果均可根据需要予以折现。社会折现率是用以衡量资金时间经济价值的重要参数，代表资金占用的机会成本，并且用作不同年份之间资金价值换算的折现率。社会折现率应根据经济发展的实际情况、投资效益水平、资金供求状况、资金机会成本、社会成员的费用效益时间偏好以及国家宏观调控目标取向等因素进行综合分析测定。社会折现率应该采用不考虑通货膨胀因素影响的实现折现率，而不应该是名义折现率。

在实际工作中，可根据项目产出效果的特性、项目所在地区经济发展的情况、项目投资管理的要求等因素，在国家公布的社会折现率的基础上，可适当调整社会折现率的取值，但调整幅度不宜太大。

（二）经济内部效益率

经济内部效益率（$EIRR$）是项目计算期内经济效益流量的现值累计等于零时的折现率，是经济费用效益分析的辅助评价指标。计算公式为

$$\sum_{t=1}^{n}(B-C)_t(1+EIRR)^{-t}=0$$

式中：B——经济效益流量；

C——经济费用流量；

$(B-C)_t$——第 t 期的经济净效益流量；

n——项目计算期；

$EIRR$——经济内部效益率。

如果项目经济内部效益率等于或者大于社会折现率，表明项目资源配置的经济效果达到了可以被接受的水平。

（三）经济外汇净现值

经济外汇净现值（$ENPV_F$）是反映项目实施后对国家外汇收支直接或间接影响的重要指标，用以衡量项目对国家外汇真正的净贡献（创汇）或净消耗（用汇），经

济外汇净现值可通过经济外汇流量表计算求得,其表达式为

$$ENPV_F = \sum_{t=1}^{n}(FI-FO)_t \cdot (1+i_s)^{-t}$$

式中:$ENPV_F$——经济外汇净现值;

　　FI——外汇流入量;

　　FO——外汇流出量;

　　$(FI-FO)_t$——第t年的净外汇流量;

　　n——计算期。

当有产品替代进口时,可按净外汇效果计算经济外汇净现值。

(四)经济换汇成本和经济节汇成本

当有产品直接出口时,应计算经济换汇成本。它是用货物影子价格、影子工资和社会折现率计算的为生产出口产品而投入的国内资源现值(以人民币表示)与生产出口产品的外汇净现值(通常以美元表示)之比,亦即换取1美元外汇所需要的人民币金额,是分析评价项目实施后在国际上的竞争力,进而判断其产品应否出口的指标。其表达式为

$$经济换汇成本 = \frac{\sum_{t=1}^{n} DR_t(1+i_s)^{-1}}{\sum_{t=1}^{n}(FI'+FO')_t \cdot (i+i_s)^{-t}}$$

式中:DR_t——项目在第t年为出口产品投入的国内资源价值(包括投资、原材料、工资、其他投入和贸易费用),计量单位为人民币元;

　　FI'——生产出口产品的外汇流入,计量单位为美元;

　　FO'——生产出口产品的外汇流出(包括应由出口产品分摊的建设投资及经营费用中的外汇流出),计量单位为美元;

　　n——计算期。

当有产品替代进口时,应计算经济节汇成本,它等于项目计算期内生产替代进口产品所投入的国内资源的现值与生产替代进口产品的经济外汇净现值之比,即节约1美元外汇所需的人民币金额。其表达式为

式中:DR''_t——项目在第t年为生产替代进口产品投入的国内资源价值(包括投资、原材料、工资、其他投入和贸易费用),计量单位为人民币元;

　　FI''——生产替代进口产品所节约的外汇,计量单位为美元;

　　FO''——生产替代进口产品的外汇流出(包括应由替代进口产品分摊的建设投资及经营费用中的外汇流出),计量单位为美元。

经济换汇成本或经济节汇成本(元/美元)小于或等于影子汇率,表明该项目产品出口或替代进口是有利的。

第 10 章 社会效益评估

本章提要:本章对社会效益评估基本问题进行了阐述。具体包括社会效益评估的概念及意义,社会效益评估的内容,间接经济效益和直接的经济效益,以及重要的社会效益评估的研究方法。通过学习本章,使读者掌握社会效益评估的概念、程序、方法和内容,并对该内容有基本了解。

10.1 社会效益评估概述

10.1.1 社会效益评估的概念及意义

社会效益评估是分析计算项目建成以后,给国民经济发展带来的间接效益和辅助效益,给地区经济或部门经济发展带来的效果。

社会效益评估所研究的范围较国民经济效益评估更广,它不只局限于一些经济效益指标上,它是从整个社会的角度来考察、评价建设项目对其发展的贡献。由于其目标内容广泛,诸如经济增长、社会就业、收入分配以及社会的变化和发展等,所以社会效益评估往往超过国民经济效益评估的范围。

社会效益评估同国民经济效益评估一样,都是客观效益评估。但国民经济评估主要是评价项目对国民经济生产方面的效果。我们知道,生产和分配是一个事物的两个方面,所以项目产生的生产效果和分配效果不能分离。因此,拟建一个项目,既要评估其生产效果又要评估其分配效果,社会效益评估则是分析项目对社会的分配效果。

一个项目的建设,对国家的影响是多方面的,不仅能够增加国民收入,而且能够为国家创汇,能够增加就业机会,能够带动地区经济的发展,能够使相关项目乃至全社会受益;建设项目不仅耗费国家资源,而且还会带来环境的污染等。因此,对拟建项目进行评估,除考察项目对于国民经济的净贡献,即以经济内部收益率,经济净现值等指标作为衡量项目是否可行的主要依据外,还要进行一些社会效果评价,考察一些其他指标,如外汇效果、就业效果、分配效果、综合能耗等,作为项目评估的辅助指标。有些辅助指标在某些情况下可能起决定作用,如拟建项目的"三废"得不到有效治理,对环境破坏严重,即使项目本身的经济效益好也不能建设。

10.1.2 社会效益评估的内容

社会效益评估带有一定的综合性,评估的内容包括多个因素和多个方面。

(一)间接经济效益

间接效益是项目效益的一部分。间接效益也称为外部效益或相关效益,是指项目为社会作出的贡献,而项目本身并未得益的那部分效益。这些效益不能反映在承担这个项目的企业财务账面上。

项目的间接效益是社会经济的其他部分受到项目计划之外的影响,不是项目有意造成的,也不是其他项目有意造成的,它具有偶然的附带性质,受益者不付出任何代价,受害者也得不到补偿。如某一新建项目的实施,可能引起其他新项目的建立,或现有装置的改进,或使现有装置的闲置能力得到利用,对提高产品质量和产品用户都将产生影响等。

(二)辅助经济效益

辅助经济效益是项目经济效益的一部分,它是指除国民经济收入等基本经济效益外的其他各种国民经济效益,诸如项目对社会就业、能源、分配的影响。

10.1.3 社会效益评估方法

在诸多的社会经济效益中,许多是有形的,如对空气、水和大地的污染,这是一种负效益。但也有的效益,缺乏物质形体,是无形的,如对人民文化水平和精神文明的影响,社会福利和安全感等。对这些有形的和无形的效益有些可直接计算,有些则不能计量。根据其特点,在社会效益评估时需采用以下方法。

(一)定量分析法

定量分析是利用统计数据和相关资料根据有关理论,构造模拟事物构造和运动的模型,用以模拟事物的发展变化过程,以此来揭示事物数量变化的规律性。由于它建立在统计数据基础上,结论是数量化的,比较明确。对社会效益中有形的则可以用货币或其他单位计量的效益,在评估时尽量可能地将项目发生的效果数量化,选择简单计量指标表示其数值,进行定量分析。

(二)定性分析法

定性分析法是采用推理分析和经验判断的方式对不适于直接使用计量方法的问题进行预测。结论主要指明事物的发展方向及与其他事物的相互关系,具有主要依据人的经验、知识综合能力进行预测的特点。对社会效益中无形的或有形的但不能用任何计量方式表示的非经济效益,就必须依靠评估者进行综合判断、经验总结及其聪明才智作出正确的评估,用文字加以描述和说明,进行定性分析。

在必要时,可将两种方法合起来,取长补短,进行综合分析。

10.2 定性效益评估

定性效益评估就是利用直接材料,依靠评估人员的经验、专业理论知识和分析能力进行判断,直接得出评估的结果,即对社会效益进行定性分析。

定性效益评估的主要内容是分析项目建成投产后的社会各方面的影响。

(1)对环境保护和生态平衡的影响。

(2)对节约劳动力或提供就业机会的影响。

(3)对提高地区和部门科学技术水平的影响。

(4)对远景发展的影响。

(5)产品质量提高对产品用户的影响。

(6)对减少进口、节约外汇或增加出口、增创外汇的影响。

(7)对提高人民物质文化生活及社会福利的影响。

(8)对国防和工业配置的影响。

(9)对城市整体改造的影响。

(10)对提高资源综合利用率的影响等。

对于以上内容进行——评估是办不到的,一般只评估拟建项目对其影响较大的某项或几项内容。现选择比较普遍的两项,简述其评估办法。

10.2.1 项目对环境保护和生态平衡的影响

不少建设项目,会造成某方面的环境污染和影响,所以环境影响评估成为重要的社会效益指标。

(一)环境影响评估的内容

(1)对周围环境(包括历史文物和风景)的破坏和影响程度。

(2)对人、畜健康和各种自然作物的生产、产量和质量的影响程度。

(3)对生态环境的影响。

(二)评估的程序

1. 鉴别污染程度并进行分类

把污染情况分为积极和消极影响,积极影响为正效益,消极影响为负效益。

2. 确定污染自然环境的原因

(1)项目投入物。

(2)工厂生产流程。

(3) 项目产品的利用。

3. 分析采取的治理措施和技术方法

污染的治理措施有很广的内容,如治理污染的方法,环境影响评价,环境污染评价,排放含量控制,排放总量控制等。技术方法是指加强科研,加快科技转化为生产力的速度,开发新产品,改变产品结构,改造落后技术装备,革新落后的工艺等行之有效的防治污染途径。

4. 环境保护的费用-效益分析

环境保护的经济利益是环境保护带来的环境质量与它所付出的劳动耗费的比较。这里所说的环境质量是指环境保护所得的"三废"资源化等方面的经济价值,自然景观的美学价值,文物古迹的历史价值、生物种群的学术价值及生活环境对人体健康的适宜性等的总称。环境质量实质上是环境功能在经济、历史、美学及生活适宜性等方面提供的产出流量。环境保护所付出的劳动耗费包括开展环境保护时的支出和消耗,如人力、物力。它们均表现为财力及劳动力的占用。

由于环境质量具有模糊性,很多环境经济效益也只可定性,难以定量。费用的确定也具有同样的道理。因此,只能采用间接估量费用效益的方法。如果保护措施的费用相比显得过于昂贵,则需要重新考虑项目的设计方案或重新定点,以减少对环境的消极影响。

有些环境保护的效益可采用"三废"处理量,噪声强度降低量,灰尘浓度降低量之类的指标加以表示。

10.2.2 项目对科学技术水平的影响

若拟建项目引进或采用先进技术,需评估项目对科学技术水平的影响。其评估内容包括:

(1) 项目引进先进技术装备或新技术对发展国民经济提高生产力的影响。
(2) 对培养技术力量,提高整个技术水平的贡献。
(3) 对推广普及先进技术,推动科学技术的发展,科技开发等方面的意义。
(4) 对加强生产经营管理,提高管理水平,改善职工劳动条件的意义。
(5) 对提高产品质量,由进口转出口创汇的贡献等。

对以上效果评估,要采用几个不同的项目和不同方案进行比较分析,比较分析时要注意项目和技术必须具备共性和可比性。如:

(1) 相同的技术。
(2) 同类项目和同行业间。
(3) 相同的消化和推广能力等。

10.3 定量效益评估

定量效益评估主要是分析拟建项目的产值、综合能源消耗、投资就业效果、分配效果等指标。

10.3.1 能源效益评估

能源是能产生各种能量（热能、电能、光能、磁能、机械能等）的物质资源，例如煤炭、石油、天然气、沼气、太阳能、地热、风能等，以上各种资源都是自然界形成的，没有任何加工和转换的能源，称为第一次能源；电力、蒸汽、煤气等称为第二次能源。社会效益评估中的能源主要是指煤、油、电、汽。

（一）能源效益评估的目的

能源是工业生产不可缺少的先决的物质条件。能源效益评估的目的在于考察拟建项目对能源的利用是否合理，判明拟建项目是耗能高的项目，还是节能项目。尤其是在能源紧张的情况下，进行能源效益分析更是必要的。在方案比较时，同等条件下应选择耗能低的项目。

（二）能源消耗指标

能源消耗指标分为单项消耗指标和综合消耗指标。在评估时，主要计算综合能耗指标，以便对项目总能耗的利用进行考核，同时也利于与其他企业或同行业项目进行比较。

综合能耗计算利用能源标准单位（标煤）计算。

综合能耗有：

1. 单位产值综合能耗

单位产值综合能耗是指项目正常生产年度单位产值所消耗的能源。其计算公式为

$$产值综合能耗 = \frac{能源消耗量}{总产值}（吨标煤/万元）$$

2. 单位产量综合消耗

单位产量综合能耗是项目正常生产年度单位产量所消耗的能源。其计算公式为

$$产量综合能耗 = 能源消耗量/总产量（吨标煤/吨）$$

建设银行评估时只计算产值能量消耗，对于各种能源一律折算成标准煤计算。各种能源折算标准系数见表 10-1。

表 10-1　各种能源指标煤系数

序号	能源品种	单位	平均低位发热量	折算标煤系数
1	煤炭	千卡/公斤	5 000	0.714
2	洗煤	千卡/公斤	6 300	0.900
3	原油	千卡/公斤	10 000	1.429
4	汽油	千卡/公斤	10 300	1.471
5	柴油	千卡/公斤	11 000	1.571
6	煤油	千卡/公斤	10 300	1.471
7	重油	千卡/公斤	10 000	1.429
8	渣油	千卡/公斤	9 000	1.285
9	天然气	千卡/标立方米	9 310	1.330
10	油田气	千卡/标立方米	10 000	1.429
11	矿井气	千卡/标立方米	8 000	1.143
12	炼厂气	千卡/标立方米	10 500	1.500
13	城市煤气	千卡/标立方米	4 000	0.571
14	液化石油气	千卡/公斤	12 000	1.714
15	焦炭	千卡/公斤	6 800	0.971
16	焦炉煤气	千卡/标立方米	4 300	0.614
17	高炉煤气	千卡/标立方米	840	0.120
18	转炉煤气	千卡/标立方米	2 000	0.286
19	蒸汽	千卡/标立方米	900	0.129

(摘自国家统计局资料)

10.3.2 就业效果评估

一个项目的建设,不仅能够为社会创造价值,而且还可以提供一定的就业机会。对于有些国家来说,往往把就业作为项目取舍的附加条件。就业效果对于劳动力资源特别丰富的我国来说,更具有十分重要的意义。

所谓就业效果就是单位投资创造的新就业机会。项目的就业效果分为直接就业效果,间接就业效果和总就业效果。

(一)直接就业效果

直接就业效果就是项目本身提供的就业机会同它所需的直接投资之比。计算公式为

$$直接就业效果 = 项目新增就业人数/直接总投资$$

(二)间接就业效果

间接就业效果就是指拟建项目相关的其他配套项目所增加的就业机会与这些项目的基建投资之比。其计算公式为

$$间接就业效果 = 新就业总人数/(直接投资 + 间接投资)$$

新就业总人数既包括本项目的,也包括相关项目的。但需要说明的是,如果拟建项目建成之后,在其他项目中引起某些失业,则需从就业机会中减去。此外,应从就业机会的人数中减去所有外籍人员数。

银行评估时,一般只计算直接就业效果。

如果项目的建设目的主要是为了解决就业,那么单位投资所安排的劳动力越多越好,也就是创造一个就业机会需要的投资越少越好。特别是我国,人口众多,劳动力资源十分丰富,劳动力就业压力很大,因此应该多发展一些劳动密集型企业,多创造一些就业机会。如果项目建成投产后的目的是为了提高劳动生产率,那么,单位投资安排的劳动力越少越好,因此.就业机会分析应根据项目建设的目标来考察。

10.3.3 分配效果评估

分配效果就是指项目在正常年度所获得的净效果(利润和税金)在中央、地方、企业之间的分配比重。分配效果评估的目的是分析效益如何分配,分配的是否合理,是否符合国家政策。

分配有时间和空间上两种形式,银行在评估时主要计算空间形式,就是计算正常年份的净效益在中央、地方、企业之间的分配。

(一)中央分配效果

中央分配效果就是中央财政所获收益比重。其计算公式为

中央收益比重 = 上缴中央财政的收入/年税利总额×100%

上缴中央财政的收入,指项目正常年份按规定上缴中央财政的各税金、利润等。

(二)地方分配效果

地方分配效果是指地方财政所获收益的比重。其计算公式为

地方收益比重 = 地方财政收入/年税利总额×100%

地方收入指项目正常生产年份按规定上交地方财政的各种税金、利润等。

(三)企业分配效果

企业分配效果是指企业所获收益的比重。其计算公式为

企业收益比重 = 企业收益/年税利总额×100%

企业收益为企业的税后利润。

国家、地方、企业三方收益分配之和应等于1。其收益可直接利用财务评估中的数字。

第11章 不确定性分析与风险分析

本章提要：在对投资项目进行决策分析时，分析人员所收集的数据大多数都来自估计和预测，在现实中，很多社会和经济因素都有可能会影响估计和预测的准确性，继而给项目的经济分析带来很大的不确定性和风险，所以，在完成对投资项目基本方案的财务效益评估和国民经济效益评估之后，应分析在不确定性和风险条件下项目效益的可能变化，以提供充分的信息，为决策服务。因此，在投资项目决策分析与评价过程中必须进行不确定性分析与风险分析。

本章分析了不确定性和风险产生的因素，详细叙述了不确定性分析中的盈亏平衡分析和敏感性分析的原理和方法；对风险识别，风险估计，风险评价和风险应对的内容进行了分析研究，并简述了常用的风险分析方法。学习本章能够掌握项目不确定分析与风险分析的基本理论与方法，为项目科学决策提供参考。

11.1 不确定性分析概述

11.1.1 项目评估中的不确定因素

在前面的评估当中，我们运用了大量确定的具体数据和资料，如投资额、成本、产量、价格等。实际上，我们所做的评估都是在不确定情况下作出的。数据和资料都有不确定性，政治、经济、能源、技术、资源等条件随时间和地点的变化而变化，这些变化将使事实上的数据和资料和我们所依赖的数据和资料不一致。另外，如基本数据的误差、数据量不足、统计方法的局限、不确定的假设等，都会或大或小地造成项目评估中的不确定性。

下面结合我国经济现状，分析对项目评估影响较大的一些不确定因素。

（一）价格的变化

物价的变动是产生不确定性因素的主要原因。由于我国曾长期实行计划价格，导致现行价格体系中比价不合理的问题严重，突出表现是农产品和初级工业品价格偏低,加工工业产品价格偏高。现在我国大力发展市场经济,这是一个依靠市场理顺物价的时期,同时,我国经济发展迅猛,供求关系变化剧烈,两个因素结合致使价格的不确定性增大。恢复"关贸总协定"缔约国地位之后,国际市场价格对国内市场价格将产生强有力冲击,价格问题会更趋复杂。

项目评估必须建立在合理的价格基础上。一般项目的经济寿命都在15年以上,项目评估中只有准确反映价格的变化趋势,才能保证项目评估的可靠性。

(二)投资费用的变化

由于原投资估算不准确,建设过程中节约或浪费,资金来源在建设过程中变得不足或有余,都会影响投资费用的实际发生额。

对投资费用估算不准确,主要是资料不全、不准、方法不当,或者人为地多估少估。比如进行一个国内的新项目,需要较多的外国资料取得各种参数,由于国情不同参数的确定性降低,从而项目评估的不确定性增大。建设中的浪费是我国经济中长期存在的严重问题,实际投资超过概算和预算的现象普遍。资金来源充足时有可能追加投资,而不足时可能压缩投资。以上投资费用变化情况直接影响项目的经济效益,甚至关系到项目能否顺利建成,所以投资费用的变化是重要的不确定因素。

(三)建设进度和达产期的变化

几乎在我国经济发展的每一个高峰期,都出现基建战线过长,规模过大的情况,有限的人力、物力、财力阻碍一些项目进度按计划完成。有些项目即使建成了,也符合投产要求,但由于原材料、能源或交通等因素制约,又迟迟不能投产,或者达不到规定的生产能力,从而较大地影响项目的经济效益。

(四)生产能力的变化

设计上的不合理,配套工程没按时完成,经营管理能力低下等情况,使实际生产能力达不到设计能力。市场经济条件下,市场的经常性变化影响产品销路,迫使建成项目限产或转产,也会改变生产能力。项目评估时的效益按一般的设计生产能力计算,实际生产能力变化的时候,项目的经济效益就会受到很大的影响。

(五)生产成本的变化

因为原来估算不正确,原材料的来源和质量发生变化,技术上的原因增加或减少原材料的消耗,管理上的原因增加或降低了生产费用,或者国家进行工资改革等情况,都会影响生产成本的变化,进而影响项目经济效益。

(六)项目寿命期的变化

当今社会科学飞跃发展,科学技术不断进步,建设项目所采用的工艺技术、设备等可能提前老化,从而缩短项目的经济寿命期;新产品新材料的出现,也将缩短产品的生命周期,从而可能缩短项目的经济寿命期。项目评估是评估项目整个寿命期内的有关指标,项目经济寿命的变化必然导致项目评估时所确定的有关数据指标发生变化。

（七）外汇汇率的变化

涉外建设项目对汇率的变化反应敏感。汇率变化对项目的影响,主要从投资费用、生产成本、销售收入等三方面表现出来。当一个项目需要引进国外设备时,汇率的上提会增加设备的国内价格。对于我国目前汇率水平是否真正反映国内外货币的比价理论界尚无定论,近十年来汇率已经过多次调整,现仍处在微调中,因此把汇率作为不确定性因素分析是合适的。

（八）基准折现率的变化

大量的项目评估实践表明,基准折现率对现值计算是一个敏感的因素。基准折现率只要有百分之几的变化,就可能改变项目的评价结论。

（九）政治和经济形势的变化

国际政治经济形势的变化是项目评估时不能计划控制又很难有准确预测的因素,而这些变化恰恰可能直接或间接影响建设项目,给某一项目带来较大的风险和不确定性。

总之,项目评估中的不确定因素多种多样。它们的成因不同,作用和影响大小对不同的企业也有很大差异。由于不确定性分析耗费精力、时间较多,因此在项目评估中要善于抓住主要的不确定性因素,有重点地研究分析,这样才能达到较好的效果。

11.1.2 不确定性分析的概念和方法

所谓不确定性分析,是指以研究不确定因素的变化及其对建设项目经济效益影响程度为目的的经济分析手段。

不确定性分析是一系列经济分析手段的总称。传统的手段有:直觉判断法、保守估计法、乐观悲观法、敏感分析法、盈亏平衡分析法、风险预测法、竞赛理论等。目前应用普遍的有盈亏平衡分析、敏感分析和概率分析。随着计算机技术的开发,近代又发展了决策树分析、蒙特卡罗分析等。

不确定性分析的手段和方法很多,分析的深度和达到的精度也各不一样。我国建设项目评估中一般要求先进行盈亏平衡分析,第二步进行敏感性分析,第三步,重大项目有条件时进行概率分析。

11.1.3 不确定分析的意义

对拟建项目进行不确定性分析,其意义体现在以下几个方面。

（一）完善了决策程序

我们所进行的项目评估,都是假定各因素不发生变化条件下的分析工作（确定性分析)。我们假定投资、建设期、产量、价格等都不发生变化,事实上,这些数字都是预测和估算出来的,既然是预测和估算就不可能十分准确,所以,这些因素含有不确定性。为了避免不确定性因素导致决策重大失误,减小决策的风险,减少预测结果不理想带来的损失,就必须把影响项目效益的最关键因素找出来,测算这些因素发生变化时,对投资效果的影响程度。这样作出的决策,建立在可能发生的情况基础上,因此比较科学,也比较可靠。这使项目投资决策的程序得到进一步完善。

(二) 提高决策质量

通过不确定性分析,了解到项目的关键所在。如果知道一个项目的风险过大,可以作出放弃投资的决策。如果有几个项目效益相近、风险不同,则可以从中选择风险较小的项目进行建设。这样就提高了决策的质量。

(三) 使项目提高风险承担能力

不确定分析使有关部门了解到拟建项目的风险所在,并有针对性地采取一些控制和补救措施。例如,当预见到配套工程是影响项目经济效益的重要因素时,就可事先采取措施保证配套工程按期建成。又如,当预见到汇率是影响项目经济效益的重要因素时,可以用外汇远期交易等保值手段保证投资金额,确保建设项目的完成。这些都提高了拟建项目承担风险的能力。

11.2 盈亏平衡分析

11.2.1 盈亏平衡分析概念

建设项目中的产量、成本和利润之间存在密切的关系。产品销售利润 = 产品销售收入 – 产品销售成本 – 产品销售税金。其中的产品销售税金取决于产品销售收入,而产品销售收入 = 产品销售量 × 产品单价,产品销售成本 = 产品销售量 × 单位产品变动费用 + 固定成本。

从以上关系式可以看出,产品销售收入和产品销售成本都可以是产品销售量的函数。在产品的某一销售量时产品销售收入等于销售成本,这种情况即所谓盈亏平衡。假设产品产量等于产品销售量,该生产水平就是盈亏平衡点。所谓盈亏平衡分析,就是通过寻找项目的盈亏平衡点,来确定项目承担风险能力的一种不确定分析方法。在盈亏平衡点,项目当年的生产既没有利润,也没有亏损,所以该点又称保本点或权益临界点,盈亏平衡分析因此也称保本分析或损益临界分析。

11.2.2 盈亏平衡分析的运用条件

盈亏平衡分析简单易行,但它的成立是以许多约束条件为前提的,运用盈亏平衡分析的条件是如下。

(一)销售量和生产量相等

在现实中,企业的产品销售量往往低于产量。但是,在进行盈亏平衡分析时,要假设生产的产品全部销售,没有积压产品。

(二)在所分析的销售量范围内,固定成本不发生变化

实际生产中,固定成本并非绝对固定。产量增加到一定水平的时候,需要增添机器、设备以及管理人员等,从而增加固定费用。为了使盈亏平衡分析可靠性增强,在实际分析中可以分阶段分析固定成本。

(三)变动成本是销量的正的线性函数

就是说,假设在一定的范围内,单位产品的变动成本与产量成正比例变化,从而使销售成本与产量之间保持线性函数关系。这个假设对一般企业都成立。当然也存在当产量达到一定水平时,由于原材料等的大批购买而降低了成本,那样变动成本与产量之间的正比例关系就会改变。然而,只要评估人员注意鉴别这种情况,就不会影响盈亏平衡分析的正确运用。

(四)各种产品的销售单价,在不同的时期,不同的产量与销售水平上都是相同的。

实际上,产品的价格在项目寿命期内是会发生变化的,有时变化的幅度很大,但在盈亏平衡分析时,只能假定产品的价格固定不变。

(五)产品品种结构稳定

这是针对多种产品的企业而言的。品种结构的变化,会使成本和销售收入都发生变化,从而破坏原来销售量与销售成本、或销售量与销售收入的线性关系,也因此会改变盈亏平衡点,甚至出现多个盈亏平衡点。对一般企业来讲,它们的产品结构是稳定的,也就是说一般项目都满足这个条件。

盈亏平衡分析的这些假设条件在经济活动中是不可能得到严格遵循的,其结果使盈亏平衡分析受到影响。因此,盈亏平衡分析只是一种近似的分析方法。但只要项目与这些条件的要求不是相差太远,盈亏平衡分析仍不失为一种简便易行的方法。

11.2.3 盈亏平衡点的确定

(一)公式法

公式法就是以代数方程式表达产品销售的数量、成本、利润之间的数量关系,并据以确定盈亏平衡点的方法。

设:P——单位售价;

Q——产销量;

F—固定成本总额；
v—单位变动成本。

销售收入 = 销售成本，即
$$P \times Q = F + v \times Q$$

于是
$$Q(P - v) = F$$
$$Q = \frac{F}{P - V}$$

即
$$盈亏平衡时产量 = \frac{固定成本总额}{单位售价 - 单位变动成本}$$

Q 是以产量表示的盈亏平衡点，整个式子表示当产量为固定成本除以产品售价和单位变动之本之差时，项目的收入与支出相等，整个项目不亏不盈。

（二）图解法

为了直观地分析项目盈亏平衡的情况，把销售收入和产量的关系，以及生产成本与产量的关系画在一张图上，称为盈亏平衡图（图11-1），利用盈亏平衡图可以求得盈亏平衡点。

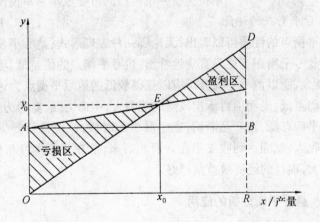

图 11-1 盈亏平衡图

在图11-1中，E点为盈亏平衡点，OD 是销售收入，AB 为固定成本，AC 为产品成本，BC 代表变动成本，X_0 表示与盈亏平衡点相对应的项目产量，Y_0 表示与盈亏平衡点相对应的收入或产品成本。AEO 区域支出大于收入，是亏损区；CED 区域收入高于成本，是盈利区。

(三)以不同参量表示的盈亏平衡点的计算公式

(1) 以产量表示的盈亏平衡点 BEPL

$$BEPL = \frac{固定成本}{单位产品售价 - 单位变动成本}$$

(2) 以产值表示的盈亏平衡点 BEP1

$$BEP1 = BEPL \times 单价 = \frac{固定成本}{单位产品售价 - 单位变动成本} \times 单价$$

(3) 以销售单价表示的盈亏平衡点 BEPP

$$BEPP = \frac{固定成本 + 单位变动成本 \times BEPL}{BEPL} =$$

单位变动成本 + 平均固定成本 =
产品单位成本

(4) 以生产能力利用率表示的盈亏平衡点 BEPX

$$BEPX = \frac{BEPL}{设计年产量} \times 100\%$$

(5) 考虑税金的盈亏平衡点

$$税后产量盈亏平衡点 = \frac{固定成本}{单位售价 - 单位产品可变成本 - 单位产品销售税金}$$

(四)盈亏平衡点的评价

从盈亏平衡点的性质可以看出,无论哪一种表现形式,盈亏平衡点的值总是越低越好。从盈亏平衡图上更是直观地看出:盈亏平衡点的值越低,项目的亏损区就小,盈利区就大,所以盈亏平衡分析应以获得较低的盈亏平衡点为评价准则。

盈亏平衡点低,说明项目承担风险的能力大,生命力强,竞争力强大,经济效益较好。盈亏平衡点低,在产品滞销,竞争激烈的时候,该项目只要少量的产品或者取得少量的收入,就能达到收支平衡。而相对来说,在正常生产条件下,项目盈利生产的区间大,项目的经济效益就越好。

11.2.4 盈亏平衡分析的应用

盈亏平衡分析主要是利用不同的盈亏平衡点进行比较,判定项目的优劣。

第一,在已知单位成本、固定成本和单位产品售价情况下,可先测定盈亏平衡产量,然后利用市场预测判断项目的风险程度。

若按上述方法测得某钢厂的盈亏平衡产量是 300 万吨,而市场预测资料表明该种钢材的潜在销售量可达 450 万吨,这表明该钢材生产规模可以超过 150 万吨,因而有利可得,项目可以建设。反之,如果市场预测资料表明该种钢材的潜在销售量只有 250 万吨,则该项目无利可图,这个项目风险较大。

第二,在已知销售量、产品变动成本和固定成本总额情况下,掌握达到保本要求的单位售价。

这个指标表示在某销售量下,保证不亏本的最低售价。将此最低售价与市场预测中得到的价格信息相比较,就能判断项目在价格方面的风险。

第三,已知道盈亏平衡产量和设计产量指标时,可以求得盈亏平衡时生产能力的利用率指标。

前面我们已经推出

$$BEPX = \frac{BEPL}{设计年产量} \times 100\%$$

因为

$$BEPL = \frac{固定成本}{单位产品售价 - 单位变动成本}$$

所以

$$BEPX = \frac{固定成本}{(单位售价 - 单位产品可变成本) \times 设计年产量} \times 100\% = \frac{固定成本}{销售收入 - 变动成本} \times 100\%$$

第四,在实际经济生活中,盈亏平衡分析都要考虑税收。

$$税后产量盈亏平衡点 = \frac{固定成本}{单位售价 - 单位产品可变成本 - 单位产品销售税金}$$

11.2.5 盈亏平衡分析的作用

我国现行评估办法要求对项目效益分析的结论进行盈亏平衡分析,以确定项目在不确定性因素影响下的实际财务水平。在实际评估实践中,盈亏平衡分析至少有以下作用。

第一,借助盈亏平衡分析,根据项目主要经济因素间的因果联系,找出影响盈亏平衡点的敏感对象,以便减少风险,增加盈利。

盈亏平衡点的高低反映出项目承担风险的大小。要增大项目的风险承受能力,则需要降低盈亏平衡点。从盈亏平衡点的计算公式知道,降低盈亏平衡点的主要方式是降低固定成本和降低可变成本。

第二,借助盈亏平衡的深入分析,找出项目的盈亏区间,确定最佳的生产规模。为了保证盈利,设计的生产规模必须在盈亏平衡点上的盈利区内,盈利最大处往往是最佳生产规模。

第三,利用盈亏平衡分析,可以比较多个项目方案,确定最优生产方案。

假设 A、B 两个方案(见图 11-2)设计产品相同,A 方案固定成本高,可变成本低,盈亏平衡点为 E_A。B 方案固定成本低,可变成本高,盈亏平衡点为 E_B。由图可见,E_B 点高于 E_A,所以 A 方案优。

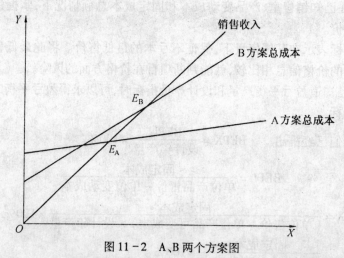

图 11-2　A、B 两个方案图

同样原理,把多个项目的盈亏平衡图画在同一张纸上,我们就可以比较多个项目的优劣。盈亏平衡点最低者最优。

显然,盈亏平衡分析是一种简捷的选择方案的方法,但也有它明显的不足。盈亏平衡分析仅仅讨论价格、产量、可变成本、固定成本等不确定因素变化对项目盈亏产生的影响,但并不能从分析中判断出项目本身盈利的大小。此外,它只能进行静态分析,不考虑货币的时间价值,分析时不确定因素变化幅度是人为地定出的,无法知道某一确定数值出现的概率。在实际生活中,有关盈亏平衡分析的各个假设条件和现实情况不一致,计算结果也不够精确。正因为这样,我们有必要进行更深入的不确定性分析。

11.3 敏感性分析

11.3.1 敏感性分析及其作用

敏感性分析,就是在诸多不确定因素中,确定哪些是敏感性因素,哪些是不敏感因素,并分析在敏感性因素变动的情况下,项目经济效益受影响的程度,进而判断项目承受风险能力的一种不确定分析方法。那么什么是敏感因素呢? 前面已经指出,在项目的经济寿命期内,有许多因素对项目的经济效益产生影响。在这些不确定因素中,有些因素稍有改变就可能引起某一经济效益指标的明显变化。另有一些因素,当其改变时,只能引起某一经济效益指标的一般性变化,甚至看不出有变化。就是说,项目的经济效益指标对不确定因素的反应程度各不相同,就是敏感程度不同。一般将能引起经济效益敏感反应的不确定因素称为敏感性因素,而将不能引起经济效益指标敏感反应的不确定因素称为不敏感因素。

敏感性分析不同于盈亏平衡分析的一个重要特点是可以进行动态分析。作为项目评估来讲,动态指标是主要的经济效益评价指标。所以敏感性分析一般在现值的基础上进行,也就是计算在不确定因素变化的情况下,项目的净现值和内部收益率会产生什么变化。敏感性分析的不确定性因素和变动值复杂,是项目评估中工作量较大的一种工作。

敏感性分析的作用可归纳为以下几点:

(1)分析研究不确定因素的变动将会引起的经济效益指标的变动幅度,明确项目的风险程度。

(2)对项目实施方案中的不确定性因素无把握时,通过最有利和最不利的经济效益范围分析,可以知道不确定因素的误差在多大范围内是可行的,有利于寻找替代方案或对原方案采取某些控制措施。

(3)找出影响项目经济效益的最主要因素,使项目评估人员有针对性地提高主要因素数据的可靠程度,进而提高整个评估工作的质量;同时促使项目实施部门对这些主要因素的可能的变化采取预防措施。

(4)在多个方案比较中,区别出敏感性大的即风险大的和敏感性小的即风险小的方案,从中进行优选。

11.3.2 敏感性分析的步骤

敏感性分析一般遵循以下步骤进行。

(一)确定进行敏感性分析的指标

进行敏感性分析,首先要确定进行敏感性分析的指标。一个建设项目的经济效益指标是很多的,这些指标对不同的建设项目意义不同。项目评估时只能针对不同的项目的特点,选择一些最能综合反映该项目经济效益的指标作为分析的对象。一般来说,净现值、内部收益率、贷款偿还期、投资回收期、投资利润率等指标应作为分析对象,尤以动态的净现值和内部收益率的分析为主。

(二)寻找敏感性因素

一个项目的不确定性因素是很多的,在敏感性分析时不可能对所有因素在多种情况下进行分析计算,因此,事先要剔出一些不敏感的因素,并应将一些很少或不可能发生的因素事件的组合排除,确定敏感性因素。敏感性因素是有限的,敏感性因素一般性寻找的原则有两条;一是该因素可能对项目的经济效益有重大影响,二是这种因素在项目的寿命期内确有可能发生较大变动。

寻找敏感性因素,应根据项目的特点,以及有关因素的客观变化趋势来探索。例如;火力发电项目,投入煤、产出电,我国的煤、电价格严重偏离价值,必然进行调整,因此二者的价格就是敏感性因素;水力发电工程,库容和降雨量是敏感性因素。建设项目比较共同的敏感性因素有投资费用的变化、生产成本的变化、销售收入的变化、生产能力利用率的变化、建设工期的变化等。

在一时难以判断出敏感因素的情况下,可以计算多种可能出现的不确定因素在变化时对少数一二个静态经济效益指标的影响,如对投资回收期、投资利润率的影响,据以确定敏感性因素。

(三) 动态指标计算

确定分析对象和敏感因素后,就可以计算各敏感因素对动态指标的影响。具体分析中,有两种做法。一种做法是假定其他因素不变,分析某一个敏感因素变化对某一个指标的变化。另一种是假定几个敏感因素同时变化,而其他因素不变化时,分析对象发生的变化。这实际上是对可能出现的几个因素共同变化作了敏感分析。

(四) 作图分析

对于敏感性分析的结果,可以直观地用敏感性曲线表示出来。作图时以纵坐标为某项经济效益指标,横坐标为不确定性因素变化幅度,各条直线反映了当各敏感性因素处于不同变动率情况下项目的经济效益。见图11-3效益指标图。

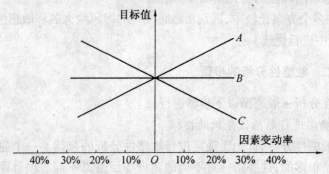

图 11-3 效益指标图

图中 A、B、C 代表不同的敏感性因素。

11.3.3 敏感性分析举例

假定对某项目分别取内部收益率和贷款偿还期为敏感性分析的对象,按企业经济效益分析计算出的内部收益率为 24.5%,贷款偿还期为 8 年。通过分析确定该项目的主要影响因素有产品销售价格、产品产量、原材料价格、总投资和建设工期,建设工期的变动范围为一年,其他因素都在 15% 的范围内变动。试据此进行敏感性分桥。

第 11 章 不确定性分析与风险分析

根据敏感性分析的基本方法,将上述五个变量在其变化范围内变动,分别计算出变动后的内部收益率和贷款偿还期,计算结果见表 11-1。

表 11-1 变动后的内部收益率和贷款偿还期计算结果表

项 目	内部收益率/%	比原来增减/%	贷款偿还期/年	比原来增减/年
1. 原来的情况	24.5	—	8	—
2. 总投资增加 15%	19.5	-5	10.2	+2.2
3. 原材料价格上涨 15%	21.5	-3	8.6	+0.6
4. 产品销售价格下降 15%	15	-9.5	9.4	+1.4
5. 产品产量减少 15%	22.3	-2.2	8.8	+0.8
6. 建设工期延长一年	16.1	-8.4	9.9	+1.9

从表 11-1 计算可以看出,当投资增加 15% 时,内部收益率下降 5%,变化幅度不算太大,敏感程度属一般,但贷款偿还期延长 2.2 年,所以,总投资就是该项目的一个敏感性因素;当项目产品销售价格下降 15% 时,内部收益率下降 9.5%,变动幅度较大,贷款偿还期也增加了 1.4 年,产品销售价格自然也是一个敏感性因素;建设工期延长一年,内部收益率下降 8.4%,贷款偿还期延长 1.9 年,整个变化幅度都比较大,因此建设工期也是敏感性因素。相对而言,产品产量和原材料价格的敏感性就弱一些。

用图可一目了然地显示各不确定因素对项目经济效益的影响程度。表 11-1 计算结果的敏感性程度如图 11-4 和图 11-5 所示。

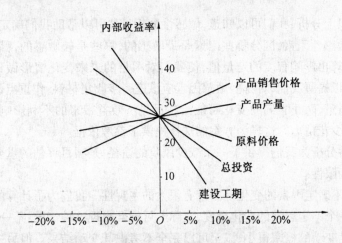

图 11-4 不确定因素对项目内部收益率的影响

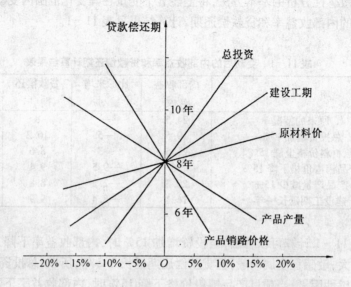

图 11-5　不确定因素对项目贷款偿还期的影响

上例中我们实际上做的是一对一的分析,即一个因素变化对某一指标的变化程度,只是为了对比各因素的敏感程度才把结果放在一张表或一个图中列出。多个敏感性因素同时变化的情况较复杂,但方法与此相同,举例省略。

11.3.4　敏感性分析的适用范围和局限性

通过以上分析,我们可以知道,敏感性分析显然可以帮助我们确定影响项目经济效益的敏感性因素,区分哪些因素是最敏感的,哪些是较敏感的,哪些是不敏感的,并能计算出影响程度的定量值,使我们对项目的未来变化情形做到心中有数。同时,也可以提醒我们,对哪些敏感因素应该进一步收集材料,作重点研究,并可以预先采取对策,防止它们的变化可能给项目经济效益带来的不利影响。对不敏感因素,则可少花精力。这样为方案的选择提供了参考依据。

敏感性分析为我们提供了一条减少风险的途径,是项目评估的重要方法,但它本身有些局限性。

第一,不确定因素的变化范围带有很大的主观性。我们为了计算的方便,人为地确定了一个不定因素的变化幅度,实际上可能会出现这种情况:某一因素在未来发生的幅度变动的概率很小,以至可以完全不考虑其变动结果。但另一因素,发生的幅度变化的概率很大,实际上往往超过了该幅度。

第二,涉及范围广,需要数据多,计算工作量大。计算项目的经济效益指标如净现值、内部收益率等本身就是一个较复杂的工作,在进行敏感性分析时,要把确定这些指标的变量如投资成本、生产成本、销售收入等都考虑进行,规定这些变量在其变化范围内发生变化,而重新分别计算多种指标。进行这种分析和计算时,往往还有几个方案,几个项目同时综合考虑,计算量大,计算工作相当困难。

第三,结论不够明确。敏感性分析给出了项目的敏感性因素,为项目避免风险提供了依据。但这种风险究竟有多大,以及这种风险下的效益水平如何,则没有明确的结论。

第四,敏感性分析把各种相互联系的因素割裂开来进行分析,在理论上它可以对两个或两个以上因素同时变化对经济效益的影响进行分析,但在实际操作上几乎不可能。

敏感性分析只有和后面介绍的概率分析结合来分析项目的风险程度,才能充分发挥敏感性分析的作用。

11.4 概率分析

敏感性分析虽然给出了各种不确定因素对项目指标的影响及程度,但得出的是一种假定性的结论,只能告诉我们某个因素造成的风险大或小,不能给出这个因素出现的可能性有多大,以及给项目造成的风险大到什么程度等定量的结论。为了进一步把握确定因素变化的程度,较准确地把握经济效益变化的程度,就有必要进行概率分析。

11.4.1 概率分析的基本知识

(一)随机现象、随机事件和随机变量

建设一个项目,它的价格的变化是疲软还是坚挺,它所面临的市场需求量是大还是小,因此而引起的项目效益是好还是差,项目的投资决策最终是成功还是失败,这些都是事先无法确切知道的。投掷的一枚硬币,落地结果是正面还是反面,这是谁也说不准的。这种事先不能预言其结果的偶然性现象,称为随机现象。在一定条件下,可能发生也可能不发生的事件,称随机事件。如投掷硬币,可能出现正面,这是一次随机事件,也可能出现反面,这也是一次随机事件。每一随机现象都有多个结果,每个结果就是随机变量。硬币的正面和反面,就是两个随机变量,在概率分析中,我们总是把随机现象的结果数量化,如投掷硬币中用 1 代表出现正面,用 0 代表出现反面。项目评估中的一些变量本身就是数量化的,如投资费用。

(二)概率

概率就是随机事件出现的可能性。概率分为客观概率和主观概率。客观概率是这样一个概念：在相同的条件下，含有某种结果的试验反复多次进行，该事件出现的相对次数。比如在投掷硬币的例子中，投掷应当由同一个人在同一地点并在一定时间内完成，而且次数应该足够多，这样才能得到比较准确的硬币出现正面或出现反面的概率。

事实上，这样来确定概率几乎不可能。另外，许多事件是不能重复试验的，如明天的天气是否下雨。为了解决这类无法反复实验事件的概率，我们引入主观概率。主观概率就是某人对于在一次"试验"中会得出某种结果的个人判断。主观概率可以解决上述问题，如某专家认为明天下雨的可能性是30%，这就是一个主观概率。

主观概率易于理解和应用，在项目评估的概率分析中所讲的概率，都是指主观概率。主观概率有很大的人为因素，因而正确地确定每一个主观概率，是保证概率分析正确性的重要条件。对未来事件的主观概率的确定，一般都是在专家认真调查研究和预测的基础上实现的。

概率值的确定，一般是根据某个特定事件出现的次数与多种可能的结果总数的比值来确定，即

$$P(A) = (K \leq N, 0 \leq P(A) \leq 1)$$

其中：A——随机事件；

$P(A)$——随机事件 A 的概率；

N——各种可能结果的总数（观察试验的总次数）；

K——N 个结果中，随机事件 A 发生的次数。

概率的基本性质有三条：

(1) 概率是正值，即 $P(A) > 0$。

(2) 任何随机事件的概率都在 0 与 1 之间，即 $0 < P(A) < 1$。

概率为 0 的事件称为不可能事件，概率为 1 的事件称为必然事件。

(3) 所有随机事件的概率总和等于 1，即

$$\sum_{i=1}^{n} P(A_i) = 1$$

其中 i 为随机事件发生的次数。

(三) 概率分布

随机变量的各种可能结果所对应的概率的分布情况称为概率分布。概率分布根据随机变量性质的不同分为离散型（随机变量）概率分布和连续性（随机变量）概率分布。所谓离散型随机变量，是指多种结果可能一一列出来的随机变量。所谓连续性随机变量，是指那种随机变量 A 的取值可以充满一个区间，并且 A 的值落在任何一个区间内的概率都是确定的那种随机变量。

连续性随机变量的概率分布只能用分布函数表示，因为项目评估中的概率分析一般不涉及连续型随机变量的分布问题，因此本书只介绍离散型概率分布的有

关问题。

对于离散型的随机变量,由于各种结果能一一列出,则可能结果的概率也容易求出,整个分布可以列表(见表11-2)表示。例如,某项目中市场价格为10元/斤的概率为0.3,价格为15元/斤的概率为0.6,价格为18元/斤的概率为0.1。若把市场价格这一随机量记为 X,三个价格分别记为 X_1、X_2、X_3,则概率分布可以从表11-2清楚看出。

表11-2 概率分布表

市场价格 X	价格 X_1	价格 X_2	价格 X_3
概率分布 $P(x)$	0.3	0.6	0.1

(四)数学期望

随机变量的加权平均值即数学期望,可以把它看做是随机变量最可能出现的值。用公式表示为

$$E(X) = \sum_{i=1}^{n} X_i P_i$$

式中:$E(X)$ 代表数学期望;

X_i 为随机事件;

P_i 为各事件的概率。

根据数学期望的公式,可以计数表11-2中产品售价的数学期望值为

$$E/(元·斤^{-1}) = 10 \times 0.3 + 15 \times 0.6 + 18 \times 0.1 = 13.8$$

(五)标准偏差(σ)

在概率分析中只算出期望值是不够的,它只是一个平均,还不足以说明随机变量的特征,如下面的两组数:

(1)8 10 10 11 11

(2)2 8 13 15 12

平均值都是10,若每一个数字出现的概率都是0.25时,数学期望均为10。显而易见的是:第一组数字密集,第二组分散。为了反映这一情况,我们引入标准偏差的概念。标准偏差是数学期望值与真实值的偏差程度,也叫均方差。标准偏差有两个计算公式,即

$$\sigma = \sqrt{\sum_{i=1}^{n}(E(x)X_i)^2 \cdot P_i} \qquad (11.1)$$

式中:$E(X)$——数学期望;

σ——标准偏差;

X_i——随机变量 X 的值;

P_i——X_i 的概率。

$$\sigma = \sqrt{\sum X^2 - (\sum X)^2} \qquad (11.2)$$

式中：$\sum X^2$——随机变量 X 平方后的平均值；

$(\sum X)^2$——随机变量 X 平均值的平方。

对项目进行概率分析时，既要计算出期望值，又要计算出标准方差。例如，某项目有甲乙两个方案，甲方案的净现值为 20 000 元，乙方案的净现值为 12 000 元，甲方案优于乙方案。但如果甲方案的标准差为 ±21 000 元，乙方案的标准差为 ±8 000元，则乙方案有可能被选中。因为甲方案在最不利的情况下，净现值为负 1 000元，风险很大，而乙方案在最不利的条件下，净现值为正 4 000 元，风险很小。可见，项目评估时对标准偏差大的项目一定要认真分析，综合研究后作出决策，以保证投资决策的正确性。

11.4.2 概率分析的概念及步骤

概率分析就是根据不确定因素在一定范围内的随机变动，分析确定这种变动的概率分布和它们的期望值以及标准偏差，进而分析它们对项目经济效益的影响，以便为项目决策提供依据的一种分析方法。

在项目评估中概率分析一般按照以下步骤进行。

(1)选定一个所有因素中最不确定的因素作为分析对象，同时假定其余因素为确定因素。

(2)确定这一不确定因素各变化值(或几个代表性变化值)的概率，列出概率分布表。这里用的是主观概率，应该慎重得出，要充分掌握资料，利用周围人们特别是专家的丰富经验和科学判断，使各概率值尽可能准确。概率即概率分布的估计是否正确，将决定概率分析的成败。

(3)用公式计算数学期望值 E。

(4)计算标准偏差 σ。

(5)根据该不确定性因素的数学期望值及标准偏差，分别重新计算项目的经济效益，以及经济效益的偏差程度。

(6)按以上步骤依次对其余不确定因素进行概率分析，并重新计算经济效益。

(7)对以上结果进行综合评估。

11.4.3 概率分析的应用

例：某项目投资 11 美元(不计残值)，年收入 5 万元，年支出 2.2 万元，基建期一年。使用寿命期 5 年的概率为 10%，6 年的概率为 20%，7 年的概率为 40%，8 年的概率为 30%。贷款利率为 14%。求项目净现值以及使用寿命期的期望值和标准差。

第一步:计算项目净现值的期望值和标准偏差。

(1)列表计算项目的净现值,见表11-3。

表 11-3 净现值计算表 单位:万元

年序	投资	年收入	年支出	净现金流量	折现系数 $i=14\%$	净现值	不同经济寿命净现值累计
0	11			(11)	1.000	(11)	
1		5	2.2	2.8	0.877	2.4556	
2		5	2.2	2.8	0.769	2.1532	
3		5	2.2	2.8	0.675	1.89	
4		5	2.2	2.8	0.592	1.6576	
5		5	2.2	2.8	0.519	1.4532	-1.3904
6		5	2.2	2.8	0.456	1.2768	-0.1136
7		5	2.2	2.8	0.400	1.12	1.0064
8		5	2.2	2.8	0.35	0.9828	1.9892

(2)列出概率分布表,见表11-4。

表 11-4 概率分布表

$X(i)$净现值/万元	-1.3904	-0.1136	1.0064	1.9892
$PX(i)$概率	0.1	0.2	0.4	0.3

(3)计算期望值。

$E(净现值) = -1.3904 \times 0.1 + 0.1136 \times 0.2 + 1.0064 \times 0.4 + 1.9892 \times 0.3 \approx$
$\quad\quad 0.8376(万元)$

(4)计算标准差。

$\sigma(净现值) = \sqrt{(0.8376+1.3904)^2 \times 0.1 + (0.8376+0.1136)^2 \times 0.2 +} $
$\quad\quad (0.8376-1.0064)2 \times 0.4 + (0.8376-1.9892)2 \times 0.3 =$
$\quad\quad \pm 1.0424$

第二步:计算项目使用寿命期的期望值与标准方差。

(1)列出概率分布表,见表11-5。

表 11-5 概率分布表

X_i 使用寿命期/年	5	6	7	8
$P(X_i)$概率	0.1	0.2	0.4	0.3

(2) 计算期望值。

$E(使用寿命期)/年 = 5 \times 0.1 + 6 \times 0.2 + 7 \times 0.4 + 8 \times 0.3 = 6.9/年$

(3) 计算标准差。

$\sigma(使用寿命期) = \sqrt{(6.9-5)^2 \times 0.1 + (6.9-6)^2 \times 0.2 + (6.9-7)^2 \times 0.4 + (6.9-8)^2 \times 0.3}$
$= \pm 0.943$

第三步:根据概率计算结果,分析评价使用寿命对项目净现值的影响。

计算结果表明,项目最大可能的净现值是 8376 元,其可能变化的范围在 8.376±10424 元之间,即在 -2048 元至 18800 元之间,相对标准差为 ±124.5%(10124÷8.376)。使用寿命的最大可能为 6.9 年,可能变化的范围在 6.9±0.943 年之间,即在 5.957 年至 7.843 年之间,相对标准偏差为 ±13.7%(0.943÷6.9),可见项目使用寿命期的变化对项目净现值影响较大,项目的风险也较大,但项目还是可以考虑的,因为项目使用寿命期的最大可能为 6.9 年,最大可能净现值为 8376 元,当然该项目并不算太理想。

11.5 项目的风险决策分析

不确定性分析的方法多种多样,对项目的分析深度精度各不相同,人们一般把近代产生的概率分析、决策树分析、蒙特卡罗分析等称为风险决策分析。

人们为达到特定的目标,运用科学的理论和方法,系统地分析各种主客观条件,从各种预选方案中选出最佳方案的过程,就是决策。决策时预选方案至少有两个以上,各个方案存在多种状态,每种状态都可能发生,发生的可能性可根据历史资料的统计分析,或依靠人的经验判断,得出一个概率值。由于是概率值,对各种情况是否发生都是不确定的,在这种状态下的决策就具有一定的风险。项目评估中的大量决策基本上属于这样的决策问题,我们把这种决策叫做风险决策。风险决策分析就是通过用多种数学上的分析方法在各种可能的选择方案中权衡,以选取效益最大或损失最小的方案。

风险决策分析中的蒙特卡罗法实际上是概率分析方法中的一种,也叫模拟分析或仿真分析。这种方法首先由美国的赫斯等人在 20 世纪 60 年代提出,应用于净现值的分析。一个项目的净现值由多个因素:投资额、生产成本、销售收入、项目寿命期等决定。用一般的概率分析方法对不确定情况下项目的净现值进行分析,可以得到净现值的期望值(最可能值)。期望值是各种可能值的加权平均值,仍然有偏差。因为各种不确定因素的变化,必然使净现值不会呈现一种平均状态,实际的净现值可能出现不规则的峰值。解决这个问题的最好办法是算出各种实际可能的净现值的频率分布,出现频率最高的那个净现值,就是最可能实现的净现值。要做这样的分析,我们需进行模拟。即每一个不确定因素的不同程度的变化,都会形成不同的项目现金流量,从而得到不同的净现值。我们不断重复这种模拟,从而得到许多个净现值(一般可进行上千次模拟,从而得到上千个净现值)。对于净现值出现的次数,我们可以绘成频率分布图加以分析,进而确定最可能出现的净现值。

这种模拟只有在计算机上才能完成,一般项目评估不便于采用这种方法。但对重大的工程建设项目,采用蒙特卡罗法是很有价值的。

我们主要介绍决策树分析。

11.5.1 衡量风险程度的方法

如前所述,任何项目的决策都要冒或大或小的风险,这就要求决策者能判断风险的大小程度。判断风险的大小程度,一般是通过效益期望值、标准偏差、相对标准偏差率三个因素结合分析。相对标准偏差是标准偏差和经济效益期望值的比率。效益期望值可以反映收益最可能的绝对数值,标准偏差说明实际收益的变化范围,金额越大,则风险越大,相对标准偏差率是说明方案风险程度的相对指标,它能最准确地比较两个方案风险程度的大小。

例:现有两个投资规模不同的方案,甲方投资额为20 000元,乙方案投资额为50 000元,未来不同状态下的净收益如表11-6所示。

表11-6 净收益表 单位:元

状态	很好	一般	不好
概率	0.2	0.6	0.2
甲方案	2 800	2 000	1 100
乙方案	10 000	9 000	7 500

根据以上资料,首先计算甲、乙方案的效益期望值和标准差:

$E(甲) = 2\ 800 \times 0.2 + 2\ 000 \times 0.6 + 1\ 100 \times 0.2 = 1\ 980$

$E(乙) = 10\ 000 \times 0.2 + 9\ 000 \times 0.6 + 7\ 500 \times 0.2 = 8\ 900$

$\sigma_甲 = \sqrt{(2\ 800 - 1\ 980)^2 \times 0.2 + (2\ 000 - 1\ 980)^2 \times 0.6 + (1\ 100 - 1\ 980)^2 \times 0.2} = 394$

$\sigma_乙 = \sqrt{(1\ 000 - 8\ 900)^2 \times 0.2 + (9\ 000 - 8\ 900)^2 \times 0.6 + (7\ 500 - 8\ 900)^2 \times 0.2} = 626$

从两方案的标准偏差来看,乙方案大于甲方案,但乙方案投资额大于甲方案

30 000元。两方案的投资规模相差大,均以 σ 说明方案风险程度是不确切的,即

$$甲方案相对标准偏差率 = \frac{394}{1\,980} = 0.2$$

$$乙方案相对标准偏差率 = \frac{626}{8\,900} = 0.07$$

结果表明,甲方案的标准差率大于乙方案,说明甲方案风险反而大。以相对标准偏差率的大小衡量投资方案的风险程度要比标准偏差有更广泛的使用范围。

11.5.2 决策树分析

决策树分析是将概率逻辑地应用于决策选择中的另一种图解法。具体方法是把实现某一目标的各种方案,实现每一方案时可能发生的状态,出现每种状态的概率以及产生的后果,按树枝树干的图形绘成图表,通过简单的计算和分析,淘汰经济效益差、风险大的方案,保留经济效益好即风险小的方案,最后选择出最优方案。这种方法可以简单明了地将各个方案在不同阶段的情况一步步展开。这种形式直观,层次清楚,便于集体讨论研究,是决策风险分析的一种有效工具。

决策树分析的程序可大致分为收集和分析资料,绘制树形图,计算损益期望值和选优决策四个基本步骤。其中绘制树形图是决策的核心内容。

决策树是以方块和圆圈为结点,并由直线连成的树状结构。图中□代表决策点,决策由此开始。由决策点引出的直线,形似树枝,称为方案枝,每个方案枝代表一个方案。○代表状态结点,表明面临的自然状态,由状态结点引出的树枝称为状态枝或称概率枝,每一概率枝代表一种自然状态,在状态枝末端列出不同状态下的收益值或损失值。一般说来,每个决策问题有多个决策方案,每个方案可能遇到多种自然状态,因此图像从左向右,由简到繁组成一个树形网状结构图。

决策树分析过程是由右向左,逆向而行,根据右端的收益值或损失值在状态上的概率值,计算出同一方案不同状态下的期望收益值或期望损失值,然后根据不同方案的期望收益值大小进行优选决策。方案的舍弃称为修枝,被舍弃的方案应在枝上用双截线"//"表示,保留期望值最大的一个方案枝,这个方案就是最优方案。

(一) 单阶段树形分析实例

例:某轻工企业为满足国内外市场对该企业传统名牌产品的需求,拟定了一个企业发展的规划,根据本地区的生产能力布局,原材料供应的途径,资金来源等条件,拟定了三个可行方案:

(1) 扩建(投资100万元)。
(2) 新建(投资200万元)。
(3) 联营或合同转包(投资20万元)。

三个方案经营期限均为10年,根据市场调查分析及专家们的估计,可能出现

四种状态,这四种状态各自出现的概率值,初步估算如下:
(1)销路好:这种状态出现的概率为 0.5。
(2)销路一般:这种状态出现的概率为 0.3。
(3)销路差:这种状态出现的概率为 0.1。
(4)销路极差:这种状态出现的核率为 0.1。

根据市场销售情况,市场价格,产品成本的初步估算,不同方案在不同状态下的盈亏值(盈利为正,亏损为负)见表 11 - 7。

表 11 - 7 盈亏值表

状况	销路好	销路一般	销路差	销路极差
概率	0.5	0.3	0.1	0.1
扩建(投资 100 万)	80	40	-10	-30
新建(投资 200 万)	100	35	-30	-50
联营转包(投资 20 万)	30	20	0	-5

根据上述资料,进行决策树分析(图 11 - 6)。

三个方案在经营期内的利润期望值:

$E(扩) = [80 \times 0.5 + 40 \times 0.3 + (-10) \times 0.1 + (-30) \times 0.1] \times 10 = 480 /万元$

$E(新) = [100 \times 0.5 + 35 \times 0.3 + (-30) \times 0.1 + (-50) \times 0.1] \times 10 = 525 /万元$

$E(包) = [30 \times 0.5 + 20 \times 0.3 + 0 \times 0.1 + (-5) \times 0.1] \times 10 = 205 /万元$

从期望利润上看,是新建方案最好,10 年利润 525 万元,扩建方案其次 480 万元,联营转包方案最少,为 205 万元(图 11 - 6)。同时,结合各方案投资,用期望利润减去各方案的投资额,三个方案的收益期望值分别为 380 万元、325 万元、185 万元,似乎可以得出最终结论说扩建方案最好了,但是不行。由于三个方案投资额相差较多,真正的风险大小不能由这三个数字反映,现分别计算它们的相对标准偏差率。

$$\sigma(新) = \sqrt{(\frac{525}{10} - 100)^2 \times 0.5 + (\frac{525}{10} - 35)^2 \times 0.3 + (\frac{525}{10} - 30)^2 \times 0.1 + (\frac{525}{10} + 50)^2 \times 0.1} = 54.33$$

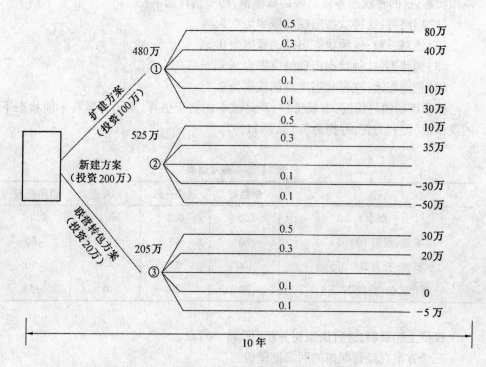

图 11-6 三个方案比较图

$$\sigma(扩) = \sqrt{(\frac{480}{10}-80)^2 \times 0.5 + (\frac{480}{10}-40)^2 \times 0.3 + (\frac{480}{10}+10)^2 \times 0.1 + (\frac{480}{10}+30)^2 \times 0.1}$$

$$\sigma(包) = \sqrt{(\frac{205}{10}-30)^2 \times 0.5 + (\frac{205}{10}-20)^2 \times 0.3 + (\frac{205}{10}-0)^2 \times 0.1 + (\frac{205}{10}+5)^2 \times 0.1} = 12.34$$

新建方案相对标准偏差率 = 54.33/52.5 = 1.03
扩建方案相对标准偏差率 = 38.42/48 = 0.80
联营转包方案相对标准偏差率 = 12.34/20.5 = 0.60

扩建方案投资额只有新建方案的 1/2,收益略少于后者,相对标准偏差要小得多。扩建方案收益远大于联营转包方案,标准偏差率相近,故扩建方案最优。

(二) 多阶段树形分析案例

在各阶段决策分析时,决策问题比较复杂,要进行多次序列决策,才能实现最佳方案的选择。这样的问题用表格形式不易处理,决策树直观形象的特点在这里特别适合。现举例说明如下。

例:某地区为满足某种产品的市场需求,拟扩大生产能力规划建厂,提出三个可行方案:

(1) 新建大厂,需投资 300 万元,使用 10 年,据估计,在产品销路好的情况下,每年或获利润 100 万元;在销路差的情况下,每年将损失 20 万元。

(2) 若建小厂,需投资 140 万元,使用 10 年,在产品销路好的情况下,每年可获利润 40 万元;在销路差的情况下,每年仍可获益 30 万元。若选建小厂,产品销路好,三年后将考虑是否扩建。如果扩建,需投资 200 万元,使用 7 年,每年可获利 95 万元。

由市场预测可知,产品销路好的概率为 0.7,销路差的概率为 0.3,试进行决策树分析。

解:该问题涉及的方案为三个,一是建大厂;二是建小厂;三是选建小厂后扩建。在时间上分两个阶段:前三年和后七年,故属于多阶段决策问题。现据题意绘制决策树如图 11-7 所示。

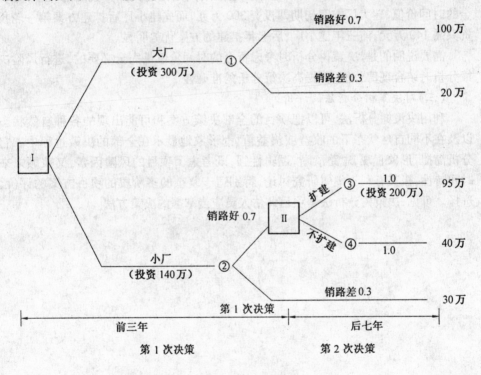

图 11-7 决策树

各状态节点期望收益值如下:

状态节点①:$[100 \times 0.7 + (-20) \times 0.3] \times 10 - 300 = 340$(万元)

状态节点③:$95 \times 1.0 \times 7 - 200 = 405$(万元)

状态节点④:$40 \times 1.0 \times 7 = 280$(万元)

决策节点Ⅰ：比较扩建方案可获利 465 万元和维持小厂不扩建方案获利 280 万元，应采用后七年扩建方案，故销路好时三年后维持小厂的方案应予舍弃。

状态节点③包括两种状态下的两个方案：

（1）销路好时前三年是小厂，后七年扩建

期望效益：$40 \times 0.7 \times 3 + (95 \times 1.0 \times 7 - 200) \times 0.7 = 409.5$（万元）

（2）销路差时持续 10 年

期望收益值：$30 \times 0.3 \times 10 = 90$（万元）

因此，状态节点②的期望收益值为

$140 \times 0.7 \times 3 + (95 \times 1.0 \times 7 - 200) \times 0.7 + 30 \times 0.3 \times 10 - 140 = 359.5$（万元）

表面上看，前三年建小厂，后七年扩建方案只是比建大厂方案略好，但考虑资金的时间价值，建大厂方案初期即投资 300 万元，而先建小厂后扩建方案第一轮投资只需 140 万元，前三年建小厂，后七年扩建的方案优势明显。

需要说明的是，决策树分析时考虑资金的时间价值是完全必要的，进行风险决策分析时结合现值分值，将提高决策分析的准确性。

（三）对决策树分析法的评价

利用决策树分析法，可以把项目的全部决策方案和可能出现的各种自然状态以及在不同自然状态下的收益或损益值，都形象地显示在全部的决策过程中。它分析简捷，形象直观，思路清晰，逻辑性强，既考虑了项目的风险因素，又兼顾未来时间特性，极其有利于集体研究讨论，特别适于复杂的多阶段的项目方案的评价、选择。可见，决策树分析法是项目评估人员应当掌握的决策方法。

第 12 章 项目后评估

本章提要：项目后评估是通过对建设项目的经济效益、社会效益与决策阶段的目标相比较，对建设和运营的全过程做出科学、客观的评估，总结经验教训，并通过及时有效得到信息反馈，为未来项目的决策和提高完善投资决策管理水平提出建议，同时也对被评项目实施运营中出现的问题提出改进建议，从而达到提高投资效益的目的。本章概述了项目评估的概念和作用，以及程序与方法，使得能根据具体的内容对项目实施各阶段进行具体的分析。

12.1 投资项目后评估的概念和作用

12.1.1 投资项目后评估的概念

投资项目后评估又称事后评估。它是指在投资项目建成投产并运行一段时间（一般为2年）后，对项目立项、准备、决策、实施直到投产运营全过程的投资活动进行总结评价，对投资项目取得的经济效益、社会效益和环境效益进行综合评估，从而作为判别项目投资目标实现程度的一种方法。投资项目的后评估是对项目决策前的评价报告及其设计文件中规定的技术经济指标进行再评价，并通过对整个投资项目建设过程各阶段工作的回顾，对项目投资全过程的实际情况（施工、建设、投产经营等）与预计情况进行比较研究，衡量和分析实际情况与预测情况发生偏离的程度，说明项目成功和失败的原因，全面总结投资项目管理的经验教训。再将总结的经验教训反馈到将来的项目中去，作为其参考和借鉴，为改善项目管理工作和制定合理科学的投资计划及各项规定提供重要的信息依据和改进措施，以达到提高项目投资决策水平、管理水平和提高投资效益的目的。所以，投资项目后评估不仅是投资项目建设程序中的一个重要工作阶段，而且还是项目投资管理工作中不可缺少的组成部分和重要环节。

12.1.2 项目后评估的特点

(一)投资项目后评估的特点

投资项目后评估不同于项目投资决策前的可行性研究和项目评估(即前评估)。由于评估时点的不同(具体可见图12-1),它与前评估相比,具有如下特点。

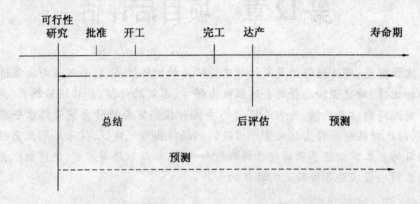

图12-1 项目的后评估与前评估比较图

1. 现实性

投资项目后评估是对投资项目投产后一段时间所发生的情况的一种总结评价。它分析研究的是项目的实际情况,所依据的数据资料是现实发生的真实数据或根据实际情况重新预测的数据,总结的是现实存在的经验教训,提出的是实际可行的对策措施。项目后评估的现实性决定了其评估结论的客观可靠性。而项目前评估分析研究的是项目的预测情况,所用的数据都是预测数据。

2. 独立公正性

投资项目的后评估工作主要是以投资运行的监督管理机构、单设的后评估机构或决策的上一级机构为主,组织主管部门会同计划、财政、审计、银行、设计、质量等有关部门进行的,摆脱了项目利益的束缚和局限,可以更为公正地作出评估结论。

3. 全面性

投资项目后评价的内容具有全面性,即不仅要分析项目的投资过程,而且还要分析其生产经营过程;不仅要分析项目的投资经济效益,而且还要分析其社会效益、环境效益等。另外,它还要分析项目经营管理水平和项目发展的后劲和潜力。

4. 反馈性

投资项目后评估的目的是在于对现有情况的总结和回顾,并为有关部门反馈信息,以利提高投资项目决策和管理水平,为以后的宏观决策、微观决策和项目建设提供依据和借鉴。而项目前评估的目的在于为有关部门对项目的投资决策提供依据。

5. 探索性

投资项目后评估要在分析企业现状的基础上,及时发现问题、研究问题,以探索企业未来的发展方向和发展趋势。

6. 合作性

投资项目后评估涉及面广,人员多,难度较大,因此需要各方面组织和有关人员的通力合作,齐心协力才能做好。

(二)投资项目后评估与前评估的差别

投资项目后评估的特点决定了它与前评估有较大的差别,主要表现在以下几个方面。

1. 评估主体不同

投资项目的前评估是由投资主体(投资者、贷款决策机构、项目审批部门等)组织实施的;而投资项目的后评估则是以投资运行的监督管理机构、单设的后评估机构或决策的上一级机构为主,组织主管部门会同计划、财政、审计、银行、设计、质量等有关部门进行。这样一方面可保证投资项目后评估的全面性,另一方面也可确保后评估工作的公正性和客观性。

2. 评估的侧重点不同

投资项目的前评估主要是以定量指标为主,侧重于项目的经济效益分析与评估,其作用是直接作为项目投资决策的依据;而后评估则要结合行政和法律、经济和社会、建设和生产、决策和实施等各方面的内容进行综合评估。它是以现有事实为依据,以提高经济效益为目的,对项目实施结果进行鉴定,并间接作用于未来项目的投资决策,为其提供反馈信息。

3. 评估的内容不同

投资项目的前评估主要是对项目建设的必要性、可行性、合理性及技术方案和生产建设条件等进行评价,对未来的经济效益的社会效益进行科学预测;而后评估除了对上述内容进行再评估外,还要对项目决策的准确程度和实施效率进行评估,对项目的实际运行状况进行深入细致的分析。

4. 评估的依据不同

投资项目的前评估主要依据历史资料和经验性资料,以及国家和有关部门颁发的政策、规定、方法、参数等文件为依据;而项目的后评估则主要依据建成投产后项目实施的现实资料,并把历史资料与现实资料进行对比分析,其准确程度较高,说服力较强。

(5) 评估的阶段不同

投资项目的前评估是在项目决策前的前期工作阶段进行,是项目前期工作的重要内容之一,是为项目投资决策提供依据的评估;而后评估则是在项目建成投产后一段时间里,对项目全过程(包括项目的投资实施期和生产期)的总体情况进行的评估。

总之,投资项目的后评估不是对项目前评估的简单重复,而是依据国家政策和制度规定,对投资项目的决策水平、管理水平和实施结果进行的严格检验和评估。它是在与前评估比较分析的基础上,总结经验教训,发现存在的问题并提出对策措施,促使项目更快更好地发挥效益和健康地发展。

(三) 投资项目后评估的作用

从上述的投资项目后评估的定义、特点及与前评估的差别中可以看出,投资项目的后评估对于提高项目决策的科学化水平、改进项目管理水平、监督项目的正常生产经营、降低投资项目的风险和提高投资效益水平等方面发挥着非常重要的作用。具体地说,投资项目后评估的作用主要表现在以下几个方面。

第一,总结投资建设项目管理的经验教训,对项目本身有监督和促进作用。

投资项目管理是一项十分复杂的综合性的工作活动。它涉及计划和主管部门、银行、物资供应部门、勘察设计部门、施工单位、项目和有关地方行政管理部门等较多单位。项目能否顺利完成并取得预期的投资经济效果,不仅取决于项目自身因素,而且还取决于这些部门能否相互协调、密切合作、保质保量地完成各项任务和工作。投资项目后评估通过对已建成项目的分析研究和论证,较全面地总结项目管理各个环节的经验教训,指导未来项目的管理活动。不仅如此,通过投资项目后评估,针对项目实际效果所反映出来的项目建设全过程(从项目的立项、准备、决策、设计实施和投产经营)各阶段存在的问题提出切实可行的、相应的改进措施和建议,促使项目运营状况正常化,使项目尽快实现预期的效益、效果目标,更好地发挥其效益。同时,也可对一些因决策失误,或投产后经营管理不善,或环境变化造成生产、技术或经济状况处于困境的项目通过后评估为其找出生存和发展的途径,这也会对现有投资项目起到一定的监督作用。

第二,提高项目投资决策的科学化水平,对项目决策有着示范和参考作用,有利于降低项目的投资风险程度。

投资项目的前评估是项目投资决策的依据,但前评估中所作的预测和结论是否准确,需要通过项目的后评估来检验。因此,通过建立和完善项目的后评估制度和科学的方法体系,一方面可使决策者和执行者预先知道自己的行为和后果要受到事后的审查和评价,从而增强他们的责任感,促使评估和决策人员努力做好前评估工作,提高项目预测的准确性;另一方面,可通过项目的后评估的反馈信息,及时纠正项目决策中存在的问题,从而提高未来投资项目决策的准确程度和科学化水平,并对类型相似的投资项目决策起到参考和示范作用。

第三,为国家制定投资计划、产业政策和技术经济参数提供重要依据,对国家建设项目的投资管理工作起着强化和完善作用。

通过投资项目的后评估能够发现宏观投资管理中存在的某些问题,从而使国家可以及时地修正某些不适合经济发展的技术经济政策,修订某些已经过时的指标参数。同时,国家还可以根据项目后评估所反馈的信息,合理确定投资规模和投资流向,协调各产业、各部门之间及其内部的各种比例关系。此外,国家还可以充分运用法律的、经济的和行政的手段,建立必要的法规、制度和机构,促进投资管理的良性循环。

12.2 投资项目后评估的基本内容

12.2.1 世界银行及亚洲开发银行贷款项目后评估简介

在介绍投资项目后评估基本内容之前,有必要先对世界银行及亚洲开发银行的后评估体系作一个简单的介绍。在世界各国、各种经济组织的投资项目后评估工作和体系中,世界银行的后评估体系无疑是最完善的,其后评估工作也是开展得相当成功的。我国的投资项目后评估工作是在世界银行的帮助下逐渐进行开展的。我国的项目后评估工作主要是从年代在国家重点建设项目中开始进行的(由国家计委所属的重点建设部门主持),其中第一部有关投资项目后评估工作的法规是国家计委于 1990 年 1 月 24 日颁布的《关于开展年国家重点建设项目后评价工作的通知》。在项目后评估方面,世界银行及亚洲开发银行对我国的帮助较多,因此我国的项目后评估体系与世界银行的体系有一定程度的相承性。

世界银行在世纪年代初就开始了贷款项目的后评估工作,到现在已经形成了一整套完整的评估制度和方法。世界银行的项目后评估一般分为两个阶段来进行:第一阶段是由贷款项目的银行主管人员在贷款发放完毕后的 6~12 个月内编制一份"项目完成报告(PCR)";第二阶段是由执行董事会主席指定专职董事负责的"业务评估局"(Operation Evaluation Department,简称为 OED,成立于 1973 年)对项目进行比较全面深刻的总结评价。

第一阶段的"项目完成报告"的内容一般应包括以下几个方面:

(1)项目背景。它是指项目的提出,项目的准备和进行的依据,项目目标的范围和内容等。

(2)项目管理机构的设置、咨询专家的聘用及其实绩。

(3)项目实施的时间进度、实际进度与预测进度的偏差及其产生的原因。

(4)在物资、财务管理等方面存在的问题及其产生的原因。为了解决这些问题或减轻其造成的影响,所采取的措施及其实际效果。

(5)对项目作出重大修改及修改的原因。

(6)发放贷款过程中出现的不正常情况,这些不正常情况与贷款条件、贷款协议或贷款程序有何联系。

(7)双方在培训工作人员过程中可总结的经验教训。

(8)违约事件的发生及其所采取的措施,如未采取任何措施,要写明原因。

(9)采购、供应商及承包商的情况分析。

(10)财务评价。包括财务收益率、财务成果(包括流动资金分析)、财务实绩与财务目标的比较分析。

(11)经济评价。包括国民经济效益、社会效益的分析与评价以及与预期效益的比较分析。

(12)机构体制方面的实绩。包括组织方面的成绩、组织管理措施及其经验教训。

(13)结论。包括项目总评估和可作为类似项目参考和借鉴的经验教训。

项目后评估的工作人员在审阅"项目完成报告"的基础上,通过查阅档案、实地调查等多种评价方法,独立地对项目进行全面、系统的评估,写出"项目执行情况审核备忘录",连同"项目完成报告"一起提交执行董事会和银行行长。"项目执行情况审核备忘录"一般应包括如下几个方面的内容:

(1)对项目的背景、目标、实施过程和结果所作的一个简单描述。

(2)对项目目标完成情况作出评估,重点回答项目目标是否正确合理?目标是否达到?如没有达到,其原因是什么。

(3)在项目选定和准备阶段预计到的不利条件是否已经消除、减轻或改变?如果没有,要说明其原因。

(4)列出主要结论、主要经验教训和有特殊意义的问题,包括改动建议和补救措施。

(5)说明审核单位在多大程度上接受"项目完成报告"的观点和结论,并提出审核报告与完成报告有分歧的意见。

(6)重点阐述"项目完成报告"中未提及或含糊敷衍的有关项目某些方面存在的问题。

亚洲开发银行也较早地开展了项目的后评估工作,且在开展项目的后评估工作方面,也有其独特的地方和特点(亚洲开发银行的项目后评估工作主要由其后评估局进行。后评估局简称PED,成立于1978年)。在1997年,亚洲开发银行向我国政府提供了技术援助项目——"增强中国后评价能力"(期限从1997年7月到1998年约15个月。这是由于我国从80年代中后期开始,国家计委开展了对一些国家重点建设项目的后评估工作,且总结出我国在"八五"期间进行的重点建设项目中约有20%部分效益不理想,为此,我国向亚洲开发银行提出了这个技术援助项目),并与我国有关单位(国家计委重点建设司、国家开发银行、中国国际工程咨询公司等)开展了较有成效的后评估研究、培训工作。

12.2.2 我国投资项目后评估的内容

我国投资项目后评估体系是在参照世界银行后评估体系的基础上,结合我国的实际情况而确定的。就内容而言,不同类型的投资项目,后评估的内容应相应有所侧重。一般来说,投资项目的后评估的基本内容有两大方面。

(一)与项目前评估相对应的项目后评估的主要内容

1. 项目建设必要性的后评估

即从后评估时国内外市场的供求状况和项目产品的实际销售能力,验证项目前评估时所作的市场需求预测是否正确。包括分析产品销售量、产品的市场占有率、产品销售价格和市场竞争能力等变化情况,并对未来产品销售作出新的趋势预测。如果项目的实施结果偏离预测结论太远,则应提出有针对性的措施和建议。

2. 项目生产建设条件的后评估

即分析项目建成投产后的实际生产条件和建设条件是否与前评估的预测相符及其发生变化的原因。

3. 项目技术方面的后评估

即对项目的生产工艺技术方案、工程设计方案和项目实施方案进行再评估。具体来说,就是从项目的实际构成、生产技术组成、主要生产工艺流程、设备选型、引进国外的技术和设备、建筑工程量、施工技术方案、总平面布置、项目实施进度、成本与质量等各方面与项目前评估的各类预定方案进行对比分析和再评估。

4. 项目经济效益方面的后评估

即从经济的角度分析和总结项目实施全过程的经验和教训,包括对项目投产后的财务效益、经济效益、社会效益和环境效益及对环境的影响等进行再评估,并与项目前评估的结论进行比较分析,进一步对项目未来的发展趋势和变化情况进行预测,最后在对各种经济因素进行综合分析、论证的基础上,提出项目后评估的总体结论和建议。

(二)当项目的后评估具体地与一个项目结合时项目后评估的主要内容

1. 投资项目前期工作的后评估

投资项目建设的前期工作是建设项目从酝酿决定到开工建设这一段时间内进

行的各项工作,是项目建设全过程的一个重要组成部分。一个建设项目成功与否,主要取决于立项决策的前期工作质量的好坏。因此,这一阶段的工作具有影响项目建设和运营全局的决定性作用。投资项目前期工作的后评估是整个项目后评估的重点。

项目前期工作的后评估内容主要包括项目立项条件后评估、项目决策程序和方法后评估、项目决策阶段的经济后评估、项目勘察设计的后评估和项目前期工作管理后评估。

(1)项目立项条件后评估。它是从实际情况出发,回顾分析当初认可的立项条件和决策目标是正确或是失实;对产品方案、建设方案、工艺流程、设备方案、资源、原材料、能源、动力和运输条件等是否适应项目需要的评估分析。

(2)项目决策程序和方法的后评估。项目决策程序和方法的后评估是指分析研究项目决策的政策依据、决策的程序及决策方法、决策体系体制是否科学和完整,决策的效率怎样;项目决策程序和方法是否符合我国现行的有关制度和规定的要求。由于它涉及项目决策正确性的保障体系和监督机制,所以,项目决策程序和方法的后评估应是项目前期工作后评估的重点内容。

(3)项目决策阶段的经济后评估。这一阶段的主要内容有:在项目决策前,是否对投资项目的经济方面进行了认真的可行性研究工作;在决策时,经济评价结论意见是否作为重要依据;根据投产运营后的实际情况,检验决策时采纳或未被采纳的经济评价结论意见的正确性程度。

(4)项目勘察设计的后评估。项目勘察设计后评估的内容主要包括:承担项目勘察设计任务的单位的资格审查情况;签订设计合同情况;设计的质量和效率;设计依据、标准、规范、定额、取费标准(费率)是否符合国家的有关规定,是否满足建设单位和施工的实际需要;设计方案在技术上的可行性和经济上的合理性程度如何;可行性研究与设计工作的关系是否协调。

(5)项目前期工作管理后评估。项目前期工作管理后评估主要是对项目筹建工作、决策工作、征地拆迁工作、安置补偿工作、勘察设计工作、招投标工作、委托施工工作、"三通一平"(有的称"六通一平"、"七通一平")工作、资金落实和物资落实工作等各方面的管理进行的后评估。

2. 项目实施工作后评估

项目实施阶段主要是指从项目开工到竣工验收的一段时期。它是项目周期中延续时间较长的一个时期,也是投资资金集中发生和使用的时期。前期工作深度、工程竣工质量、资金到位情况以及影响项目投资发挥效益的各方面原因,一般都能在项目实施阶段得到反映和体现。

按照项目实施的工作程序,项目实施工作的后评估应包括:项目实施管理后评估;项目施工准备工件后评估;项目施工方式和项目施工管理的后评估;项目工程监理的后评估;项目竣工验收和试生产后评估;项目生产准备后评估等。内容应包括项目变更情况、施工管理、建设资金的供应和使用、建设工期、建设成本、项目工程质量和安全情况、项目竣工验收、配套项目和辅助设施项目的建设、项目生产能力和单位生产能力投资等的评估。重点应放在对在项目目标实现过程中发生的诸如超工期、超概算、工程质量差、效益低等原因的查找和说明上。

3. 项目运营后评估

项目运营阶段是项目投资建设阶段的延续,是实现项目投资经济效益和项目投资回收的关键时期。它包括从项目竣工投产到项目进行后评估时的一段时期。通过项目运营阶段的后评估,可以综合项目的实际投资效益,系统地总结出项目投资的经验教训,以指导未来项目的投资活动,并可以提出一些补救措施和对策方法,以达到提高项目运营的实际效果的目的。因此,项目运营阶段的后评估体现了项目后评估的目的,是项目后评估的关键部分。

项目运营阶段后评估的内容包括:项目生产经营管理的后评估;项目生产条件后评估;项目达产情况后评估;项目投产对环境影响情况的后评估;项目投产引起的社会效果情况后评估;项目的可持续发展情况后评估;项目资源投入和产出情况后评估;项目经济后评估等。其中,项目经济后评估是项目运营后评估的核心,这是因为项目效益的好坏是评价项目成败的关键标志。项目效益状况的后评估,主要应评估生产经营和市场情况以及产品品种、质量和数量是否与项目前评估所作的预测相符;项目的财务效益及经济效益与项目前评估所作结论的对比分析。

此外,还应重新提出对项目前景的预测和提出进一步提高项目经济效益的具体建议和切实可行的对策措施。另外,对于利用外资的项目,还应适当增加对引进技术、设备的使用、消化和吸收情况的后评估。

12.3 投资项目后评估的程序与方法

12.3.1 投资项目后评估工作的要求

根据投资项目的内在规律和项目后评估工作的实践,以及国家有关的项目后评估工作的法规、文件要求,投资项目后评估工作应有如下要求。

(1)应从国家的整体利益出发,结合项目的产业和行业特点进行后评估工作。

(2)项目后评估工作应科学全面、细致认真地进行。

(3)项目后评估报告中既要有定性分析,又要有定量分析,所采用的资料必须完整,依据必须准确,分析必须客观,方法必须正确,结论必须公正,并具有权威性、适用性和科学性。

12.3.2 项目后评估工作的程序

根据我国现行的项目管理体制和项目审批程序,原国家计委提出我国重点建设项目的项目后评估工作(因为我国的项目后评估工作最早是在国家重点建设项目中进行的)可按三阶段形式进行。

（一）项目建设单位进行自我评估阶段

由利用国外贷款项目的投资者或负责投资项目后评估工作的有关单位,开展项目的后评估工作,并负责编制《项目后评估报告》,按隶属关系报送行业或地方主管部门,同时上报国家计委备案。

在项目建设单位自我评估阶段,需经过如下几个工作步骤：

1. 提出问题,明确后评估的任务

提出要进行项目后评估的单位既可以是国家计划部门、银行部门、各主管部门,也可以是企业(项目)本身。

2. 建立后评估机构,筹划准备

项目后评估的提出单位可以委托具有相应资质的咨询公司等单位进行后评估,也可以自行组织实施。接受任务的承办单位则应在接受委托后组织后评估小组进行筹备工作,制定出项目后评估的详细实施计划,其中包括项目后评估工作人员的配备、组织机构、时间进度、内容、范围、评估方法、预算安排等内容。

3. 深入调查、收集资料

根据后评估初稿计划所规定的内容和任务要求,深入实际,收集实际基础资料。项目后评估资料应包括项目的立项、决策、建设实施、建成投产后的效益等。

4. 整理分析资料数据,提出改进措施和建议

对实际资料和数据的完整性和准确性进行核实、测算和审查;并依据核实后的资料数据进行比较分析研究和论证;采用一些定量和定性分析相结合的科学方法,合理评估项目的实际成果;找出存在的问题,总结经验教训,提出今后的改进措施和建议。

5. 编制项目后评估报告

将分析研究的结果进行汇总,编写出项目后评估报告,提交委托单位和上级有关部门。

（二）行业或地方主管部门对《项目后评估报告》进行初步审查阶段

这一阶段主要由主管部门对项目后评估报告和项目建设的实际情况进行深入考察,结合行业或地方建设反映出来的共性问题和特点、经验,站在国家的立场,从行业或地方的角度,提出对项目后评估报告的初步审查意见。它要求主管部门一

方面对具体项目的后评估工作进行评价,另一方面也为改进行业部门或地方有关工作作一个简单的经验总结,最后由主管部门完成《项目后评估审查报告》报送国家计委,并抄送有关部门和单位。

(三)对《项目后评估报告》的复审阶段

由国家计委组织有关方面或聘请有关专家学者对主管部门的《项目后评估审查报告》和项目单位的《项目后评估报告》进行复核审查。其要求是要站在国家整体利益的立场上,从微观与宏观相结合的角度提出《项目后评估复审报告》,并报国家计委和其他有关部门、单位。

由行业主管部门或地方安排的后评估报告,其审查报告报国家计委备案后,国家计委将组织有关方面进行抽查复审。由国家计委直接下达的后评估项目,将全部进行第三步的复审工作。

上述三阶段形式的后评估工作程序,有利于保证国家重点建设项目后评估工作的广泛性、全面性和公开性要求,也有利于实现评估结论的公正性、科学性和可靠性的原则。

12.3.3 项目后评估方法

项目后评估方法的基本原理是比较法(也可称做对比法),就是将项目投产后的实际情况、实际效果等与决策时期的目标相比较,从中找出差距、分析原因、提出改进措施和建议,进而总结经验、教训。项目后评估的分析方法一般有如下四种。

(一)效益评估法

效益评估法又称指标计算法,是指通过计算反映项目准备、决策、实施和运营各阶段实际效益的指标,来衡量和分析项目投产后实际所取得的效益。效益评估法是把项目实际产生的效益或效果,与项目实际发生的费用或投入加以比较,进行盈利能力分析。在项目后评估阶段,效益指标(包括财务效益、经济效益、社会效益等)的计算完全是以统计的实际值为依据来进行统计分析,并相应地使用以前评估中曾使用过的相同的经济评价参数来进行效益计算,以便在有可比性和计算口径一致的情况下判断项目的决策是否正确。

(二)影响评估法

影响评估法又称指标对比法,是通过对项目完成后产生的客观影响与立项时预期的目标进行对照,即将项目后评价指标与决策时的预测指标进行对比,以衡量项目实际效果同预测效果或其他同类项目效果之间的偏差,从差异中发现项目存在的问题,从而判断项目决策的正确性。

(三)过程评估法

过程评估法是把项目从立项决策、设计、采购直到建设实施各程序环节的实际进程与事先制定好的计划、目标相比较。通过全过程的分析评估,找出主观愿望与客观实际之间的差异,并可发现导致项目成败的主要环节和原因,提出有关的建议和措施,使以后同类项目的实施计划和目标制定得更切合实际和可行。过程评估一般有工作量大、涉及面广的特点。

过程评估按投资项目建设程序可划分为四个阶段:

(1)前期工作中的决策过程评估;

(2)设计和施工准备过程评估;

(3)建设实施到竣工验收阶段的评估;

(4)投产、交付使用后生产经营和效益的评估等。

(四)系统评估法

系统评估法是指在后评估工作中将上述三种评估方法有机地结合起来,进行系统的分析和评价的一种方法。在上述三种方法中,效益评估法是从成本和效益的角度来判断决策目标是否正确;影响评估法则是评估项目产生的各种影响因素,其中最大的影响因素便是项目效益;过程评估法是从各个项目建设过程来分析造成项目的产出和投入与预期目标产生差异的原因,是效益评估和影响评估的基础。

另外,项目的效益又与设计、施工质量、工程进度、投资估算等密切相关,因此,需要将三者结合起来,以便得出最佳的评估结论。

总之,项目后评估的各种方法之间存在着密切的联系,只有全面理解和综合应用,才能符合项目后评估的客观、公正和科学的要求。

12.4 投资项目经济后评估

12.4.1 投资项目经济后评估概述

(一)投资项目经济后评估的任务和作用

1. 投资项目经济后评估的主要任务

与投资项目经济前评估不同,项目经济后评估的主要任务有:

(1)评价项目决策经济目标的正确性。

(2)分析鉴定项目实际的经济效益情况。

(3)分析预测项目未来时期的经济前景和发展趋势。

(4)检验经济评价方法和评价参数的适用情况,总结经济评价的经验教训,以提高项目可行性研究的质量和项目决策的正确性。

(5)推荐可能的优化方案或提出可行的改进意见,以提高项目的经济效益。

(6)提出综合评估结论,编制项目经济后评估报告。

2. 投资项目经济后评估的作用

投资项目经济后评估的作用是由它的任务所决定的。项目经济后评估的主要作用是：将可行性研究阶段对项目寿命期内投入产出所作的预测，与项目投产后的实际情况，以及未来阶段的经重新修正的预计情况相对比，从经济角度分析和总结项目投资的成功和失败之处，并以得出的经验和教训，为项目的进一步优化和今后类似项目的投资决策和管理提供参考。

(二)投资项目经济后评估的主要内容

投资项目经济后评估的主要内容有：

1. 收集和审查后评估资料

投资项目经济后评估的主要依据和资料由项目的投资者提供或自行收集，如应完成对有关项目的立项、决策和建设资料、项目建成后的经济效益资料及其他有关资料的收集，并在这些资料的基础上对其完整性和准确性进行审查评估。

2. 项目的投资估算及资金来源的后评估

在此后评估中，主要是对拟建投资项目的实际总投资、资金筹集和运用情况，以及利用外资情况(包括吸收外资情况和技术引进情况)进行再评估。

3. 项目建成投产后的经济效益分析评估

主要是对项目建成后产品的实际生产成本、销售收入、税金的缴纳及利润情况进行分析评估，并在此基础上对项目的财务效益、经济效益和社会效益进行综合分析和后评估。

4. 项目实际效益指标与预期指标的对比分析

主要是对项目的投资经济效果指标和各项综合经济效益指标(静态指标及动态指标)进行对比分析(实际指标与预期指标)，以检验决策目标的实现程度。

5. 替代方案的经济效益分析和后评估

替代方案的经济效益分析和后评估是对项目可行性研究中的备案方案、落选方案与项目实施中的更改方案进行模拟分析对比与后评估。这样做的目的是有利于总结经验和改进、完善原实施方案，有利于提高实施方案的管理和效益水平。

6. 经济后评估的综合结论与建议

按照后评估规定的有关要求，在对各种经济、社会因素进行综合分析与后评估后，应提出经济后评估的总体结论与对存在问题的改进建议。

12.5 投资项目后评估的实际基础数据

12.5.1 投资项目后评估主要依据资料的收集与审查

投资项目后评估主要依据资料如下：

(一)项目的立项、决策和建设资料

它主要包括：

(1)批准的项目建议书和可行性研究报告。

(2)项目评估及初步设计与批文。

(3)项目的国际、国内招投标资料及合同文件。

(4)项目开工报告,有关的设计、施工资料,竣工验收报告,重大设计变更与批文。

(5)施工图预算及竣工决算。

(6)有关审计资料。

(7)资金实际来源资料。

(8)建设期各年度实际用款金额、设备材料到货清单及价格资料。

(9)编制可行性研究报告及办理工程价款结算所采用的国家、地区(行业或部门)制定的有关经济法规、经济参数、设备材料价格、其他费率等资料。

(二)项目建成后的效益资料

它主要包括项目建成投产使用后的经济效益和社会效益资料。例如,年度财务报告、统计报表、成本资料、经济活动分析、重大增产节约措施,对促进国家安定团结、经济发展、科技进步、就业和对收入分配、社会文化、教育、卫生、体育等方面发展有较大影响的指标。

(三)其他有关资料

如国内外有关的经济政策、国外经济法规等有关资料。

(四)自评报告和复评报告

在行业主管部门初审和国家主管部门复审阶段,还必须分别备有投资建设单位的自评报告和主管部门的复评报告。

12.5.2 实际财务数据的测算与评估

(一)投资估算及资金来源的评估

1. 项目实际总投资的评估

项目实际投资的评估主要包括：

(1)对竣工决算的正确性进行的分析与评估。

(2)对项目直接投资、间接投资、配套设施(项目)投资、筹建费用,以及为后续项目的准备费用等情况进行评估,并说明浪费与节约的情况。

(3)对项目工程概预算的准确程度和审定概预算的估算费用,与实际支付时的余缺情况进行对比和原因分析。

(4)对项目无效投资部分费用的分析。

(5)对设计及采购的经济性、投资构成比例和投资变化的合理性进行的评估。

2. 资金筹措和运用情况评估

(1) 评估资金来源渠道是否符合国家的有关规定。

(2) 评估各项资金来源与项目的前评估相对比是否有变化。

(3) 评估资金筹措方式和数额能否满足项目的实际需要。

(4) 评估外汇资金来源及国内配套资金的实际落实情况。

(5) 评估资金的使用安排是否适当。

(6) 评估流动资金占用量和周转期是否合理,并将前评估数据与投产后实际数据进行对比,分析发生变化的原因。

3. 利用外资情况的评估

(1) 评估外资利用的方式、范围、规模的合理性。

(2) 评估资金筹措方式和集资的经验教训。

(3) 评估因贷款种类不同而产生的筹资成本、汇率风险、使用条件等。

(二) 项目产品实际生产成本费用的分析与评估

(1) 将项目前评估所预测的产品生产成本与投产后实际的生产成本进行对比分析,以检验预测的生产成本及其各项费用是否与实际情况相符。

(2) 分析预测与实际生产成本两者之间的差距及其发生变化的原因。

(3) 根据项目投产后的情况,重新预测项目在剩下的寿命期内的生产成本的发展变化趋势。

(三) 项目的销售收入和利润的分析与评估

(1) 将项目前评估预测的年销售收入情况与实际的年销售收入比较,以检验产品预期的销售价格和产品生产量的确定是否符合投产后的现实情况和预测变化趋势;分析实际销售收入与预期销售收入之间的差距变化及其原因;根据项目投产后的实际情况,重新预测项目在寿命期的未来时期内的销售收入的发展变化趋势。

(2) 将项目前评估中预测的计算期内各年所获得的净利润额与投产后实际净利润额,以及后评估中重新预测的净利润变化情况进行对比,以分析影响净利润的因素及净利润发生变化的原因。

12.5.3 实际经济数据的测算与评估

第一,收集与测算实际经济数据所需的有关基础资料。主要有项目产出物与投入物的品种和数量,国家近期颁发的用于项目国民经济评价的有关国家参数,如影子价格、社会折现率、影子汇率、影子工资和贸易费用率等。

第二,项目投入物与产出物中各项指标的调整与分析。即在财务评估的基础上,将项目的投入物和产出物划分为外贸货物、非外贸货物和特殊投入物等三种类型,并按各类型货物影子价格的调整原则进行价格调整。分析各项指标的调整是否符合项目建成投产后的实际情况,如发生较大变化,则需研究、评估产生变化的原因,并在此基础上提出改进措施和预测项目在剩余寿命期内价格变化趋势。

第三,项目经济费用与效益的调整与分析。根据核实的价格按照项目费用和效益划分的范围,对项目固定资产投资、流动资金、产品生产成本与销售收入等财务数据进行调整。

12.5.4 投资项目经济后评估的基本报表

与投资项目前评估一样,投资项目经济后评估需根据投产后的实际数据,从企业财务和国民经济两个角度分别编制损益(利润)表、现金流量表、财务平衡表、资产负债表和外汇平衡表,并在此基础上编制一张综合对照表,即后评估与可行性研究基本经济数据和评价指标对照表,见表12-1。

表12-1 后评估与可行性研究基本经济数据和评价指标对照表

序号	名称	单位	可行性研究报告	自评报告	初审报告	复审报告	备注
一、	基本数据						
1	年产量(业务量)						
	其中……						
	……						
2	总投资	万元					
	其中:固定资产投资	万元					
	投资方向税	万元					
	物价上涨因素	万元					
	建设期利息	万元					
	流动资金	万元					
3	总占地面积	亩					
4	建筑面积	平方米					
5	总职工人数	人					
	其中:生产工人	人					
6	总产值(正常年)	万元					
	总产值(达产年)	万元					
7	年销售收入(正常年)	万元					
	年销售收入(达产年)	万元					
8	年销售利润(正常年)	万元					
	年销售利润(达产年)	万元					
9	利润总额(正常年)	万元					
	利润总额(达产年)	万元					
10	年销售税金(正常年)	万元					
	年销售税金(达产年)	万元					
11	总成本(正常年)	万元					
	总成本(达产年)	万元					

续表 12-1

序号	名称	单位	可行性研究报告	自评报告	初审报告	复审报告	备注
12	工厂成本(正常年)	万元					
	工厂成本(达产年)	万元					
13	经营成本(正常年)	万元					
	经营成本(达产年)	万元					
二、	经济评价指标						
1	财务内部收益率	%					
2	财务净现值	万元					
3	投资利润率	%					
4	投资利税率	%					
5	投资回收期	年					
6	借款偿还期(固定资产)	年					
7	财务外汇净现值	万美元					
8	财务换汇成本	元/美元					
9	经济内部收益率	%					
10	经济净现值	万元					
11	投资净效益率	%					
12	经济外汇净现值	万美元					
13	经济换汇成本	元/美元					
14	经济节汇成本	元/美元					
三、	技术经济指标						
1	单位新增生产能力投资	万元					
2	单位新增生产能力耗能量						
	其中：煤	吨或公斤					
	电	度					
	石油	吨或公斤					
	：						
3	单位新增生产能力耗水量	立方米					
4	单位新增生产能力主要材料消耗						
	其中：钢材	吨或公斤					
5	实物劳动生产率(职工)	产量/人年					
6	实物劳动生产率(工人)	产量/人年					
7	全员劳动生产率(职工)	元/人年					
8	建设工期	年					
9	万元投资三大材料消耗						
	钢材	吨/万元					
	木材	立方米/万元					
	水泥	吨/万元					

12.5.5 投资项目后评估的实际经济效益指标

(一)建设项目财务效益的后评估

建设项目财务效益的后评估是根据国家现行的财税制度和国家主管部门认可的评价方法,重新分析预测已建成项目的费用和效益,考虑项目的实际获利能力、偿还能力及外汇效果等财务状况。

财务效益后评估的主要指标有:财务内部收益率、财务净现值、投资利润率、投资回收期、投资借款偿还期、财务外汇净现值、财务换汇成本、财务节汇成本等。

(二)建设项目国民经济效益后评估

建设项目国民经济效益后评估是从国家整体角度出发,考虑已建成项目投产后的效益和费用,用影子价格、影子汇率、影子工资、土地影子费用和社会折现率等计算分析项目给国民经济带来的实际净效益,评价已建成项目在经济上的合理性。一般说来,财务效益后评估的结论应服从于经济效益后评估的结论,国民经济效益是判别项目优劣和进行项目最终决策的主要依据。

项目后评估的主要指标有:经济内部收益率、经济净现值、投资净收益率、经济外汇净现值率等。

(三)项目建成后的社会效益评估

项目建成后的社会效益评估应着重分析项目给地区、部门经济发展以及提高人民物质文化生活等方面带来的效果。当然,在分析时应结合项目的性质和地区、部门的特点,既可采用定性分析,也可采用定量分析。其主要评估指标有:就业效果、收入分配效果、积累效果和环境效果等。

项目后评估的实际经济效益指标的计算方法与项目前评估基本相似。不同之处是:项目后评估所采用的影子价格、影子汇率、影子工资、社会折现率等参数都应是国家新近颁布的,或是根据实际情况测定的;项目后评估时点以前的价格、投资成本构成情况、生产能力、销售收入等都是实际发生的数据,后评估时点以后的有关数据,则是在实际数据的基础上经过重新预测加以确定的。

12.5.6 投资项目前、后评估效益指标的对比分析

(一)对比指标的设置

投资项目后评估中要评价投资效益,必须借助于各种指标。各种指标的设置,一般应遵循如下要求。

(1)评价指标应具有全面性。既要有反映投资经济效益的指标,也要有反映投资社会效益和环境效益的指标;在反映投资经济效益指标中,既要有反映投资财务效益的指标,也要有反映国民经济效益的指标。

(2) 评价指标应是阶段性评价指标与全过程性评价指标相结合。既要有反映投资项目建设阶段的投资经济效益指标,也要有反映投资项目投资活动全过程的投资经济效益指标。

(3) 评价指标中应既有反映实际效益与预期效益偏离的绝对值指标(如成本降低额、投资节约额或效益指标的增减额等),也要有反映二者之间变化程度的相对值指标。

(二) 对比指标的分析

项目后评估与前评估效益指标的对比指标主要有:项目建设工期、单位生产能力投资、达到设计生产能力年限、投资回收期、净现值、内部收益率等。

1. 实际建设工期

实际建设工期是指投资项目从开工之日起到竣工验收交付使用或投入生产所实际经历的时间。它是反映项目实际建设速度的指标。其相对变化指标为

$$\text{实际建设工期变化率} = (\text{实际建设工期} - \text{设计建设工期})/\text{设计建设工期} \times 100\%$$

如果该指标大于零时,则表明实际建设工期大于设计建设工期;反之,就小于设计建设工期。

建设工期发生变化(缩短或延长),可能会由此带来经济效益的提前(推迟)实现,进而影响项目投资效益的静态分析和动态分析指标。

2. 实际单位生产能力投资

实际单位生产能力投资是反映竣工项目实际投资效果的一个综合指标。它是项目实际投资额与竣工项目实际形成的生产能力的比值。如果比值越小,表明投资效果越好;反之,投资效果就越差。其表达式为

$$\text{实际单位生产能力投资} = \text{竣工验收项目实际投资总额}/\text{竣工验收项目实际形成的生产能力}$$

$$\text{实际单位生产能力投资变化率} = (\text{实际单位生产能力投资} - \text{设计单位生产能力投资})/\text{设计单位生产能力投资} \times 100\%$$

若实际单位生产能力投资变化率大于零时,表明实际单位生产能力投资大于设计单位生产能力投资;如小于零,则表明小于设计单位生产能力投资。

3. 实际达产年限

实际达产年限是指从投产之日起到实际产量达到设计生产能力为止所需经历的时间。它是衡量和考核投产项目实际投资效益的一项重要指标。这是因为,一般生产性投资项目建成投产后,不仅要求其迅速形成新的生产能力,而且还要求其生产能力尽快达到设计生产能力。只有这样,项目才能发挥出较好的投资经济效益。

但是如果在项目后评估时点,该项目仍未达到设计生产能力,则应:①计算项目投产后各年实际达到的生产能力水平;②计算项目投产后生产能力的年均增长率;③根据测定的生产能力年均增长率,计算投产项目可以达到设计生产能力的年限。其计算公式为

设计生产能力 = 第一年实际生产能力 × [1 + (年均生产能力增长率)n + 1]

式中:n——实际达产年限。

实际达产年限变化率指标的计算公式为

实际达产年限变化率 =(实际达产年限 - 设计达产年限)/设计达产年限 × 100%

实际达产年限变化率是反映实际达产年限与设计规定的达产年限偏离程度的一个指标。如果该变化率大于零,表明实际达产年限大于设计达产年限;反之,则表明小于设计达产年限。项目实际达产年限大于(或小于)设计达产年限,均会对项目的经济效益指标产生影响。

4. 实际投资回收期

实际投资回收期是项目实际产生的年度净收益或根据实际情况重新预测的项目年度净收益来抵偿实际投资总额所需要的时间。它有动态和静态投资回收期之分。实际静态投资回收期是以各年项目的实际净收益来回收实际投资总额所需的时间。其表达式为

$$\sum_{t=1}^{P_{Rt}}(RCI-RCO)_t = 0$$

式中:P_{Rt}——项目的静态投资回收期;

RCI——实际现金流入量;

RCO——实际现金流出量。

实际动态投资回收期是以项目各年净收益现值来回收实际投资总额所需的时间。其计算公式为

$$\sum_{t=1}^{P_{Rt}}(RCI-RCO)_t(1+i_R)^{-1} = 0$$

式中:i_R——实际折现率;

P'_{Rt}——项目的动态投资回收期。

实际投资回收期指标的变化率的计算公式为

实际投资回收期变化率 =(实际投资回收期 - 预测投资回收期)/预测投资回收期 × 100%

上述指标是衡量实际投资回收期与预测投资回收期,或与部门(行业)基准投资回收期偏离程度的指标,其变化率应是小于零,且越小越好。

5. 净现值和内部收益率

净现值和内部收益率是考虑资金时间价值的两个反映项目投资全过程的投资经济效益指标。其计算公式与前评估时所采用的计算公式一样,只是所采用的净现金流量、折现率、计算期等有所不同。项目后评估时所采用的现金流量是评估时点前的实际净现金流量及重新预测的净现金流量(在评估时点之后);而折现率、计算期则是经重新测定后确定的。净现值和内部收益率指标变化率的计算公式分别为

净现值变化率 = (实际净现值 – 预测净现值)/预测净现值 × 100%

内部收益率变化率 = (实际内部收益率 – 预测内部收益率)/预测内部收益率 × 100%

如果上述两个变化率均大于零,表明项目的实际净现值、实际内部收益率都大于预测值;反之,就小于预测值。同样,也可以测算实际投资利润率及有关经济效益指标的变化率。

(三)指标对比方法

(1)实际指标与可行性研究(或项目前评估)中所预测的方案指标进行对比。

(2)实际指标与主管部门确定的行业标准进行对比。

(3)实际指标与国内外同类项目所能达到的最佳指标进行对比。对比时可采用绝对数、相对数或增减情况等形式进行。

当然,在进行指标对比时应充分考虑指标之间的可比性及前后指标计算方法、口径、范围的一致性,并且实际指标的计算可根据具体情况,剔除各种意外和不可抗拒等非项目因素对项目的影响。

(四)指标对比结果的评估

对指标对比的结果,一般需采用合目的性准则和合规范性准则相结合的方法进行分析评估。

1. 合目的性评估

合目的性评估是指计算实际指标达到或超过可行性研究所定方案指标的百分比,以考察项目预期目标的实现程度。可行性研究所确定的方案指标是合目的性评估的基准。

2. 合规范性评估

合规范性评估是指判别项目实际经济效益的优劣程度,其基准是部门或行业规定的基准投资收益率和基准投资回收期等定额指标。

12.6 综合评估结论及后评估报告

12.6.1 综合评估结论和建议

项目后评估综合评估结论和建议应突出重点、简明扼要、观点明确。一般地，综合评估和建议主要包括如下内容。

(1)对项目决策的正确性、实现预期目标的程度、实际经济效益与优化方案的评估意见。

(2)评估中发现的问题、经验教训的总结，以及对类似项目以后决策应注意的问题和建议。

(3)对建设单位的自评报告和地方、行业主管部门的初评意见提出再评估意见。

12.6.2 项目后评估报告(以工业项目为例)

一般工业项目后评估报告主要包括如下内容。

(一)总论

说明项目后评估的目的、后评估工作的组织机构及管理、后评估报告编制单位情况、后评估工作的开始和完成时间、后评估资料的来源及依据、后评估方法和建设项目实施总体概况。

(二)项目前期工作后评估

(1)对项目前期筹备工作的后评估。主要包括筹备单位名称、组织机构、筹备计划及筹备工作效率等。

(2)对项目决策工作的后评估。主要包括项目可行性研究承担单位名称、资格，项目可行性研究的编制依据，可行性研究起始和完成时间，项目决策单位、决策程序、决策效率等。

(3)对项目征地拆迁工作的后评估。主要包括征地拆迁工作进度,安置补偿标准等是否符合国家有关规定。

(4)对项目委托设计与施工的后评估。主要包括设计单位名称及资格审查,委托设计方式、设计费用、设计方案的技术可行性和经济合理性、设计标准与设计质量、委托施工方式、施工企业资格审查情况及施工合同等。

(5)对建设物资、资金等落实情况的后评估。

(三)项目实施后评估

(1)项目开工评估。

(2)对项目变更的评估。如项目范围变更、设计变更,变更的原因及其影响。

(3)对施工管理的评估。即对施工组织方式、实际施工进度、施工工程成本、质量及控制、监理、施工技术与方案等进行的评估。

(4)对项目建设资金供应情况的评估。

(5)对项目建设工期的评估。主要评估实际建设工期及工期提前或延迟的原因。

(6)对项目建设成本的评估。即对项目实际建设成本及超支或节约的原因的评估。

(7)对项目工程质量的评估。

(8)对项目竣工验收与试生产的评估。

(9)对项目建成投产后的实际生产能力与单位生产能力投资的评估。

(四)项目生产经营的后评估

(1)项目达产情况的后评估。

(2)项目产出物的种类与数量、产品销售情况的评估。

(3)项目获取利润情况的后评估。

(4)企业经营管理的评估。主要对机构设置、管理人员配备及素质、管理规章制度、管理效率等进行的评估。

(5)劳动定员评估。

(6)职工培训评估。

(五)项目经济后评估

(1)项目财务效益后评估。项目财务效益后评估主要包括项目财务状况及预测,项目实际财务效益指标,主要财务指标的对比与分析,财务状况的发展变化趋势及对策措施。

(2)项目国民经济后评估。项目国民经济后评估主要包括项目国民经济效益状况及预测,项目国民经济效益指标与计算,评估指标的对比分析等。

(六)综合结论

主要是以上述各项评估内容的基本结论。它一般包括项目准备、决策、实施和生产经营各个阶段的主要经验教训;对项目可行性研究及评估决策水平的综合评估;项目在评估时点后的发展前景;提高项目在未来时期内经济效益水平的主要对策和措施。

总之,项目后评估报告应按照国家有关部门规定的条例和格式要求进行编制。

参 考 文 献

[1] 杨华峰.项目评估[M].北京:科学出版社,2008.
[2] 何文斌.谢少平.贷款项目评估与项目后评价[M].北京:气象出版社,1998.
[3] 王立国.项目评估理论与实务[M].北京:首都经济贸易大学出版社,2006.
[4] 王立国.可行性研究与项目评估[M].大连:东北财经大学出版社,2001.
[5] 吴大军.项目评估[M].大连:东北财经大学出版社,2002.
[6] 张延民.项目评估[M].北京:中国商业出版社,1995.
[7] 赵云山.新编项目评估教程[M].郑州:河南人民出版社,1994.
[8] 简德三.投资项目评估[M].上海:上海财经大学出版社,1999.
[9] 徐强.投资项目评估[M].南京:东南大学出版社,2005.
[10] 陈池波.工程项目评估与决策[M].长沙:湖北科学技术出版社,1990.
[11] 吴虹.会展项目管理[M].重庆:重庆大学出版社,2007.
[12] 王梦江.建设项目评估[M].北京:改革出版社,1991.
[13] 张玉琦.可行性研究与评估学[M].成都:东北大学出版社,1993.
[14] 丁平.投资决策与项目评估[M].重庆:科学技术文献出版社重庆分社,1990.
[15] 张明.投资项目评估与工程项目管理[M].北京:中国物价出版社,2001.
[16] 刘慧玲.新编项目评估与管理[M].武汉:武汉测绘科技大学出版社,1994.
[17] 徐建.项目评估决策分析[M].成都:四川科学技术出版社,1992.
[18] 何俊德.项目评估理论与方法[M].武汉:华中科技大学出版社,2006.
[19] 许郎.投资项目评估概论[M].南京:河海大学出版社,1997.
[20] 曹尔阶.项目评估学[M].武汉:武汉大学出版社,1995.
[21] 全国高等教育自学考试指导委员会.项目评估学自学考试大纲:含考核目标[M].武汉:武汉大学出版社,1994.
[22] 庄俊鸿.投资项目评估学[M].北京:企业管理出版社,1994.
[23] 李学良.全国高等财经管理干部院校试用教材[M].大连:东北财经大学出版社,1989.
[24] 王国玉.投资项目评估学.武汉:武汉大学出版社,2000.
[25] 何俊德.项目评估:理论与方法[M].武汉:华中理工大学出版社,2000.